여성민요의 틈과 경계

여성민요의 틈과 경계

이정아 지음

이 저서는 2021년도 가천대학교 교내연구비 지원에 의한 결과입니다.
(GCU-202102590001)

서문

　여성민요는 일상과 예술의 틈과 경계에서 자란 식물처럼 그렇게 존재감을 드러내며 생존한 문예물이다. 정교한 이론의 틀을 만들어 내기 어려울 만큼 현실에 뿌리를 박고 형상화되어 그 너머를 꿈꾸는 말들로 다채롭다. 진실은 언제나 틈과 경계에서 떠돌기 마련이다. 중심이 아닌 주변에서 그렇게 쏟아낸 목소리에 귀를 기울이는 일은 나를 찾는 탐색의 과정이기도 했다.

　제1부에 수록한 두 편의 글은 여성민요가 보여주는 현장문예물로서의 특징을 담았다. 기록문학에서는 발견할 수 없는 가변적이고 유동적인 정서적 변화를 노랫말을 통해 나타나는 말과 목소리의 흔적을 통해 입증하고자 했다. 제2부에 담은 3편의 글은 여성민요가 담고 있는 의식에 관한 내용이다. 가부장제 사회에서 생존하기 위해 순응과 저항을 반복했던 흔적들을 전하고 싶었다. 제3부에 실은 2편의 논문은 '말'의 욕망을 대신한 노랫말의 기능과 의미를 대중가요와 비교, 대조하면서 그 차이를 살펴보고자 한 논의였다.

　여성민요를 연구하면서 이름 없이 살다간 그들의 목소리를 환원하는 작업을 하고 싶었다. 노랫말을 통해 남긴 말과 생각, 감정을 해독(解讀)해내면서 내가 살아야 할 이유를 찾고자 했는지도 모른다. 그 의도가 과하여 오독(誤讀)하고 있는 건 아닐까. 이 어설픈 시도가 더 큰 후회를 만들지도 모르겠지만 그 역시 나중 몫이다.

*남은 말

대학에서 교양과목만을 강의하는 교수로 지낸 지 오래다. 남은 말들을 꺼내고 싶었지만 그럴 수 없었다. 그동안 겨우 써낸 몇 편의 논문이 있었다. 이제라도 서툰 내 학문의 궤적을 돌아보고 정리하는 게 좋지 않을까. 작년 11월 아버지가 돌아가신 자리에 그동안 잊고 있었던 마음속 채무가 살아났다. 앞으로 어떻게 살아야 할까. 아니 어떻게 마무리해야 할까, 그 답을 찾는 계기가 되면 좋겠다. 이렇게 해서라도 나를 일으켜 세우고 싶다.

2021년 7월 30일
틈과 경계에서 머뭇거리며

목차

제3부 ::::: 노래와 말의 경계

제1부

여성민요의 틈

제1장
시집살이 노래에 나타나는 정서적 동요와 변화

1. 시집살이 노래의 노랫말에 주목하는 이유

민요는 구전 전승된 작품을 창자가 구연하는 방식으로 재창조된다. 노래 부르는 행위가 전승 행위이자 창조 행위이다. 불릴 때마다 새롭게 창조될 수 있다. 노랫말이 전승의 중심이 되는 경우[1]에 이러한 현상은 더욱 두드러지게 된다. 구연이 되는 동안 창자의 생각이나 감정, 현장 분위기와 반응이 개입할 가능성이 커진다.

여성민요[2] 가운데서도 시집살이를 주제로 한 노래의 노랫말은 변화의 가능성이 더 크다. 시집살이라는 여성적 체험을 노래를 통해 대신하는 것이 시집살이 노래[3]이기 때문이다. 그런 이유로 시집

---

1) 강등학은 전승의 축이 음악적인 가락과 선율이 중심이 되는 민요와 노랫말이 중심이 되는 경우로 양분하여 설명하였다. 시집살이 노래는 노랫말이 중심이 되는 노래에 속한다. 강등학, 「노래의 말하기 기능과 민요 전승의 방향 모색」, 『한국음악사학보』 제29집, 2002, 31-53면; 강등학, 『한국민요의 현장과 장르론적 관심』, 집문당, 1996.

2) 시집살이 노래에 나타나는 감정과 정서는 한국 시가의 정서를 구명하는 단초로서 중요한 의미를 지닌다고 생각한다. 인지심리학에서 인간의 감정에 대한 과학적 연구가 활발해지고 있고 감정이 인지적인 과정과 행동의 결과물로서 새롭게 조명되고 있다. 감정은 사회적 행동이나 태도와 긴밀한 관련을 지닌다. '마음에 일어나는 여러 가지 감정', '희로애락과 같은 감정'이란 사전적 정의에 근거한다. 최현석, 『인간의 모든 감정』, 서해문집, 2011. '정서적 향방'의 '정서적'이란 용어는 분위기(mood), 정조(情操) 등을 포괄하는 개념이라고 할 수 있다.

살이 노래는 부를 때마다 달라질 수 있다. 노래 부르기라는 구연 조건에서 서로 다른 환경과 개인적 성향을 가진 창자들에 의해 불리기 때문이다. 실제로 시집살이 노래의 노랫말 속 화자는 다양하게 나타난다. 화자의 목소리가 창자의 목소리와 하나가 되었다가도 어느새 분리되어 일정한 거리를 유지하기도 한다. 서로 어긋나거나 충돌하는 감정4)을 열거하기도 하고 이렇게 열거된 감정을 어느 순간 아우르는 포용의 태도를 보이기도 한다. 이러한 다양한 양상은 모두 시집살이 노래의 정서를 전달하는 데 효과적인 장치로 작동하고 있다.5)

시집살이 노래는 언제 어디서 누구와 부르느냐에 따라 달라질 수 있다.6) 그런 이유로 현재 기록된 자료 즉 채록된 민요는 한계를 지

---

3) 혼인한 여성이 혼인 생활을 겪으며 생기게 된 감정과 생각을 표현한 노래. 시집살이 노래는 며느리나 아내로 살게 된 여성이 시부모와 시누이, 남편 등 새로운 가족과 관계를 맺으면서 생긴 갈등과 감정을 담고 있다. 여성민요를 대표하는 노래군으로서 전국적 분포를 보이며, 문예학적으로는 시집살이라는 여성적 체험을 공감하는 여성들 사이에서 향유·전승되어온 생활 문예물이라고 할 수 있다. 이정아, 『한국민속문학사전(민요 편)』, 국립민속박물관. 시집살이 노래에 대한 대표적인 저서는 다음과 같다. 조동일, 『서사민요연구』, 계명대학교 출판부, 1979; 임동권, 『한국부요연구』, 집문당, 1982; 서영숙, 『시집살이 노래연구』, 박이정, 1996; 서영숙, 『한국 서사민요의 씨실과 날실』, 역락, 2009; 이정아, 『시집살이 노래와 말하기의 욕망』, 혜안, 2010.

4) 감정은 우리의 행위를 활성화하는 주요 인자이며 행위를 통해 우리 자신이 형성되어간다는 의미에서 정체성의 중요한 토대가 된다. 김혜련, 『아름다운 가짜, 대중문화와 센티멘털리즘』, 책세상, 2005, 6-171면. 감정은 인지적 판단을 통해서 생겨나는 것으로 인간을 이해하는 주요한 개념이다. 이훈구, 『정서 심리학』, 법문사, 2003, 3-345면. 감정은 인식이 기반이 된다고 하면서 인식과 감정은 불가분의 관계를 맺는다.

5) 노랫말에 자신의 경험이나 감정을 이입하는 과정에서 발생하는 현상이라고 할 수 있다. '노래는 참말'이라는 현장 구연자 의견을 서영숙(시집살이 노래 연구, 박이정)은 일찍이 지적한 바 있다. 이후 이정아 역시 역사적 고증을 통해 이를 입증하고자 했으며(이정아, 이화여자대학교 박사학위 논문, 2006) 박지애, 김월덕, 이옥희 등도 이와 같은 의견을 표명하고 있다.

6) 시집살이 노래는 시집살이라는 여성적 체험을 바탕으로 만들어진 여성 진술 텍스트이다. 현재 채록되어 남아있는 시집살이 노래는 무수한 여성 목소리의 편린에 지나지 않는다. 그러므로 이미 사장된 노래를 염두에 두고 남은 기록의 편린을 읽어나갈 때 진정한 시집살이 노래와 만날 수 있다. 전형적인 패턴으로 구조화된 노랫말 속에 감추어진 여성 창자 혹은 여성 화자의 개별적 삶을 포착해낼 때 노래의 진정한 의미는 되살아난다. 노래로 대신했던 자기 존재에 대한 확인과 자각의 목소리를 되살려 낼 수 있어야 진정한 노래를 들었다고 할 수 있다. 이정아, 『시집살이 노래와 말하기의 욕망』, 혜안, 2010; 박지애는 이러한 시집살이 노래의 특징에 대해 또래 집단에서만 구연되는 폐쇄적인 노래이며 구연 마지막 단계에서 가창되는 노래로 청자를 한정하

닐 수밖에 없다. 시집살이 노래는 그 어떤 노래보다도 폐쇄성이 강한 노래이기 때문이다. 따라서 채록된 노래를 통해서 시집살이 노래의 정서7)를 온전하게 복원하기는 쉽지 않다. 그러함에도 채록된 노랫말에 나타나고 있는 여러 현상 즉 화자 목소리와 다른 목소리가 개입하거나 갑자기 장면이 전환되면서 또 다른 목소리가 등장하여 다양한 감정을 표현해나가는 동요와 변화의 지점에 주목하지 않을 수 없다. 그 동요와 변화의 지점을 '틈'8)이라고 칭하기로 한다. '틈'은 기존 논의에서 사용한 '균열'9)을 대신하는 말이다. '균열'이 현상에 대한 부정적인 의미를 함의한다면 '틈'은 자연스러운 현상으로서 다양성을 포괄한다. 틈은 창자의 외적 혹은 내적 요인에 의해 작동할 수 있는 현장성을 고려한 한 개념이다. 구연 현장에서 발생하는 변화의 양상을 효과적으로 설명하기 위한 용어이기도 하다.

여 은밀하게 부르는 노래라고 정리하고 있다. 박지애, 「여성 소리꾼의 위상변화와 민요의 전승」, 『민요와 소리꾼의 세계』, 민속원, 76-77면.

7) 여성민요에 나타난 정서와 표현에 관한 연구로 서영숙의 연구가 있다. 서영숙, 「충북 여성민요의 정서 表現 양상과 현실의식」, 『한국민요학』 제22집, 2008.4, 165-198면 이외에도 유목화, 「여성민요에 나타난 감성의 발현양상과 치유방식」, 『공연문화연구』 20집, 한국공연문화학회, 2010; 이옥희, 「말하기 방식으로서의 여성민요」, 『比較民俗學』 第45輯, 2011.8, 291-320면; 김월덕, 「시집살이 노래와 여성 개인 서사의 상관성」, 『한국민요학』 33집, 한국민요학회, 2011; 2010; 함복희, 「시집살이 민요 스토리텔링의 치유적 효과」, 『인문과학연구』 제23집, 2009.12, 189-220면 등이 정서적 측면을 다룬 바 있다.

8) 하진숙은 탈춤의 연행 원리를 통해 틈의 미적 기능을 찾아내는 연구를 수행한 바 있다. 그는 틈은 긍정과 부정의 의미를 동시에 내포하고 있으며, 시간적, 공간적, 의식적 측면에서 다양하고 폭넓게 활용되는 개념으로, 구조적으로 비어있는 지점이거나 연속적인 흐름을 깨뜨리고 있는 지점이거나 대상들 사이에서 양쪽의 문턱이 되는 지점을 지칭한다고 보았다. 탈춤의 구성 원리는 틈을 활용하고 있으며 마당의 구성 방식이나 결합 과정에서 연속과 차단, 이동배치, 삭제 등을 가능하게 하는 구조적 장치로 기능한다는 것이다. 하진숙, 정병언, 「탈춤의 연행 원리로 본 틈의 미적」, 『공연문화연구』 27, 2013, 451-492면.

9) 하나의 화자가 아니라 여러 목소리로 이루어지는 하위유형을 통해서 핵심 서사의 주제와는 다른 정서적 장면이 연결되고 결합하는 양상은 현장문예물이 지니는 특징이다. 서사적 전개의 방향은 인과적 원칙에 의거하지 않고 정서적 공감대 혹은 어떤 공식구를 조합하느냐에 따라 달라지는 유동적인 구조를 지닌다. 따라서 각편마다 차이를 보이면서 상반된 시각이나 욕망도 끌어안는 양상을 '균열의 미학'으로 지칭한 바 있다. 이정아, 「이선달네 맏딸애기를 바라보는 또 하나의 시각- 균열을 봉합하지 않아야 살아나는 노래의 의미」, 『한국민요학』 38집, 한국민요학회, 2013, 147-170면.

그동안의 시집살이 노래에 관한 연구는 슬픔과 비애의 정서를 시집살이 노래의 주된 정서로 설명하였다. 물론 연구 가운데는 웃음을 유발하는 희화화 혹은 골계미의 요소를 통해 시집살이 노래의 정서를 설명하기도 했다.10) 그러나 기존 연구 방법은 슬픔이든 웃음이든 특정한 정서에 노래를 귀속시키는 방식을 유지해왔다. 귀속의 논리만으로 구연 현장에서 유동적으로 변화하는 시집살이 노래의 정서적인 동요와 변화를 설명하기는 어렵다.

시집살이 노래의 노랫말 속 화자는 하나의 목소리로 말하지만 동일한 정체성을 반영하거나 동일한 자의식으로 말하지 않는다. 서정적 자아로서 말하기도 하지만 서술자의 목소리, 주인공의 목소리, 등장인물의 목소리 등 다양한 목소리를 통해 말한다. 화자의 목소리는 서술자의 목소리로 전환하기도 하고 등장인물 혹은 주인공 시각으로 전환하기도 한다. 때로는 창자의 의식을 대신하기도 한다.11)

다양한 목소리를 통해 단순하지 않은 삶의 국면과 그 진실을 전달하고자 했던 것이 시집살이 노래를 부르는 창자와 향유자들의 의식이었다. '틈'은 이러한 창작과 향유자들이 공유하는 내재된 의식과 전략인 의도를 설명할 수 있는 중요한 현상이다. 이를 설명하기 위해 『한국구비문학대계』와 『한국민요대전』에 수록된 시집살이 노래 가운데 대표성 있는 몇 편을 자료를 선정하여 논의를 진행해 나가기로 한다. 논의는 유형화나 범주화를 지양하고 현장에서 채록된

---

10) 서영숙은 긍정과 낙관의 감정을 균형감 있게 제시했다. 서영숙, 「충북 여성민요의 정서 표현 양상과 현실의식」, 『한국민요학』 제22집, 2008.4, 165-198면.

11) 강진옥, 「여성 서사민요 화자의 존재 양상과 창자 집단의 향유의식」, 『한국고전여성문학연구』 4집, 한국고전여성문학회; 이정아, 「이선달네 맏딸애기를 바라보는 또 하나의 시각- 균열을 봉합하지 않아야 살아나는 노래의 의미」, 『한국민요학』 38집, 한국민요학회, 2013; 이정아, 『시집살이 노래와 말하기의 욕망』, 혜안, 2010.

각편에서 나타나고 있는 양상을 살펴보면서 그 현상을 설명하기로
한다.

2. 노랫말에 나타나는 정서적 동요와 변화의 양상

시집살이 노래의 노랫말에 등장하는 화자는 시집살이를 고통스
러워한다. 그러한 현실을 수용할 수밖에 없는 처지에 대해 탄식한
다. 채록된 시집살이 노래의 노랫말을 통해서 알 수 있는 며느리의
상황은 다음과 같다.

> (1) 며느리의 욕구/욕망은 언제나 시집 식구에 의해 좌절된다.
> (2) 좌절된 욕구/욕망은 인간이라면 당연히 누구나 가질 수 있는
>   욕구/욕망이다.
> (3) 며느리는 가족 안에서 가족 일원으로 정당한 대접을 받고 싶
>   어 한다.
> (4) 며느리는 시집 식구에 맞설 현실적인 힘이 없다.

인간이면 누구나 가질 수 있는 욕구/욕망을 시집 식구에 의해 좌
절당하는 며느리는 현실적으로 그에 맞설 힘을 가지고 있지 않다.
저항과 비판의 목소리를 내기도 하지만 현실적으로 맞설 힘이 없는
입장에서 시집 식구를 형상화한다. 시집 식구에 대한 감정을 우회
적으로 표현한다. 직접적인 저항이나 비판보다는 누군가의 이야기
를 통해 대신 전달하는 전략적인 태도를 보이기도 한다. 직설적으
로 말하는 경우도 있지만, 우회적으로 돌려서 말하거나 다른 목소
리, 서술자나 등장인물의 목소리로 말하는 서사적 전략을 취한
다.[12] 직설적으로 혹은 우회적으로 전하는 말하기 방식을 통해 전

달하는 노랫말에는 화자의 태도와 시각이 변하면서, 서술방식의 변화가 발생하면서, 창자가 정서적으로 화자와 일치되었다가 분리되면서 정서적으로 동요하거나 변화하는 양상을 보이게 된다.

2.1. 화자의 태도와 시각 변화를 통해 포착되는 정서적 동요와 변화

<세원수>라고 불리는 시집살이 노래이다. 시집살이 노래 가운데는 비교적 짧은 편에 속하는 노래로 직설적인 감정을 그대로 전하고 있다.

> 밭으로가면 바레기원수/논으로가면 가레원수
> 집으로가면 시누원수/시어미원수 시아비원수
> 시(세)원수를 잡어다가/당사실로 목을졸라
> 범한골로 보내고자/웬수놈의 중신애비
> 무슨중첩 받아묵고/요놈가문에 날숨겼는고
> 숨글데가 그리없어서/곱게키워 곱게여워서
> 조나존디(좋은데) 숨겼으면/내가될라 이럴까
> 내신세가 왜이런고/오는질은 있어도
> 가는질은 없고/우리영감 어디가고 날모린고(모르는고)[13]

노래는 일인칭 주인공 화자인 며느리 목소리로 말한다. 며느리의 목소리는 세 원수 즉 시누이, 시어머니, 시아버지 원수를 당사 실로 목을 졸라 범한 골로 보내겠다는 분노의 감정으로 시작한다. 이 분노의 감정은 중신아비에 대한 원망의 목소리로 전환하게 된다. 중신아비에 대한 원망은 이번에는 '곱게 키워 좋은 데 시집보내지 않

---

12) 다양한 말하기의 방식에 대한 논의는 이정아의 『시집살이 노래와 말하기의 욕망』에서 자세하게 다룬 바 있다. 이정아, 『시집살이 노래와 말하기의 욕망』, 혜안, 2010.

13) 『한국구비문학대계』 6-12, 775면, 전남 보성군 문덕면 민요 3, 이순님, 여, 87(1986). 옛날에 시집살이를 한 할머니들은 이 노래를 들으면서 많이 운다고 하면서 들려줌.

은' 친정에 대한 원망으로 이어진다. 원망의 목소리는 어느새 신세 한탄으로 전환한다. '분노 → 원망 → 신세 한탄'으로 전환되는 감정의 변화를 읽어낼 수 있다.

엄매엄매 우리엄매/뭣할라고 날밸적에
토란나물은 즐겼던가/돌아갈수록 더서럽네
엄매엄매 우리엄매/뭣할라고 날밸적에
까지노물 즐겼던가/갖가지로 더서럽네
논에가면 가래웬수/밭에가면 바라구웬수
집에들먼 쓰누웬수/시웬수를 잡아다가
마당간데 닙혀놓고/밍천한 하나님네
베락이나 때립소사/물레야굴동아 뱅뱅돌아라[14]

<흥글소리>라고 불리는 위 노래의 노랫말은 친정엄마를 서글프게 부르는 것으로 시작한다. 그 부름의 목소리에는 원망과 그리움의 양가적 감정이 담겨 있다. 그 양가적 감정은 노래가 진행되면서 시집 식구에 대한 미움과 분노로 전환된다. '시웬수를 잡아다가 마당간데 닙혀놓고', '벼락이나 때립소사'라는 표현이 이를 증명한다. 그리움과 원망의 감정이 미움과 분노로 전환되지만, 다시 '물레야 굴동아 뱅뱅돌아라'라는 표현으로 노래의 분위기는 달라진다. 이러한 전환과 변화의 지점에서 틈은 발견된다. 다음 노랫말 역시 정서적 변화를 잘 보여준다.

도꾸마도꾸마 동동생/사시나곱기나 선호새야
그물캐비둘캐 쟁재롱갈래미
울었다 반호새야/생겼더라 생겼더라
옥황님의 딸이론가/옥황님의 자제론가

14) 『한국민요대전』, 전라남도민요해설집, 1933, 577면.

고리곱기 생겼구나/이청수라 분홍처매
석로주름 잡어입고/연애방에 놀로가니
밀창문을 밀쳐놓고/서창문을 서텨놓고
<u>아니따서 진강나무/나꺾었다 하시는데</u>
열아홉줄 동저구리/농에여이 농때묻고
줄에거이 줄때묻고/꽁꼬타리 시너부야
날면 밟고 들면 밟고/꽁꼬타리 시너부야
너도시집 살어봐라/나는 시집 다 살었다
<u>모시처매 몹씰년아/명추처매 명질년아</u>
<u>접저구리 접을년아/고양이겉이 밝일년아</u>
<u>명태겉이 째놀년아/너도 시집 살어봐라</u>[15]

　　노래는 '옥황님의 딸이런가 곱게 생겼구나'라는 아름다움에 대한
예찬으로 시작한다. 이 아름다움을 칭찬하던 목소리는 중반 이후
변하고 있다. 이 변화는 '아니 따서 진강나무 나 꺾었다 하시는데'
라는 데서 시작한다. 정성스럽게 만든 저고리를 때 묻히고 밟아놓
는 시누이를 향한 원망과 분노가 표현되고 있다. 노래 전반부에 흐
르던 율동감은 진강나무를 꺾어 누명을 쓰는 대목에서 전환하면서
시누이에 대한 미움과 분노로 폭발하게 된다. 화자는 미움과 분노
의 감정을 담아 '몹씰년, 명질년, 접을년, 밝일년, 째놀년'이라 말한
다. 전반부가 전하는 감정과 후반부가 전하는 감정은 대립적이다.
이러한 대립의 연결 지점에서 틈은 발생한다.
　　한편 시집살이 노래 가운데는 양가적 감정을 동시에 표현하는 경
우도 있다.

---

15) 『한국구비문학대계』 7-11, 879-880면, 군위군, 산성면, 장수수, 여, 68, 청중들의 권유에 의해
　　하게 되었는데 "한 번 해보자" 하면서 응해 주었다.

시어머님죽으라고 축수를했더니/보리방아물주이 생각나네
시아바이죽으라고 축수를하이/초석자리떨어지이 생각나네
시동생죽으라고 축수를하이/친정갈때만보따리 생각이나네
야시긑은시누액씨 시집살이씨기니라고/들면나고 씨기고[16]

시어머니를 죽으라고 축수를 했는데 막상 시어머니가 죽고 나니
보리방아 물 줄 때 생각나고, 시아버지를 죽으라고 축수했더니 초
석 자리가 떨어지니 생각난다는 화자의 말을 통해 애증의 감정을
발견하게 된다. 죽기를 축수할 만큼 미워했던 감정과 막상 죽고 나
니 그립다는 상반된 감정이 동시에 공존하고 있다.

2.2. 서술방식의 변화를 통해 포착되는 정서적 동요와 변화

시집살이 노래 가운데는 출생에서부터 결혼에 이르기까지 전 과
정을 담은 서사적인 전개의 노래가 있다. 아래 제시하는 노래는 어
려서 부모를 잃고 시집을 가게 된 상황이 잘 나타나고 있다.

한살묵아 모친죽고/두살묵아 부친죽고
시오시 열다섯살 묵아가니/중신애비 왔다갔다
시집이라꼬 가니까네/하늘같은 시아바시
나작다꼬 나무래네/키작다고 나무래네
시어마씨 거동보소/허슬푸슬 나가면서
나작다꼬 나무래네/키작다꼬 나무래네
첫새벽에 일어나여/소죽끓여 소믹이고
말죽끓예 말믹이고/건너방에 시누부야

---

16) 『한국구비문학대계』 7-18, 217면, 예천군 풍양면 민요 9, 황옥금 여 55. 시집살이 노래를 청하
다가 조사자가 시어머님 죽으라고 축수를 했더니 하는 대목을 불렀더니 제보자가 이 대목을
받아서 이었다. 청중들도 많은 참견을 했다. 제보자가 웃으면서 생각나는 대로 읊조리자 노래
를 옳게 부르라고 주의를 주는 청중도 있었다. 기존 알고 있던 노랫말과는 다르게 자신의 경
험을 투영한 노랫말이 불리는 현장이라고 보인다.

유리영창 햇빛났다/세수탕에 세수하고
아직조매 묵았두가/명태겉이 뜰을년아
접시겉이 발릴년아/니나묵고 개나줘라
사랑방에 아버님요/유리영창 햇빛났네
세수탕에 세수하고/아직조반 잡수시오
에라조년 요망한년/니나묵고 개나줘라
건네방에 어머님요/세수탕에 세수하고
아직조반 잡수시오/에라조년 요망한년
니나묵고 개나줘라/서름이세 서름이세
내하나가 서름일세… 이하 생략17)

　노랫말에는 화자인 며느리가 시집을 와서 당하게 되는 사건이 반
복적으로 서술되고 있다. 며느리인 화자에게 시부모는 키가 작다고
나무란다. 아침을 먹으라는 며느리에게 욕설로 대한다. 이러한 상
황을 화자는 '서름이세 서름이세/내하나가 서름일세'라고 탄식한다.
시아버지, 시어머니, 시누이의 행위를 순차적으로 서술해나간 이후
자신의 서러움을 말하는 며느리의 목소리에서 과거의 사건을 현재
화하여 말하는 화자의 목소리가 나타난다. 과거 속 며느리인 나와
그것을 현재의 노래로 재현하는 나가 공존한다.
　노랫말에 나타나는 표현에도 유의해 볼 필요가 있다. 며느리 화
자가 서술 대상을 표현하는 방식을 통해 대상에 대해서 가지고 있
는 감정을 알 수 있기 때문이다. '하늘같은 시아바시'라는 비유는
진정한 권위를 전하지 않는다. 시어머니에 대한 묘사 역시 '시어마
씨 거동보소'라는 냉소적인 관찰자의 태도가 느껴진다. 시아버지와
는 다른 시어머니에 대한 화자의 감정도 포착된다. '허슬푸슬 나가
면서'라는 묘사는 며느리를 대하는 시어머니의 감정과 태도를 통해

---

17) 『한국민요대전』 경북 편, 97면.

며느리가 가지고 있는 시어머니에 대한 감정도 읽어낼 수 있다.

노랫말은 다시 화자 목소리도 진행된다. 새벽에 일어나 소죽을 끓이고 말죽을 끓여 먹인 후 다시 "건너방에 시누부야/유리영창 햇빛났다/세수탕에 세수하고/아직조매 묵았두가/명태겉이 뜰을년아/접시겉이 발릴년아" 인물 간 대화로 노랫말은 전환한다. 이렇게 인물 간 대화로 장면이 전환되는 지점에서 틈은 발견된다. 일인칭 화자이자 사건을 서술하는 서술자 며느리 화자는 시누이에게 아침을 먹으라고 하지만 상대는 그 권유를 단번에 거절한다. 이와 유사한 방식의 대화는 두 차례 더 반복된다. 반복적인 사건의 재현을 통해서 며느리가 느끼게 될 시집 식구에 대한 감정을 상상할 수 있다. 신체적 한계를 나무라는 시부모, 아침을 먹으라는 제안을 욕설로 대응하는 시집 식구는 현실적으로는 용납하기 어렵다. 미움과 분노, 원망 등이 자연스럽게 일어날 수 있는 상황이다. 그러나 오히려 며느리 화자는 '내 하나가 서름'[18]이라는 말로 미움과 분노, 원망을 대신한다. 노래를 듣는 입장에서는 그 억울함과 분노의 상황을 상상하고 공감하게 된다. 목소리의 전환 즉 화자/서술자의 목소리가 아닌 극 중 인물로 전환하여 전하는 말을 통해 며느리가 처한 상황을 객관적으로 보여준다는 착시현상을 준다.

---

18) 화자가 탄식하고 있는 '서름'은 시집살이 노래의 주조를 이루는 감정이다. 노랫말을 통해서 알 수 있듯이 이 '서름'은 부당한 시집살이를 일방적으로 당하고 견뎌야 하는 억울한 약자가 울분 끝에 터트리는 감정이다. '서름'은 서러움이라는 말로 대신할 수 있으며 슬픔과 비교되기도 한다. 슬픔은 좌절에 대한 반응 혹은 목표를 상실하거나 도달하지 못한 데서 오는 반응 또한 회복이 불가능한 상실감 때문에 생겨난다. 대상과의 격리, 사랑하는 대상의 죽음, 실망, 실패, 상실 등의 사건으로 인해 발생하는 감정이다. 사람들은 슬픔을 경험할 때 상실감과 박탈감을 느끼고 공허하고 텅 빈 것 같은 마음을 가지게 되며 부정적 사고를 하게 된다고 한다. 그런데 슬픔만으로 서러움은 형성되지는 않는다. 노랫말에 나타나는 상황을 통해 추정해본다면 서러움은 시집 식구의 언어적 폭력 혹은 육체적 폭력, 학대 등으로 인해 누적된 분노, 적대감, 미움, 두려움(공포) 등으로 생겨난다고 추정할 수 있다. 해소되거나 극복할 수 없는 상황이 반복되고 지속하면서 생긴다. 시집살이 노래 노랫말에는 며느리에게 빈번하게 이루어졌던 언어적 모욕, 학대 등이 잘 나타나 있다.

다음에 제시하게 될 노랫말은 억울한 며느리가 자결한 사건의 경위를 상세하게 전하고 있다. 그 사건의 전말은 자결할 수밖에 없었던 며느리의 목소리로 시작한다.

> 사랑아백가지 나무치다(키우다)/절로 죽었는디
> 이양급장(성질 급한) 시아버님/날 보고 죽였다고
> 약도약도 쌔았건만(많건만)/무슨약을 지어다가…(중략)…
> 한모금을 홀짝허니/정신이 아득허시
> 두모금을 홀짝허니/여영가고 아주갔네
> 서당선비 오시더니/방문을 열으시고
> 저금마는 어디 갔다/작은방에 잠잔단다.
> 잠을자면 좋게자지/약사발이 웬일인가
> …(중략)…/처가에라 편지허면
> 무남독녀 외딸하나/어찌그리 잘예웼는고
> 쟁인장모 들으시면/하늘우게 별단춘아
> 하늘밑에 독단춘아/그럴줄은 깨나봐라
> 방중방중 야밤중에/시밍(삭망)이나 돌아올텐가[19]

며느리의 목소리는 "한모금 홀짝하니/정신이 아득허시" 자결의 순간을 구체적으로 말한다. 자결 이후 목소리는 "여영가고 아주갔네"라는 며느리가 아닌 다른 목소리, 서술자로 전환한다. "서당 선비 오시더니/방문을 열으시고"로 이어지는 서술자의 시점은 모호하다. 앞선 서술자와 같은 전지적 시점의 서술자 같기도 하고 앞서 등장한 며느리 화자의 목소리로도 보인다. 분명한 것은 모호한 시

---

19) 『한국구비문학대계』 6-10, 112-115면, 화순군 능주읍, 박금천, 여, 75. 처음에 남정이 이장 집을 방문했으나 별다른 수확을 거두지 못했다. 대신 이장이 할머니들이 자주 모인다는 제보자 집을 제보해 주어서 방문하게 되었다. 그곳에서는 할머니 7명이 툇마루에 편하게 누워 있거나 앉아 있었다. 할머니들이 학생들이 수고한다고 하며 제보자가 노래를 잘한다고 권유하였다. 제보자는 삼베저고리와 치마를 입고 있었다. 노래 내용은 시아버지가 무척 사랑하는 나무를 며느리가 키웠는데 나무가 저절로 죽은 것을 며느리가 잘못했다고 온 식구가 학대를 하자 며느리가 남편 오기 전에 약을 먹고 죽었는데 시집을 잘 보냈다고 안심하고 있을 장인 장모에게 어떻게 기별을 할 것인가 심히 어렵다는 내용이다.

점의 목소리는 사건 진행을 알려주는 서술자로서 기능한다. 이러한 모호한 목소리에서 거리가 발생한다. 그런데 이 모호한 목소리가 등장한 다음 곧바로 노래는 남편 목소리로 전환된다. 이 지점을 틈이라고 할 수 있다. 서술자의 개입 없이 곧바로 전환되는 등장인물 간의 대화와 극적 발화를 통해 상황은 객관화되고 있다는 착시현상을 준다. 이 착시현상으로 인해 며느리 죽음은 더욱 억울하게 전달되고 있다.

틈이 발생하는 지점을 통해 알 수 있는 것이 이러한 전환이 상황을 객관적으로 보여주는 극적 효과를 주게 된다는 점이다. 목소리가 전환되는 동안 화자/서술자의 시점도 이동한다. 이 시점의 이동을 통해 며느리 화자 아닌 다른 의식을 가진 목소리가 개입하고 있다는 점을 알 수 있게 된다. 이 개입의 지점은 노래가 진행되면서 다시 화자의 목소리로 복귀하거나 다른 등장인물의 목소리로 다변화되기도 한다.

시집오던 사흘만에/달도밝고 별도밝다
대망천지 달도밝다/가고지라 가고지라
친정곳에 가고지라/시어마이 썩나시미
어지왔는 새미느라/아리왔는 새미느라
뭐라고 말을했노/달도밝고 별도밝고
대망천지 밝은달에/뒷동산에 풀밭이라
매고지라 했읍니더/낼랑가서 밭갈애라
한골매고 두골매고/불거치라 더운날에
미거치 지슨밭을/한골매고 두골매고
삼시분을 거듭매도/다른점슴 다나온데
이내점슴 안 나오네/집에라고 들어보니
시아바이 마구친다/아버님요 마구치오
오냐나는 마구친다/밭이라고 밀골멨노

한골매고 두골매고/삼시골을 거듭맸오
에라요년 물렀거라/고가라사 일이라고
시를찾고 때를찾아/점슴참을 찾아왔나
시어마이 비를 짠다/어머님요 비짧니까
오냐나는 비를짠다/밭이라고 빛골맸노
불거치라 더운날에/미거치라 지슨밭을
한골매고 두골매고/삼시분을 거듭맸오
어라이년 울러치라/그거사나 일이라고
시를찾고 때를찾아/점슴참을 찾아왔나...중략...
뱁이라고 돌라카이/어지지낸 썩은밥을
사발굽에 발라주네/쟁이라고 둘라카이
삼년묵은 댕기장을/종지굽에 발라주네
숟가락이라고 돌라카이/정사완네 통시붓을
긁은 숟가락/십리만치 던져준걸
오리만찬 쥐어다가/그숟가락에 밥을묵어
눈물 주체 내 못할래/지피방에 들어가서
아홉폭치매 걸렸는걸/한폭띠서 행건하고
두폭 띠서 바랑접고/시폭띠서 중간하고
바랑밑에 달라들어/바랑갓을 집어씨고
왕대밭에 달라들어/왕대로 집씨놓고
오죽대를 개리뽑아/대작대기 해서짚고
시금시금 시아바시/시집살이 내못해서
절로절로 나는가요/니까진년 가나마나
시금시금 시어마시/시집살이 내못해서
절로절로 나는가요/니까진년 가나마나...중략...
대환질에 썩나시니/저건네라 대환질에
서울갔던 우리님이/비단책을 옆에찌고
시비버선 입에 물고/우리님이 저게오네
임아임아 우리 임아/시집살이 내못해서
절로절로 나는가요/가지마오 가지마오
자네부모 천년사나/내부모가 만년사나
우리둘이 살아보세/붙이잡고 사정한걸
뿌리치고 간단제/한모랭이 돌아가니
얽고도 검은중이/꾸탈 비탈 너러가네...중략...
한귀밑을 깍고나서/눈물주치 내못할래
두귀밑을 깍고나니/부모생각 절로난다

중아중아 도사중아/올라가는 울고사리
니러가는 울고사리/다발다발 깍어가주
우리친정 동냥가세/대문간에 들어가서
동냥왔소 동냥왔소/이댁집에 동냥 왔소
오라바이 그말듣고/대문간에 섰던대사
우리동상 소리겉다/같은사람 많습니더
오마시가 썩나시미/저게있는 저중소리
어데갔는 우리딸아 소리겉다/같은사람 많읍니더
오마이가 손을잡고/니가우째 중이됐노
삼단겉은 그채머리/금봉채 질던머리
그머릴랑 다우예고/바랑갓이 웬일이고
꽃댕기라 신던발에/미신짝이 웬일이고
은가락지 찌던손에/목탁걸이 웬일이고
니가우째 중이됐노/오뉴월 원두막에
수박대가리 만생이다/올키가 정지에서내다보고
두질깽이 두디리민/쇠양푼이 밥을비비
오목오목 묵으민서/요시누야 조시누야
니행세가 그렇거든/중의행시 안하겠나
중아중아 대사중아/우리시집 동냥가세
시집이라 가니께논/쑥대밭이 다됐구나
시아바이뫼에 가이께노/호랭이꽃이 되었구나
시오마이뫼에 가이께노/망살꽃이 피었구나
신랑뫼에 가이께노/함박꽃이 피었구나
시누이뫼에 가이께노/한림새꽃이 피었구나
시동생뫼에 가이께노/유두꽃이 피었구나[20]

    위 노래는 <중이 된 며느리> 유형에 속하는 시집살이 노래이다.
시집온 지 삼 일밖에 안 된 며느리가 밭을 매러 나갔다가 집에 와
도 점심을 제대로 주지 않는 등 비인간적인 대접을 하자 이를 견딜
수 없어 중이 되어 나갔다가(친정을 들러) 다시 시집으로 오지만
시집은 쑥대밭이 되어 있고 시집 식구 묘엔 꽃이 피어있다는 서사

20) 『한국구비문학대계』 7-4, 505-512면.

적인 전개로 되어 있다.

노래의 서두 부분에서 주인공 며느리 화자는 친정에 가고 싶다며 탄식의 목소리로 말한다. 그러나 이를 엿들은 시어머니가 그게 무슨 소리냐며 묻자 며느리 화자는 솔직한 심정을 말하지 못하고 밭이나 매야겠다며 둘러댄다. 며느리가 밭을 매고 와도 점심 먹으라는 말도 없다. 오히려 시집 식구들은 그것도 일이라고 했느냐 호통을 치기만 할 뿐이다. 시집 식구들의 부당한 대접을 견딜 수 없는 며느리는 집을 나가서 중이 되겠다고 그들에게 말한다. 서사적 전개에 따라 서술방식은 달라진다. 노래는 며느리 일인칭 시점(며느리 화자의 서술적 독백과 내면 독백)으로 시작되지만 노래가 진행되면서 시집 식구들과의 대화가 극적 재연을 통해 제시되고 있으며 중간중간 주인공 화자의 발화인지 서술자의 발화인지 불분명한 화자의 서술적 독백이 나타난다. 노래에 나타나는 서술방식은 며느리의 일인칭 시점의 발화(서술적 독백과 내면적 독백)와 며느리의 발화인지 서술자의 발화인지 불분명해 보이는 발화(서술적 독백) 그리고 등장인물의 극적 발화가 재현되는(여기서 서술자는 숨기도 하고 드러나기도 한다) 다양한 양상을 보인다.

다양한 서술방식을 통해 며느리의 억울한 심정을 며느리 목소리를 통해서 말하기도 하고 며느리를 함부로 대하는 시집 식구들의 말이나 행동을 재연하면서 전하기도 한다. 며느리의 목소리가 아닌 남편의 목소리나 친정어머니의 목소리를 통해 그 억울한 상황을 전달한다. 후반부에는 화자는 며느리가 아닌 친정 딸의 시각으로 전환하여 올케와의 불편한 관계[21]에 대해서도 말한다. 시집은 결국

---

21) 중이 되어 찾아온 시누를 보고 쇠 양푼에 밥을 비벼 먹으면서 "요시누야 조시누야/니행세가

쑥대밭이 된다. 죽은 자들의 묘 위에 핀 꽃들을 열거하는 화자의 목소리에서 갈등이 해소된 여유로운 감정적 태도도 나타난다. 이렇게 화자의 서술적 독백과 내면 독백. 서술자의 서술과 등장인물의 목소리가 변화하는 지점을 통해 노랫말에 나타나는 정서는 동요하거나 변화하고 전환되는 양상을 보인다.

2.3. 창자의 정서적 몰입과 분리를 통해 포착되는 정서적 동요와 변화

대표적인 시집살이 노래라고 할 수 있는 <형님형님 사촌형님>은 관용적인 표현이 많은 노래이다. 이 노래에 자주 등장하는 '삼단같은 머리는 비소리춤이 되었고 분칠같던 손은 북도갈구리가 되었으며 샛별같던 눈은 당달봉사 되었다',[22] '벙어리, 봉사삼년 살고나니 머리털이 다시었다'[23]라는 관용적 표현은 이 노래를 변별하는 중요한 공식구이다. 더 이상 심하게 묘사될 수 없을 만큼 피폐한 며느리의 상황을 효과적으로 전하는 표현이다. 이 전형화된 표현의 노래도 창자의 자전적인 서사를 담아내는 노래로 재현되고 있다.

> 형님형님 사촌형님/시집살이 어뚱든고
> 시집살이 말도말게/시집이라고 가놓고보니
> 도리도리 삿갓집에/뜰은높아 절벽같고
> 부엌에다 들어가니/동솥지리솥 모로걸어놓고
> 그륵이라 들다보니/사발등이에 포개놓고

그렇거든/중의행시 안하겠나"라고 말하는 장면.

22) "형님형님 사촌형님/시집살이 우뚱던가/시집살이 좋더고만/행지 치매 죽반인가/콧물 눈물 닦았겠네/삼딴 같은 이 내 머리/비소리춤이 다되었고/분칠 같은 이 내 손이 북도가두미 되었구나/샛별 같은 이 내 눈이/당달봉시되었구나"『한국구비문학대계』, 2-9, 492면.

23) "성님성님 사촌성님/시집살이 어뚱던고/시집살이 말도 마라/말끝마다 눈물이라 벙어리라 삼년 되고/봉사 되고 삼 년 되어/석삼년을 살고 나니/머리털이 다시었단다"『한국구비문학대계』, 3-3, 180면.

숫갈이라 찾고보니/몽땅숫갈 두개요
시집살이 말만 들었더니/이기 시집살인가
눈물콧물 절로나고/엄마생각 절로난다
백옥같은 손질에다가/숯구멍같은 정지에들어가니
먹을 것도 없고/입을 것도 없고
시어머님 하신말씀/좁쌀한접시 내주민성
저녁을 하라카는데/쑥한재기 뜯어놓고
콩가루 한오금푸고 미죽을
저녁이라고 하고나니/서글프기 짜이없더라
좁쌀죽을 끓이시러/시아마님 드리고나니
지송하고 무안하여/치매로 앞을가리고
또한그릇 퍼가주고/시어머님 드리고나니
신랑줄꺼는 없고/하도고마 기가맥히
비지를 한모데사다가/비지죽을 끓이서
시어머님 시아버님 떠주고/그래먹고 이래먹고
살아서 할수없어/할수없어 신랑을불러서 하는말이
산에가서 팥밭이라도/일과가주고 먹고살세
이래가이고 원이되/신랑을 불러서러
지게에다 갱이얹어/도끼를 지게에 얹고
팥밭을매러 일구러갔더니/서숙서되 갈았더니
시월이 여루하여/칠월팔월 당하여서
서숙을 비로서러/서숙타작 하고나니
서숙이 두섬이요/콩이 한섬이요
미물이 닷섬이라/그만하만 그만하마 부자로다
인진 잘살았어[24]

'형님형님 사촌형님'의 관용구로 시작한 노래는 '시집이라고 가
놓고 보니'를 시작으로 창자 자신의 이야기로 전환한다. 구연 현장
에 관한 서술을 참고하자면 좌중이 서로 노래 부르기를 권하는 상
황에서 제보자가 "형님 형님 내 하끼요" 하고 나섰다고 한다. 제보

자 자신이 시집을 와서 겪은 것이라는 설명도 제시되어 있다. '형님형님 사촌형님 시집살이 어떻든고'라는 관용구로 시작하지만 '이기 시집살이인가 눈물 콧물 절로 나고 엄마 생각 절로 난다'라는 자탄으로 전환되고 있다. 노랫말을 통해 제시되는 시집살이의 고통은 <형님형님 사촌형님> 유형의 다른 노래와는 다르게 개인화되고 있다. 창자는 노랫말 속 화자와 정서적으로 일치되어 자신의 자전적인 이야기를 노래에 담는다. 그런데 이렇게 창자와 화자가 일치되어 이야기를 전하던 목소리는 슬픔과 탄식을 넘어 고난을 극복한 일대기로 전환되면서 마지막에 이르러 '그만 하만 부자로다 인진 잘 살았어'로 마무리된다.

기존 노랫말 속 화자와 하나가 되어 자전적 이야기를 말하는 창자는 정서적으로 일치된 상태에서 빠져나오면서 노래를 마무리한다. 바로 이 지점, 화자의 목소리와 밀착되었다가 분리되는 지점에서 틈이 발생한다. 틈은 창자의 정서적 몰입과 분리의 지점에서 발생하고 있다.25)

---

25) 시집살이 노래는 며느리 시절에도 부르지만 며느리 시절을 기억하고 환기하며 부르는 노래이기도 하다. 현재 남아있는 시집살이 노래는 나이든 여성이 부른 노래가 대부분이다. 그들은 어린 시절 노래를 배웠거나 들었거나 실제 불렀던 기억을 회상하며 부른다. 시어머니가 된 여성 혹은 친정어머니가 된 여성이 부른다. 그들은 기억을 현재화하며 부른다. 그 과정에서 노랫말을 이끌어가는 주체는 노래 속 화자와 노래 바깥의 나의 경계에 서기도 한다. 그 경계에서 노랫말의 틈은 발생한다. 노래 속 며느리는 과거 어느 순간 자신의 모습이자 자신과 같은 처지를 겪은 누군가의 모습이기도 하다. 낯선 시집에서 며느리가 느꼈던 여러 감정-두려움, 공포, 미움, 분노, 적대감, 슬픔 등-은 지나간 것이지만 재현되는 순간 현재진행형으로 되살아난다. 그래서 노래하는 자와 노래 속 화자가 분리 혹은 일치 그리고 경계에 서성이기를 반복하면서 때로는 다른 누군가의 목소리로 대신하기도 하면서 시집살이로 인한 당시의 감정을 실감 나게 전하고 있다.

3. 노랫말에 나타난 정서적 동요와 변화의 의미

채록된 시집살이 노래의 노랫말을 살펴보면 동요와 변화의 지점, 틈이 발견된다. 틈은 화자 혹은 서술자의 시각이 이동하거나 전환할 때 발생한다. 이때 발생하는 틈을 통해 창자 혹은 현장에서 노래를 듣는 이들은 거리감 없이 밀착되어 노래에 공감하게 하거나 반대로 상황을 객관화하여 거리를 두게 만드는 것으로 보인다.

현장문예물로서 노래를 연행하는 과정에서 발생하는 틈은 시집살이 노래 화자의 내적 상황과 노래 부르는 창자 혹은 노래를 함께 듣는 자들이 공감하게 하거나 객관화의 착시를 통해 전략적 설득을 가능하게 하는 기능을 수행하고 있다. 감정에 동조하고 이입하는 장치로 작동하는 틈과 일정한 거리감을 형성하면서 객관화하는 착시효과를 주는 장치로 작동하는 틈을 다음과 같은 몇 가지 경우에 발생한다고 정리할 수 있다.

첫째, 작품 내 화자의 태도나 시각의 변화로 인해 발생하는 경우이다. 주로 화자 감정의 동요와 변화가 일어나는 지점에서 나타나기도 하고 대립하는 감정을 연결하는 지점에서도 발생한다. 감정의 동요와 변화를 발견할 수 있는 경우는 <세원수>와 같은 노래이다. 노랫말에는 '분노 → 원망 → 신세 한탄'으로 이어지는 감정적 변화가 드러난다. <흥글소리>와 같은 노랫말에도 원망과 그리움의 상반된 감정이 동시에 공존하다 미움과 분노로 전환되는 양상을 자주 보인다. 한편 시부모가 미워했던 며느리의 감정이 그리움으로 전환되면서 탈맥락적 웃음의 정서가 등장하는 경우도 있다.

둘째, 작품 내 서술방식의 변화로 인해 발생하는 경우이다. 일인칭 화자의 목소리로 말하던 노랫말 속 목소리는 서술자의 목소리로 자주 전환하며 등장인물의 목소리로 변하면서 정서적 동요와 변화를 보여준다. 일인칭 화자의 감정적 토로는 서사적 전개에 따라 서술자의 서술과 극적 대화의 재현이라는 방식으로 다변화된다. <중이 된 며느리>와 같은 노래에서 살펴보았듯이 서술방식의 변화는 효과적인 설득을 가능하게 한다. 서술방식의 변화가 나타나는 지점에서 틈은 발생한다. 모호한 시점의 목소리에서도 틈은 발생한다. 노랫말에는 서술자의 목소리가 등장인물의 목소리로 전환되었다가 다른 인물로 전환되는 양상이 일어나면서 이것이 누구의 목소리인가 불분명해지는 지점이 자주 발생한다. 이 모호한 시점의 목소리는 전지적 시점의 서술자 목소리로 전환하기도 한다. 이러한 현상을 통해 노래를 듣는 이들은 상황이 객관화되고 있다고 생각하게 된다. 서사적인 시집살이 노래의 '전략적 호소' 혹은 '전략적 설득'을 가능하게 한다.

셋째, 창자가 화자에게 정서적으로 몰입하여 일치되었다가 분리되는 과정에서 발생하는 경우이다. 노래가 진행되는 과정에서 창자가 노랫말 속 화자나 서술자의 감정과 일치되었다가 이 일치로부터 분리되면서 발생하는 경우이다. <형님형님 사촌형님>과 같이 전형화된 노래의 각편에서 창자의 정서적 몰입과 분리 현상은 발견되고 있다. 시집살이 노래라고 기억하는 기존의 노래로 노래하던 창자가 자신의 이야기를 담아내면서 거기에 함몰되는 경우가 시집살이 노래에는 자주 발견된다. 이때 노래에 자신의 이야기를 덧입혀 부르던 창자가 노래 속 화자와 밀착과 분리를 반복하거나 밀착된 상태로부터 빠져나오기도 한다. 이 밀착과 분리의 지점에서 틈이 나타난다.

이외에도 창자의 의도적인 개입으로 인해 틈이 생기도 한다. 시집살이 노래를 기록한 현장 주석을 살펴보면 시집살이 노래를 제보한 이들은 자신이 알고 있거나 배운 노래의 노랫말을 활용하여 자신만의 노랫말을 만들어낸다. 배운 노래를 결합하고 연결해나가는 과정에서 이질적인 목소리를 주도적으로 연결해나간다. 이 연결의 지점에서도 틈은 발생한다. 틈은 이질적인 노래를 하나의 노래로 연결하는 과정에서 발생하기도 하고 이질적인 감정을 하나로 아우르는 과정에서 발생하기도 한다. 이 틈을 통해 어떻게 노랫말을 연결해나가느냐에 따라 감정은 유동적으로 달라질 수 있다

한편 틈은 상충하거나 이질적인 감정의 공존을 허용하면서 화자의 내적 상황을 리얼하게 전하기도 한다. 화자 혹은 서술자의 복잡한 심경 혹은 말로 다 하기 어려운 감정 상태를 진정성 있게 전하고 공감하게 만들기도 한다. 하나로 말할 수 없는 복잡한 감정을 목소리의 변화를 통해 말하기도 하고 역설적으로 희화화하기도 한다.

틈은 시집살이 노래의 노랫말이 정서적으로 고정된 것이 아니라 살아서 움직인다는 점을 늘 환기해준다. 틈은 기존 노랫말에 담긴 다양한 감정뿐만 아니라 지금 여기서 노래하는 창자의 감정까지 아우르면서 노래를 입체화한다. 하나로 전할 수 없는 생활 속 감정, 살아있는 자로서 겪게 되는 일상의 트라우마를 형형색색으로 입체화하여 생명력을 불어넣는다. 그런 이유로 시집살이 노래가 전하는 정서를 슬픔과 기쁨, 혹은 행과 불행 그 어떤 한 가지로 말하기는 어렵다. 서러움의 노래, 탄식의 노래로 보이지만 그 안에는 다양한 감정이 살아 움직인다. 그 움직이는 감정들에 의해 서러움은 분노로 전환되기도 하고 웃음으로 변화하기도 한다.

시집살이 노래는 시집살이라는 여성적 체험을 바탕으로 만들어진 여성적 진술이 담긴 노래이다. 현재 채록되어 남아 있는 시집살이 노래는 이름 없이 사라져간 많은 여성 목소리의 편린에 지나지 않을 수 있다. 남아 있는 노래에는 구조화된 말과 목소리에 감추어진 여성 창자 혹은 여성 화자의 개별적 삶이 깃들어 있다. 그 개별의 목소리를 포착해낼 때 노래는 생동감 있는 노래로 되살아난다. 노래로 대신할 수밖에 없었던 여성적 삶과 그 안에서의 노래하기가 수행했던 욕망의 의미를 읽어낼 때 진정한 시집살이 노래 노랫말의 정서는 되살아나게 된다. 노래 부를 때마다 새롭게 재현되었을 말과 감정의 미세한 변화는 시집살이 노래를 시집살이 노래답게 만드는 현상이다.26)

4. 노랫말의 정서적 가변성과 유동성

시집살이 노래는 정서적인 동요와 변화를 보이는, 현장문예물로서의 특징을 지닌 대표적인 텍스트이다. 이를 입증하기 위해 필자는 '균열'이라는 말 대신에 '틈'이라는 용어를 사용하였다. '틈'은 부정적 의미를 함의하는 균열과 달리 다양성과 자연스러운 현상을 포괄한다. 틈은 노래하는 창자(구연자)의 외적 혹은 내적 요인에 의해 작동할 수 있는 현장성을 고려한 용어이다.

---

26) 아쉽게도 이 논의는 그 살아있는 현장을 연구대상으로 삼지 못했다. 그래서 노래의 현장에서 부르고 들으며 공감하고 연대하게 했던 시집살이 노래의 말과 감정을 노랫말을 통해 설명하고 상상해내는 일에 그칠 수밖에 없다. 상상력을 동원하여 시집살이 노래의 정서적 역동성을 상상하는 것으로 시집살이 노래에 공감하고자 했다는 한계를 지닌다. 설득과 공감 그리고 연대를 촉구했던 그 다양하고 생동감 넘치는 목소리의 틈과 결을 따라 노래를 부르고 들었던 여성의 마음을 상상하고 공감하는 일에 그칠 수밖에 없음을 반성한다.

그동안의 시집살이 노래에 관한 연구는 시집살이 노래의 정서를 슬픔과 비애 혹은 웃음 등의 단일한 성격으로 규정하거나 귀속시켜 설명해왔다. 기존 시집살이 노래에 관한 연구 방법은 유형군으로 구분하여 범주화하는 방식으로 이루어졌다. 그러나 범주화와 귀속의 논리만으로 구연 현장에서 유동적으로 변화하는 시집살이 노래의 정서적인 동요와 변화를 설명하기는 어렵다.

시집살이 노래의 노랫말 속 화자는 하나의 목소리로 말하지만 동일한 정체성을 반영하거나 동일한 자의식으로 말하지 않는다. 서정적 자아로서 말하기도 하지만 서술자의 목소리, 주인공의 목소리, 등장인물의 목소리 등의 다양한 목소리를 통해 말한다. 화자의 목소리는 서술자의 목소리로 전환하기도 하고 등장인물 혹은 주인공 시각으로 전환하여 말하기도 한다. 때론 창자 의식을 직접 투영하여 말하기도 한다.27)

'틈'은 시집살이 노래의 정서를 변화시키거나 전환하는 지점에 나타나는 현장문예물의 특징을 아우르는 개념으로 노랫말에 등장하는 인물 묘사에 나타나는 미세한 감정의 변화를 통해, 서술체에서 대화체로 전환되는 장면의 전환을 통해 확인할 수 있었다. 또한 화자와 창자의 시점이 밀착과 분리를 반복하면서 생기는 변화 지점에서도 틈을 발견할 수 있었다. 공존하기 어려운 대립의 감정이 연결되는 지점, 이질적인 노래가 연결되는 지점, 상반된 감정이 동시적으로 나열되는 지점에서도 틈은 나타났다.

---

27) 강진옥, 「여성 서사민요 화자의 존재 양상과 창자 집단의 향유의식」, 『한국고전여성문학연구』 4집, 한국고전여성문학회; 이정아, 「이선달네 맏딸애기를 바라보는 또 하나의 시각-균열을 봉합하지 않아야 살아나는 노래의 의미」, 『한국민요학』 38집, 한국민요학회, 2013; 이정아, 『시집살이 노래와 말하기의 욕망』, 혜안, 2010.

'틈'은 정서적 이입과 공감의 장치로서 작동하거나 상황을 객관화하는 기능을 수행하면서 시집살이 노래의 정서적 동요와 변화의 변곡점의 역할을 하고 있었다. 창자가 현장에서 노래를 부를 때마다 달라졌을 감정의 미세한 변화는 즉각적으로 노랫말에 반영되었다. 이 즉각적 반영의 흔적으로 노랫말에는 틈이 나타나고 있었다. 정서적 동요와 변화의 흔적으로서의 틈은 창자의 내재적, 외재적 요인에 의해 자연스럽게 만들어지는 것으로 구연의 현장 상황과 긴밀하다. 틈을 통해 화자의 내적 상황을 진정성 있게 전달하고 듣는 이들과 공감하고 소통하는 것이 가능했다. 이러한 이유로 민요의 창자들과 청중들이 노래가 참말이라는 점을 강조한다. 이들이 전하는 참말은 사실이나 진실함이라기보다는 진정성에 있기 때문이다.

　시집살이 노래는 노랫말이 전승의 축이 되는 특수한 노래로 그 전승의 핵심인 노랫말을 통해 발견되는 정서적 동요와 변화의 현상을 주목하여 설명하는 일이 매우 중요하다. 기록문학과 달리 구비문학은 말이나 노래로 구연되는 과정에서 원형과 다르게 실현되는 경우가 대부분이다. 바로 이러한 구연 과정에서 발생하는 현상으로 '틈'을 설명하기 위해서는 창자의 내재적 요인(개인적 요소)과 외재적 요인(연행 환경을 비롯한 사회적인 환경 등)까지 고려한 연구가 수반되어야 한다.

　그러나 이 글은 노랫말을 통해 발견되는 현상으로서의 '틈'의 양상을 설명하는 데 우선적인 목표를 두었다. 물론 시집살이 노래의 정서적 동요와 변화의 현상을 노랫말만으로 설명할 수는 없다. 노래의 선율과 가락이 정서를 형성하는 중요한 요인으로 작동한다. 그러함에도 노랫말이 전승의 축이 되는 시집살이 노래는 노랫말이 정서적 향방을 좌우하는 중요한 동인이 되고 있다고 생각한다. 현장과 음악적인 측면을 고려한 다각적인 접근은 향후 연구자가 극복하고 도전해야 할 과제이다.

제2장
틈에서 살아나는 노래의 의미
- <이선달네 맏딸애기>를 중심으로 -

1. 〈이선달네 맏딸애기〉에 주목하는 이유

사랑[1]은 인간이 가진 원초적 감정이자 욕망이다. 누구든 사랑을 욕망하며, 사랑하는 대상과의 행복한 결말을 꿈꾼다. 사랑은 인류의 오랜 주제였고 사람들은 사랑 이야기를 통해 사랑을 욕망해왔다. 평민 여성이 부른 노래 가운데도 사랑 이야기가 있다. 누군가를 사랑하여 적극적으로 사랑의 욕망을 표현하지만 상대의 거절로 그 사랑은 저주로 돌변하고, 저주대로 상대가 죽음에 이른다는 파국적 전개를 담은 이야기 노래가 있다. 그 노래가 바로 <이선달네 맏딸애기>다.

<이선달네 맏딸애기>는 여성민요 전체 가운데 양적으로 차지하는 분량은 작은 노래지만 여성의 적극적인 구애와 저주의 말이 전면에 등장한다는 점에서 흥미로운 자료이다. 직접 자신의 욕망을

---

[1] 사랑의 사전적 의미는 이성의 상대에게 끌려 열렬히 좋아하는 마음 또는 그 마음의 상태이다. 사랑은 문학과 예술의 영원한 주제이며 우리 감정을 표현하는 필수적 어휘라고 한다. 김미현 외, 『한국어문학 여성 주제어 사전 3, 제도와 이데올로기』, 보고사, 2013, 23면.

말하고 거침없이 행동하는 여성의 모습이 등장한다는 점에서도 그러하다.

<이선달네 맏딸애기>는 조동일, 서영숙, 박상영, 류경자, 최현재 등에 의해 연구되어왔다. 조동일은 서사민요연구의 14유형의 하나로써 이 노래를 다루면서 문체적 특징, 전승적 특징을 다룬 바 있다.[2] 서영숙은 노래의 서사 단락의 결합을 중심으로 6가지 하위 유형('처녀유혹형', '처녀저주형', '저승결합형', '신부한탄형', '복합형', '후실장가형')을 세분화하여 나누면서 그 서사적 특징과 의미, 사회적 현실과 의식을 고찰하여 이 노래가 단순한 사랑의 욕망을 담은 노래가 아닌 여성 현실 자각의 노래라는 점을 지적하였다.[3] 또한 하나의 유형이 어떤 방식으로 하위유형과 각편을 형성해나가는지 이 노래의 지역별 전승 양상을 살펴보았다.[4]

박상영은 <맏딸애기 노래>의 동일 화소를 공유하는 73편의 각편을 중심으로 이들 모두 주체의 욕망과 결핍, 그 결핍의 해소라는 단락으로 구성되어 있다는 점과 이 노래가 '만남희구형', '유혹저주형', '고난형'으로 유형화되고 있으며 이들은 단성의 말하기로부터 시작하여 다성성에 의한 보여주기에 이르기까지 다양한 거리화의 담론을 보여준다는 점을 설명하면서 이를 근거로 장르적 성격과 서술미학을 입증하고자 했다.[5]

최현재는 <이선달네 맏딸애기> '처녀의 저주로 죽은 신랑' 유형

---

2) 조동일, 『서사민요연구』, 계명대학교 출판부, 1983, 1-428면.
3) 서영숙, 「<이사원네 맏딸애기> 노래의 서사적 특징과 현실의식」, 『한국고전여성문학연구』 22집, 한국고전여성문학회, 2010, 376-411면.
4) 서영숙, 「<이사원네 맏딸애기> 노래의 전승 양상」, 어문연구 67, 『어문연구』 67, 2011, 63-89면.
5) 박상영, 「서사민요 <맏딸애기 노래>의 구조적 특징과 그 미학」, 『한국시가연구』 27집, 한국시가학회, 2009, 379-422면.

에 나타나는 양가성의 양상과 의미를 구명하고자 연구를 시도한 바 있다. 이 노래의 서사적 전개가 다른 노래에 비해 복잡한 편이고 초현실적이며 환상적이라는 점에 주목하여 소설 <양산백전>이나 서사무가 <문굿>과의 차이를 설명하였다. 그러면서 사랑과 증오, 천사와 마녀 이미지, 남성성과 여성성 등의 대립적이고 이분법적 도식을 허무는 양가적 전략이 이 노래에 내재해 있다고 보았다. 그는 이 노래가 죽음을 넘어선 사랑에 대한 찬가가 아닌 전통시대 여성의 현실 인식과 대응방식을 양가성 전략을 통해 형상화한 작품이라고 설명하였다.6)

앞선 논의 모두 <이선달네 맏딸애기> 유형의 장르적 성격과 미학적 특징을 구명하는 논의로서 가치와 의의를 지닌다. 이들 연구가 공통으로 지적하고 있는 것은 <이선달네 맏딸애기>의 서사적 전개와 그 하위형이 전하는 메시지는 단일하지 않으며 그 단일하지 않음을 설명하는 각각의 방법으로 연구자마다 다른 논의를 펼쳐나가고 있다. <이선달네 맏딸애기>의 핵심 서사는 '구애에 실패한 처녀가 저주하고 도령은 죽음을 당하다'이지만 노래가 전하고 있는 탈이념적 지향의 욕망과 현실 인식, 집착과 합일의 욕망 등을 서사적 전개와 결말의 의미로 한정하여 귀결시키지 않고, 이를 입체적으로 읽어내는 해석을 시도하고자 한다.

과연 <이선달네 맏딸애기>를 어떻게 이해하고 해석하는 것이 바람직할까? 노래에서 구애를 거절한 남성에게 저주를 퍼붓는 여성의 태도가 하위유형을 통해 다른 목소리의 개입으로 자주 전환되는 이

---

6) 최현재, 「서사민요 '처녀의 저주로 죽는 신랑' 유형에 나타난 양가성 고찰」, 『우리말글』 43집, 우리말글학회, 2008.

유는 무엇일까? 갑작스러운 신랑 죽음을 말하는 장면이 신부 한탄을 통해서 재현되는 것은 무슨 이유일까? '저승결합형'같이 죽어서라도 합일을 이룬다는 서사적 결말은 과연 아름다운 사랑의 승리라고 보는 것이 합당할까?

<이선달네 맏딸애기>는 자기 욕망에 대해 솔직한 노래라고 할 수 있다. 그 욕망을 실현하고자 했던 여성의 태도는 솔직하고 당당하다. 솔직함과 당당함을 넘어서 공격적이기까지 하다. 머리를 깎고 치마를 찢고 중이 되어 집을 나섰던 이야기 속 여성과는 다르다. 난봉꾼 남편 때문에 스스로 목을 매는 여성과도 다르다. <이선달네 맏딸애기> 주인공 여성은 당당하게 자신의 욕망을 말하고 제안하며 그 제안이 좌절되자 이제 돌변하여 상대방을 공격한다.

그런데 이 노래의 하위유형들을 살펴보면 이러한 태도가 일관성 있게 적용되는 것은 아니다. 솔직하고 당당하며 공격적인 화자의 태도와는 다른 화자의 말하기가 개입되면서 이야기가 전개되고 조합된다. 상대편 여성에 대한 연민으로 혹은 죽어서라도 합일을 이루겠다는 대안적 소망을 향해 나아간다. 과연 이러한 서사적 조합과 변이로 존재하는 하위유형을 어떻게 해석하고 의미화하는 것이 온당할까? 그 고민의 지점에서 이 논의는 출발한다.

한편 <이선달네 맏딸애기>는 여성형 <상사뱀>과 서사 구조가 동일할 뿐만 아니라 내용 역시 유사하다. 여성형 <상사뱀>에 등장하는 여성도 한 남자를 사랑했고 그와 하나가 되길 원하지만 이룰 수 없어 원한을 갖게 되고 그 원한으로 남성을 해하게 된다. 결핍을 해소하지 못한 비극적 정황이 전개된다. 그러나 그 방식은 다르다. 여성형 <상사뱀>의 여성 주인공이 취하고 있는 태도는 서술자를 비롯한 주변 인물을 통해 표현되고 전달된다. 다만 복수는 직접적이고 치명적이다. 이와는 달리 <이선달네 맏딸애기>의 화자 즉 주인공은 적극적으로 표현하고 행동할 뿐만 아니라 자발적으로 주변 인물의 도움 없이 구애하고 또 저주한다. 반면 복수의 방식은 누군가의 시각을 통해 제시되고 객관화된다.

차이는 그뿐만이 아니다. 단일한 서술자 시점으로 진행되는 여성형 <상사뱀>과 달리 <이선달네 맏딸애기>의 하위유형들은 여러 시점의 목소리로 구연된다. 여성민요의 현장 문예적 특징7)을 그대로 반영하고 있다. 단일한 목소리가 아닌 여러 목소리를 통해 구조화되고 표현되는 노래에 대한 해석과 그 의미는 기존 서사 텍스트와는 다른 방식의 접근이 필요하다. 서사적 인과관계를 추적해내는 이야기 구조물로서가 아니라 노랫말이 환기하는 정서와 의식 그리고 욕망을 생생하게 읽어내는 일이 필요하다. 이러한 작업을 위해 『한국구비문학대계』와 『한국민요대전』에 수록된 <이선달네 맏딸애기> 자료와 조동일의 『서사민요연구』에 수록된 자료 가운데 핵심 서사를 담고 있는 자료를 중심으로 논의를 진행하기로 하겠다.8)

---

7) 이정아는 같은 유형이더라도 단성적 자료와 다성적 자료가 공존하고 있는 시집살이 노래의 특징에 대해서 다룬 바 있다. 이정아, 『시집살이 노래와 말하기의 욕망』, 혜안, 2010.

8) 『한국구비문학대계』 경남 의령군 지정면 민요 29, 울주군 두동면 민요 29, 경남 울주군 삼북면 민요 2, 전북 부안군 하서면 민요 3, 경북 상주군 낙동면 민요 7, 경북 선산군 장천면 민요 6, 경남 울주군 언양면 민요 1, 경남 밀양군 산내면 민요 23 등의 9편과 조동일 『서사민요연구』 자료 편, 이내방에 유형 24편, 『한국민요대전』 경북 청송, 경북 영덕, 강원 삼척군에서 채록된 4편의 자료 가운데 핵심 서사인 '처녀 저주형'을 포함하고 있는 자료만을 대상으로 한정한다. 박상영과 서영숙이 대상으로 삼은 73편 가운데 처녀유혹형에 속하는 자료는 제하기로 한다.

2. 〈이선달네 맏딸애기〉의 서사적 전개와 표현 양상

<이선달네 맏딸애기>의 명칭과 유형에 관한 문제는 서영숙9)과 박상영10) 연구를 통해 정리된 바 있다. 이들 논의가 다룬 명칭과 유형에 관한 연구를 적극 수용하기로 한다. <이선달네 맏딸애기>의 핵심 서사는 '구애에 실패한 처녀가 저주하고 도령은 죽음을 당하다'이다.11) '처녀저주형'은 아래와 같은 서사적 전개로 진행되고 있다.

> ① 아름다운 처녀는 도령에게 잠시 쉬었다 가라고 제안한다(결핍).
> ② 도령은 그 제안을 거절한다(결핍이 해소되지 못함).
> ③ 처녀는 도령을 저주한다(저주).
> ④ 처녀의 저주대로 도령은 죽는다(저주의 결과로 인한 죽음, 저주를 통한 복수의 실현).

서사적 전개는 복잡하지 않다. 사랑의 결핍을 충족시키기 위해 처녀는 도령에게 쉬었다 가라는 제안을 한다. 도령은 그러한 처녀의 제안을 거절한다. 결국 사랑의 욕망을 채울 수 없었던 처녀는

---

9) 서영숙은 여자가 남자를 유혹하거나 거절하자 남자를 저주한다는 핵심사건을 공통으로는 노래로 규정하면서 서사 단락 결합양상에 따라 '처녀유혹형' 17편, '처녀저주형' 14편, '신부한탄형' 5편, '저승결합형' 11편, '후실장가형' 13편, '복합형' 4편으로 구분하고 있다. 서영숙, 「<이사원네 맏딸애기> 노래의 서사적 특징과 현실의식」, 『한국고전여성문학연구』 22, 한국고전여성문학회, 2010, 378-379면.

10) 박상영은 <맏딸애기 노래>는 어느 집안인가에 방점이 있는 것이 아니라 '맏딸애기'라는 구체성이 들어가는 것이 중요하다고 보았다. 또한 <줌치노래>, <댕기노래>, <치장요> 등 다른 명칭으로 불리는 노래 가운데 <맏딸애기 노래>라고 칭할 수 있는 자료가 있다고 보았다. 이런 점을 고려하여 『한국구비문학대계』와 임동권의 『한국민요집』, 『한국민요대전』, 『조선민요집성』을 비롯하여 조동일의 자료에서 발견되는 자료 73편을 살펴본 후 이것을 지역분포양상으로 제시하여 다각적으로 살펴보면서 맏딸애기 노래의 동일한 화소를 지니는 각편들을 유형화하여 '맏딸애기 만남희구형', '맏딸애기 유혹저주형', '맏딸애기 고난형(행복한 결말형, 비극적 결말형)'으로 정리하였다. 박상영, 앞의 논문, 384-406면.

11) 서영숙 역시 여자가 남자를 유혹하나 거절당하고 저주한다는 핵심 서사를 갖는다고 했다. 서영숙, 앞의 논문, 407면.

도령을 저주한다. 처녀의 저주대로 도령은 장가든 첫날 급살 맞아 죽는다. 결핍된 욕망이 해소되지 못하자 상대를 저주하고 저주대로 상대가 죽는다는 비극적 사건이 <이선달네 맏딸애기>의 핵심 서사이다.

서영숙이 구분한 '신부한탄형', '저승결합형', '복합형'은 ①부터 ④까지의 서사적 전개 이후 신랑이 갑작스럽게 죽음을 당하자 ⑤한탄하는 신부의 이야기 혹은 ⑥결혼 첫날 죽은 신랑의 상여가 저주한 처녀 곁에 머물고 이들이 결국 다시 만나 화합하는 이야기로 이어진다.

앞서 언급했듯이 이 노래의 중심을 이루는 사건은 '처녀의 구애와 도령의 거절로 인한 죽음'이다. 노래의 핵심적 이야기는 '사랑의 결핍을 채우기 위한 처녀가 적극적으로 구애했지만 이를 도령이 거절했고 그러자 처녀는 도령을 저주했으며 처녀의 저주대로 도령은 신혼 첫날 억울한 죽음을 당했다'이다. 가부장적 지배이데올로기가 지배하는 사회에서 통념상 사랑의 결핍을 채우기 위해 쉬었다 가라고 제안하는 처녀의 요구는 위험해 보인다. 그러함에도 이 위험한 제안을 거절한 남성이 죽게 되는 쪽으로 이야기는 전개된다. 신적 금기를 깨는 위반 행위 혹은 윤리적 규범을 어긴 결과로 이어지는 이야기 속 징벌의 양상과는 달리 이 노래의 서사는 처녀의 유혹을 거절한 남성이 죽음을 당한다는 탈규범적 사건으로 진행된다.

노래는 '쉬었다 가라'라는 제안을 여성이 먼저 하고 있다. 아름다운 처녀가 멋진 도령에게 자신의 공간으로 들어와서 머물다 가라고 한다. 육체적 사랑을 긍정하는 애정 공세이다. 성적 욕망을 거침없이 말하고 그 욕망을 실현하기 위해 남성을 자기 공간으로 초대

하는 여성의 모습은 다른 이야기에는 찾아보기 어렵다. 다만 남성
의 구애를 받아들인 후 그를 받아들이기로 결심한 여성이 약조를
얻어낸 후 육체적 결합을 허락하는 이야기는 발견할 수 있다. <이
생규장전>의 최랑, <심생전>에 등장하는 궐녀, <춘향전>의 춘향
등 남성의 구애를 받아들이고자 결심한 여성은 대부분 일정한 조건
을 근거로 육체적 결합을 수락한다. 고전 서사라 칭해지는 이야기
에서 발견되는 사랑의 욕망은 즉각적인 육체적 결합으로 연결되고
있다는 점도 한 번쯤 짚어봐야 할 사항이다. 이것은 근대 이후 서
사물에서 포착되는 정서적 소통과 교감의 정신적 사랑과는 차별되
는 지점이라고 보이기 때문이다.[12]

  <이선달네 맏딸애기>는 여성의 적극적 구애 행위로 육체적 결합
을 제안하고 있다. 적극적 구애, 성적 결합을 제안하는 모습, 그 제
안이 거절되자 상대 남자를 저주하는 여성… 여기 등장하는 여성은
거침없다.

>   저계가는 저총각은/여계와서 하리밤만 자고가소
>   언제봤든 님이라고/하리밤을 자고가나
>   저계가는 저총각은/한모랑이 돌거들랑 총살이나 맞아주소
>   두모랑이 들거들랑/화살이나 맞아주소
>   시모랑이 돌거들랑/급살이나 맞어주소 …이하 생략[13]

  '저계가는 저총각은/여계와서 하리밤만 자고가소' 적극적이고 거
침없는 구애다. 남성이 '언제봤든 님이라고/하리밤을 자고가나' 거
절을 하자 한순간 망설임도 없이 처녀는 저주를 퍼붓는다. '한 모

---

12) 이와 관련된 논의는 본 주제와 직접적인 연관이 없기 때문에 다른 논의의 장을 통해 다루고자 한다.
13) 조동일, 『서사민요연구』, 계명대학교 출판부, 311-312면.

랑이를 돌거들랑 총살을 맞아라, 두 모랑이를 돌거들랑 화살이나 맞아라, 세 모랑이를 돌거들랑 급살을 맞아라 등' 무시무시한 말들을 쏟아놓는다.

그런데 이 무시무시한 저주의 말은 공포스럽기보다는 조롱처럼 들려온다. 용기 없는 남성의 태도에 대한 비아냥거림으로 들린다. 저주의 말들은 원망과 조롱, 비웃음과 함께 반복된다.

처녀의 유혹을 뿌리치고 제 갈 길 간 남성 입장에서는 억울한 일이 아닐 수 없다. 이러한 서사적 전개는 이 노래에서만 발견되는 것은 아니다. 여성형 <상사뱀>에도 등장한다. 강성숙은 여성형 <상사뱀> 설화를 대상으로 섹슈얼리티의 위계화 방식과 성정치의 맥락을 고찰한 바 있다.[14] 그는 이 논의에서 사적 개별적 감정인 사랑이 권력에 어떻게 개입하고 권력 관계에서 배제되는 대상을 어떻게 타자화하는지 설명하고 있다. 주체적 욕망이 허락되지 않는 여성은 상사뱀으로 몸을 바꾸어 탈주의 가능성을 보이지만 상사뱀이 되어서도 여성적 규범에서 벗어나지 못하는 한계를 노정한다고 하였다. 그러나 여성형 <상사뱀>과 달리 <이선달네 맏딸애기>에 등장하는 여성은 이러한 타자화의 정치적 위계에서 완전히 벗어나 있다. 여성형 <상사뱀>에 등장하는 욕망을 거절당한 처녀들은 자신의 존재를 드러내는 데 소극적이다. 사랑의 욕망을 전하는 방법 역시 그러하다.[15] 대표적 이야기를 서사적 전개로 구조화하면 다

---

14) 강성숙, 「성 정치로 본 상사뱀 설화-여성형 상사뱀 설화를 중심으로」, 『고전문학연구』 39집, 한국고전문학연구, 2011, 161-195면. 상사뱀 설화에 나타나는 욕망 문제에 대해서는 강진옥이 선행논문을 통해 깊이 있는 논의를 바룬 바 있다. 강진옥, 「상사뱀 설화의 "몸 바꾸기"를 통해 본 욕망과 규범의 문제」, 『고전문학연구』 18집, 한국고전문학연구, 2000, 115-149면.

15) 『한국구비문학대계』 7-6, 656-658면, 7-11, 740-749면, 7-13, 72-23면, 7-11, 283-286면, 7-14, 242-244면, 8-9, 1061-1063면.

음과 같다.16)

① 이방의 딸(처녀)이 조월천을 사모하게 되었다. (결핍)
② 처녀가 상사병이 들자 부모는 조월천을 집으로 오게 한다.
③ 처녀의 바람대로 조월천이 욕망을 채워주지 못한다. (결핍이
   해소되지 못함)
④ 그 일 때문에 처녀는 죽게 되고 상사뱀이 된다. (원한을 품고 죽음)

---

16) 『한국구비문학대계』 7-11, 740-749면에 수록된 <월천과 상사뱀> 이야기의 일부를 소개하면
다음과 같다. "이방의 딸이 고럴 적에 십팔 세라. 십팔 세인께네, 이 조월천 카는 그 양반이 오
성 대감한테 글 배우러 댕기미 마상을 해가 댕기인께네, 날이 나이, 머리라 카는 건 참 예전에
는 머리 땋아가 질기 추석 바끼겉다 카는 말이 있었거든요. 이런데, 보이 이 색씨가 보인께네,
색씨도 그럴 적에 아주 미인이라요. 이래 놓이 그 조월천 카는 그 양반도 아주 참 어 이중일색
이라. 이래 놓인께네, 이 색씨가 그 조월천 그 양반을 보고 마 참 어예든지 저 사람을 내가 한
분 둘이 내외간을 삼았으만 좋겠다 카는 이런 의도를 가졌는 기라. …중략… 그러다가 그러그
러 하로 이틀 가다가 마 이 색씨가 처녀가 노심이 되가마 침식에 누벘어요. 병이 됐어요 …중
략… '거 온통 이방의 온통 만장지상을 채리놓고 음석을 약주다 머 이래 채리놓고 이 양반 오
도록만 기다리고 있었어요. 있으인께네 그래 조월천이가 사락걸에 드가서 방간 있는 처마 밑
에 가 가만 붙어가주고 서서 있어요. 있으인께네, 그 저 월이라 카는 거 처녀가 방아(방에) 누
버가주고 이불을 덮어씌고 침식에 누벘으인께네 '에이 설마더러 니가 오늘 저녁에는 내 방에
안 들올 수가 있느냐' 이라인께네, 그래 밤이 야 한 마 그럴 적에는 초경, 이경, 삼경 카마 한
오경쯤 됐어요. 열두 시가 넘었어. 날이 다 새 갈 고비라. 마 요새 요랑 하만 시간이 두 시경쯤
됐어요. 되인께네 문 앞에 가가주고 색씨 자는 문 앞에 가가주고 가마가 서가 있었어요. 있으
인께네, 그래 월이라 카는 그 처녀가 가마가 생각하인께네, 인제는 니가 내 문 앞에 와 있으인
께네 니가 내 바아 안 들올느냐 이래가주고 참 어예든지 마 이불만 덮어씌고 누버가주고 오
도록만 기다리고 있어요. 다린께네, 문을 살그미 밀고 들왔어요. 들와가주고 그래 머리밑에 딱
앉더래요. 꿇어, 꿇어앉았어요. 꿇어앉아 가지고 그래 인자 색씨는 '설마더라 인제는 나캉, 내
한테 무신 말을 안 하겠나? 내한테 손을 안 대겠나.' 이래, 그래 조월천이 저 양반이 보껬, 기
앗주무이에다 요새는 보껫도라 카지만 그때는 기앗주무이거던. 열어가주고 손수건, 명지 손수
건을 네모졌는 걸 내가주고 오른쪽 손에다 요래 탱탱 감었어. 감으인께네, 감아가주고 그 인자
날(낯)을 한 분 사르르 내리 씨닦아 좄어. 씨닦아 주이, 그월이는 생각에는 '하하 저거 나는 상
끼고이고, 상것이고, 저는 양반인께네 내, 지 살찜도 내 살찜에 대면은 안 됐다고 저라는가' 싶
어 마 거어서 마 그 여자가 고마 죽었어요. 아 그 머. 그래가주고 상사가 됐뿌렀어요. 그래 놓
고 나왔어요. 나오인께네, 그 아직에 인제 여 이방하고 이방 할마씨하고 둘이가 본께 머 딸은
죽었어요. 죽어가주고 인제, 그 아직에 집에 가서 마상을 해가 글을 배우러 오성 대감한테 가
인께네. 상사가 막 뒤에 따라오는 기라. 따라온께네 그 인자 상사가 자꾸 말꽁지를 물라 달라
이라인께네, 이 조월천은 모르지 …중략… 고마 상사가 나와서 바 온 집안을 마 그마 뱄이라
요. 이래 놓이께네 마 형, 지, 동상 마 머 삼 형제가 전부 마 상사가 감아 직이가주고, 그래 인
제 그 집이 다 거어서 멸족을 했뿌렀어. 했뿌고, 그래 인자 그 참 성대감이 캤어. 하여간 조씨
네가 망한 거는 내 씨긴대로만 했이만 안 망할 긴데 …중략… 그래가주고 그 집이 망했어요.
그래가주고 그 함안 조씨네들이 그 참 혈손은 원손이 다 끊어졌어요. 그 사람들 여 묘가 여 고
을에 가마 거 도리사 카는 데 가 있어요. 있는데, 전부 양자해가주고 그 원손은 없어요. 참 조
월천 그 양반 죽었뿌고 삼 형제 죽었뿌고."

⑤ 상사뱀의 원한으로 조월천 가문은 멸족하게 된다. (원한으로 인한 남성의 죽음)

　이야기 구조는 '결핍-결핍이 해소되지 못함-원한-원한으로 인한 죽음'으로 <이선달네 맏딸애기>의 구조 '결핍-결핍이 해소되지 못함-저주-저주로 인한 죽음'과 구조적으로 유사하다. 결핍을 채우기 위해 시도를 하지만 그 시도대로 결핍을 충족시킬 수 없게 되자 상대에 대한 원한을 품거나 저주를 하여 상대를 죽게 만든다는 점에서 서사적 전개는 유사하다.

　여성형 <상사뱀>에 등장하는 처녀는 부모의 도움으로 상대방과 대면하게 된다. 부모의 도움을 통해 처녀는 조월천과 한 공간에 머물게 되지만 결핍을 채우지 못한다. 자신을 받아주지 않는 남성으로 인해 처녀는 한을 품고 죽는다. 이후 처녀는 상사뱀이 되어 그 한을 조월천 집안에 갚는다. 처녀의 간절한 사랑에 대한 욕망은 표현되고 시도되지만 그 태도나 방법은 직접적이지 못하다. 욕망을 드러내는 여성은 언제나 남성적 시각에서 통제된 형상으로 그 욕망을 전하고자 애쓴다. 그러함에도 상대인 조월천이 그것을 수용하지 않게 되자 처녀는 결국 상사뱀이 되어 그 원한을 조월천과 그의 가문에 복수하게 된다. 가문 대대로 이어지는 복수에 대한 이야기는 여성적 욕망을 반영한다기보다 남성 중심적 시각이 투영된 투사적 원한이라고 보인다.

　반면 <이선달네 맏딸애기>는 욕망의 주체가 되는 여성이 직접 전면에 나서서 적극적으로 욕망을 전달한다. 처녀는 그 제안이 거절당하자 한 치의 망설임도 없이 상대를 저주한다. 상대는 저주대로 죽게 된다.

그런데 <이선달네 맏딸애기>의 하위유형들이 앞서 제시한 <조월천 이야기>처럼 끈질긴 원한과 복수라는 비극적 결말로 끝나지는 않는다. 물론 남성의 죽음으로 끝나는 경우도 있지만 다수의 노래가 남성이 죽자 그로 인해 새로운 불행에 직면하는 신부의 이야기로 이어지거나 죽음 이후 다시 남성과 처녀와 만나 합일을 이룬다는 또 다른 이야기로 봉합된다.

이러한 서사적 전개의 변이와 봉합을 만드는 원인은 이야기를 전달하는 목소리의 변화에서 찾을 수 있다. 노래 전편에서 자신의 욕망을 거침없이 말했던 여성은 그 제안을 거절당하자 상대 남성에게 저주를 퍼붓는다. 그 과정에서 남성의 목소리는 다시 들려오지 않는다. 대신 죽음의 장면을 서술하는 누군가의 목소리로, 신랑의 죽음을 안타깝게 여기는 누군가의 목소리로, 혹은 급살맞은 새신랑 때문에 당황하는 신부의 목소리로 노래는 전환되어 진행된다. 그 다양한 목소리가 환기하는 정서는 이제 단일한 결말이 아니라 다른 여러 결말을 향해 구조화되는 경향을 보인다. 어떤 각편은 오직 저주한 여성의 입장과 그 여성이 가지고 있던 사랑의 욕망에 대해서만 관심을 보이는 것으로, 어떤 각편은 갑작스러운 신랑의 죽음에 직면한 신부 입장을 애석해하는 시각을 반영하는 것으로, 또 한편으로는 사랑을 이루지 못한 안타까움을 어떤 방식으로든 해결하고 봉합하고자 하는 방향으로 나아가고 있다.

3. 〈이선달네 맏딸애기〉에 나타난 목소리를 통해 본 의미화 양상

<이선달네 맏딸애기>에 등장하는 목소리17)는 사건의 배경을 서술하는 서술자의 목소리, 사랑을 제안한 여성(처녀)의 목소리, 그 제안을 거절한 도령(남성)의 목소리 그리고 거절 이후 마음이 돌변한 여성의 목소리로 이어진다. 하위유형에 따라 신부가 등장하기도 하고 신부 가족이 등장하기도 하며 또 다른 시각의 화자가 개입하기도 한다.

> ⓐ한살먹어 엄마죽고/두살먹어 아바죽고
> 시살먹어 할매죽고/니살먹어 할배죽고
> 호부다섯 절에올라/열다섯에 글을배와
> 책을랑 옆에찌고/책댈랑 손에들고/붓을랑 입에물고
> 이선달네 맏딸애기/하잘났다 소문나
> 이선달네 집모랭이/이실비실 돌어가니
> 이선달네 맏딸애기/ⓑ<u>저기가는 저손님은</u>
> <u>앞은보니 도령이요/뒤는보니 수좔레라</u>
> <u>유해가소 유해가소/하룻밤만 유해가소</u>
> ⓒ<u>말씀은 좋건마는/질이바뻐 안되겠소</u>
> ⓓ저게가는 저자석은
> 한모랭이 돌거들랑/을피돌피 때러주소
> 한모랭이 돌거들랑/급살총살 맞어죽소
> 한모랭이 돌거들랑/베락이나 때려주소
> 장개라고 가거들랑
> 가매라꼬 타거들랑/가매채가 내라앉으소
> 말이라꼬 타거들랑/말잔딩이 뿌러지소
> 대문간에 들거들랑/대문채가 닐앉으소
> 행지청에 들거들랑/사모관대 닐앉으소
> 정심상을 들거들랑/은제놋제 뿌러지소

---

17) '목소리'는 노랫말을 이끌어가는 창자, 화자 혹은 서술자, 등장인물을 모두 가리킨다. 서사민요라 통칭 되는 자료에는 이들 목소리가 혼재되어 있거나 착종 되어 있는 경우가 자주 발견된다.

지녁상을 들거들랑/반다리나 뿌러지소
신부방에 들거들랑/숨이딸각 넘어가소
ⓔ사랑방에 아부님요
어제왔는 새손님이/숨이딸각 넘어갔소
ⓕ에구야야 그말말고
삼단겉은 너의머리/그끝으로 풀어자라... 이하 생략18)

　　제시한 자료는 <이선달네 맏딸애기> '저승결합형'이다. ⓐ는 도
입부이다. 이 도입부는 사건의 배경을 서술하는 서술자의 목소리로
시작한다. 제2장에서 제시한 여성형 <상사뱀>과 유사하다.19) 그러
나 이어지는 ⓑ에서는 이선달네 맏딸애기가 등장한다. "저기가는
저손님은/앞은보니 도령이요/뒤는보니 수촬레라/유해가소 유해가소/
하룻밤만 유해가소" 손님이라 칭하고 있는 도령에게 하룻밤을 머물
다 가라고 말하고 있다. 그러자 ⓒ에서 남자는 "말씀은 좋건마는/질
이바뻐 안되겠소"라고 답한다. 남자의 대답에 곧바로 이어지는 ⓓ
부분의 저주는 거침없다. "저게가는 저자석은/한모랭이 돌거들랑
을피돌피 때려주소/한모랭이 돌거들랑 급살총살 맞어 죽소/한모랭
이 돌거들랑 베락이나 때려주소/장개라고 가거들랑/가매라꼬 타거
들랑 가매채가 내라 앉으소/말이라꼬 타거들랑 말잔딩이 뿌러지소/
대문간에 들거들랑 대문채가 닐앉으소/행지청에 들거들랑 사모관대
닐앉으소/정심상을 들거들랑 은제놋제 뿌러지소/지녁상을 들거들랑
반다리나 뿌러지소/신부방에 들거들랑 숨이딸각 넘어가소"

---

18) 『한국민요대전』, 경상북도 편, 155-157면.
19) 이생규장전의 서두 부분과도 유사하다. 송도(松都)에 이(李)씨 성을 가진 서생이 낙타교(駱駝
橋) 옆에 살고 있었다. 나이는 열여덟 살이며 풍채가 말쑥하고 타고난 재주가 비상하였다. 일
찍부터 국학(國學)에 다녔는데 길을 가면서도 시서(詩書)를 읽고 다녔다. 선죽리(善竹里)의 지
체 있는 집안에 최(崔)씨 성을 가진 처녀가 살고 있었다. 나이는 열대여섯쯤 되었는데 맵시가
요염하고 고우며 자수(刺繡)에 능하며 시부(詩賦)에도 뛰어났다. 세상 사람들은 흔히 말하기를,
"풍류스런 이 공자여/정숙한 최 낭자여/그 재주 그 얼굴은/먹지 않아도 배부르구나."

거침없이 전개되는 저주의 말 이후 ⓔ에서는 그 어떤 설명도 없이 "사랑방에 아부님요/어제왔는 새손님이/숨이딸각 넘어갔소"라는 장면이 이어진다. 처녀의 직접 발화와 이에 대한 남자의 대답 그리고 처녀의 저주, 장면이 전환되면서 첫날 밤 죽음을 당한 남자의 이야기로 급전개된다. 서술자가 개입 없이 발화자들의 발화로만 이어지는 서사적 전개는 다른 장르의 서술방식과 다르다. 서술자 개입 없이 등장인물의 발화로 전개되고 표현되는 서사민요의 서사적 전개 양상을 가장 잘 보여주는 사례이다.[20]

제2장에서 언급했듯이 적극적인 구애, 직설적인 저주, 미련 없이 펼쳐나가는 복수의 사건은 <이선달네 맏딸애기>가 다른 이야기와 차별되는 핵심 서사이다. 그러나 앞에서 제시한 자료에서 나타나는 신부의 한탄 장면과 이어지는 신부 식구들의 대화 장면은 앞서 전개되어오던 서사적 사건과는 이질적인 분위기를 환기한다. 바로 사건을 말하는 화자 목소리가 달라지고 있기 때문이다.

구애와 저주의 주인공 목소리가 사라지고 급작스러운 남편의 죽음을 맞이하는 신부의 목소리로 변하는 양상, 신랑의 죽음 이후 초현실적 만남을 통해 저주한 처녀와 합일되는 결말을 제시하는 또다른 서술자의 목소리가 등장하게 되는 극적 장면으로의 전환은 목소리와 긴밀하게 연동하여 발생한다.

이야기로 전개되는 노래는 대부분 등장인물 간 대화를 통해 장면이 전환되거나 사건이 진행되는 양상을 유추하게 만드는 것이 보편적인 현상이다.[21] 여성형 <상사뱀>에 등장하는 서술자 개입의 이

---

20) 이정아, 「서사민요연구」, 이화여자대학교 석사학위 논문, 1993.
21) 이정아, 앞의 책, 대부분의 시집살이 노래 자료에서 보이는 현상이다.

야기와 달리 제시한 <이선달네 맏딸애기>는 인물 간의 극적 발화를 통해 진행되고 있다. 인물이 직접 말하는 듯 보이다가도 그 인물의 목소리와 겹치는 누군가가 이야기를 주도하는 듯 보이는 착종현상 역시 자주 발생한다.

조동일과 서영숙은 서사민요 즉 이야기를 담은 노래는 여성들이 모이는 공간 특별히 길쌈과 같이 지루한 노동의 현장에서 불렸다고 했다.[22] 비슷한 처지의 여성이 모여 일하는 공간에서 불렸다는 것이다. 따라서 <이선달네 맏딸애기>가 불린 연행현장과 이 노래가 함의하고 있는 정서적 공감대는 다른 노래와 다르지 않았을 것이다. 모진 시집살이를 박차고 집을 나서서 중이 되는 상상을 했던 여성들은 이번에는 처녀의 사랑을 거절한 상대 남자를 죽음에 치닫게 만드는 상상을 통해 통쾌해 했을 수 있다.

억압되고 통제되는 사회일수록 약자들은 가슴에 남은 말을 쏟아놓고 싶어 한다. 그 쏟아놓는 방식은 감정적이며 극단적이다. 그래서 스스로 죽음을 선택하기도 하고 상대를 죽게 만들기도 한다. 다만 <이선달네 맏딸애기>가 다른 여성들이 부른 이야기 노래와 다른 점은 <중이 된 며느리> 혹은 <자살한 며느리>와 같은 자학적 결말과는 다른 대칭점에 있는 상대방의 파국을 선택하고 있다는 점이다.[23] 그러나 극단적 저주와 파국을 노래하는 여성들은 그 저주의 파국을 그대로 두지만은 않는다. 또 다른 희생자인 신부의 처지를 생각하고 억울한 남성을 죽음의 세계에서 불러들여 저주한 처녀

---

22) 조동일, 앞의 책, 서영숙, 앞의 논문.

23) 전승되지 못한 많은 노래 가운데 이런 극단적 파국을 설정한 자료가 많을 것으로 추정된다. 채록 현장에서는 자기 검열을 통해 노래를 불렀을 가능성이 있다. 오늘날 채록되지 못하고 사장된 목소리 가운데는 이 같은 노래가 상당수 존재했을 것이다.

와 다시 만나게 한다. 이러한 서사적 사건의 조합들이 앞서 무시무시하게 나열하고 반복했던 저주의 말들을 재해석하게 만든다.[24]

따라서 <이선달네 맏딸애기>의 핵심 서사이자 장면인 구애의 거절과 저주의 말 그리고 이어지는 상대방의 죽음은 슬프거나 비극적이지만은 않다. 저주의 말이 반복되고 그 저주로 인해 죽음의 상황이 반복 구를 통해 반복되면서 리듬이 환기하는 즐거움이 노래의 정서를 전환하게 만들고 있다. 이러한 정서의 전환이 현실 세계에서 불가능한 복수하기의 욕망을 해소하고 있다. 그 저주의 목소리는 노래 속 처녀의 목소리처럼 보이지만 실상 그 목소리의 진정한 주인공은 이 노래를 향유하고 가창한 여성들이다. 이야기 속 처녀의 목소리를 빌려 노래하는 여성들은 가부장적 이념이 강제하고 통제했던 사랑의 욕망과 육체적 욕망에 대한 억압을 조롱하고 있다. 성적 욕망을 긍정하고 사랑의 감정에 충실하지 못한 위선적 태도를 비아냥거리며 노래하고 있다. 저주의 말하기가 반복되고 그 저주대로 죽음이 임박하는 장면이 반복되는 이유를 이 지점에서 찾아야한다. 반복하여 저주하기 이면에 숨은 의도를 읽어낼 때 <이선달네 맏딸애기>는 다른 차원으로 해석될 수 있다.

표면적으로 보면 적극적으로 사랑의 욕망을 표현한 여성, 그 구애를 거절하고 외면한 남성, 사랑의 욕망이 저주로 돌변한 정황 그리고 처녀 저주대로 신혼 첫날 밤 억울한 죽음을 당한 남성의 이야기는 "한모랭이 돌거들랑 ~~ 하소"라는 저주의 말과 죽음 장면이 반복되면서 조롱과 비웃음으로 전환된다. 점잖음과 요조숙녀를 표방하는 지배이데올로기에 대한 발랄한 질타이다. 욕망을 긍정하고

---

24) <중이 된 며느리>의 결말 부분 역시 유사하다.

이에 솔직하지 못한 이들에 대한 조롱을 저주의 말과 죽음의 장면을 통해 확장해나가고 있다. 지배 이데올로기적 성 역할에 대한 조롱과 희화화는 노래를 향유하는 여성들에게 공감되면서 다른 서사적 전개를 향해 변화되었을 수 있다. 이 서사적 전개의 변화는 서사적 인과성에 의해 움직이기보다는 노래의 공식적 표현을 차용하여 조합하는 과정에서 자연스럽게 발생한다. 예를 들자면 '강남땅 강소제'로 시작하는 신랑의 부고 소식을 접한 신부의 이야기를 담은 서사적 모티프(공식구)가 <이선달네 맏딸애기>의 서사적 전개과정에서 자연스럽게 조합되는 양상은 노래 현장에서 얼마든지 있을 수 있다. 따라서 노래 후반부에 이어지는 변이 양상은 바로 이러한 연행 환경과 무관하지 않다. 핵심 서사의 화자가 되어 공감하여 비난하고 희화화하지만, 노래를 이어가는 과정에서 자연스럽게 상대편 여성의 입장에서는 안타깝고 당황스러운 일일 수 있다는 또 다른 공감대가 노래를 통해 환기되고 있기 때문이다.

> 신부방에 들어들랑/숨이빨딱 넘어가소
> 아버님요 아버님요/어제왔든 새손님/숨이깔딱 넘어갔입니다
> 야야야야 그게웬소리로/집치매나 입어조라
> 어마님요 어마님요/어제왔든 새손님이/숨이딸깍 넘어갔니도
> 야야야야 그게웬말이로/상정막대 짚어조라
> 아홉성제 오라버님/어제왔든 새손님이/숨이딸깍 넘어갔소
> 야야야야 그게웬소리로/흰댕기나 디레조라
> 금봉채라 지르든머리에/흰댕기가 웬말입니까
> 서른두이 행상군에...이하 생략[25]

 신부의 목소리는 다급하다. 신부 가족 역시 그러하다. 이 상황을

---

25) 조동일, 앞의 책, 292-293면.

노래로 연결해나가는 여성들의 시각은 이제 저주했던 처녀 시각이 아니라 돌연 죽음을 당면한 신부와 그 가족들에게로 옮겨가고 있다. 또 다른 각편의 후반부이다.

> 이사원네 맞딸애기/담모티에 돌어가니/행상군이 발이붙네
> 이사원데 맞딸애기/강글강글 강도령아
> 이내속적삼을 벗어엊고/강글강글 강도령아
> 이내맡고 돌아가소/이내맡고 돌아가소
> 그래해도 안들거/발이떨어지지 아니하니
> 이사원데 맞따래기/구름겉은 이내머리/터드레가 가당하나
> 은가락지 찌던손에/상정막대 가당하나
> 비단공단 입던몸에/상오시인들 가당하나...이하 생략26)

저주대로 죽은 남성이 이사원네 맞딸애기가 따라나서야만 죽음의 길로 가게 된다는 또 다른 시점의 말하기가 등장한다. 앞서 사랑의 말을 던지고 거절 이후 돌연 저주의 말로 돌변했던 여성은 이제 찾아볼 수 없다. 오로지 죽음을 슬퍼하는 또 다른 여성의 모습이 제시되고 있을 뿐이다.

> 이선달네 맞딸아가/이케아퍼 못가겠다
> 니속적삼 벗어걸게/어리둥둥 잘도간다
> 이선달네 집모랭이/이실비슬 돌어가며
> 밀오심이 흰나비/불건나비 노랑나비
> 득천해가 하늘에/저올라 가더랍니더27)

이미 언급한 대로 이 노래의 결말은 저주로 인한 남성의 죽음으

---

26) 조동일, 앞의 책, 294-295면.
27) 『한국민요대전』 경상북도 편, 421면.

로 끝나지 않는다. 사랑의 제안을 했던 처녀, 그리고 저주를 했던 처녀 앞에 죽음이 되어 돌아온 남성 그리고 죽음 이후 나비가 되어 다시 만나게 되는 그들의 남겨진 이야기로 이어진다. 당당하게 사랑의 욕망을 표현하던 처녀의 목소리도 아닌 무시무시한 저주의 말을 쏟아내던 처녀의 목소리가 아닌 죽음 앞에 원혼을 달래기 위한 처녀로 다시 돌아선 모습을 담아내면서 이야기는 마무리된다.

<이선달네 맏딸애기>의 핵심 서사는 사랑의 욕망을 긍정하고 경직된 규범성을 조롱하지만, 이것을 이어 부르는 과정에서 대상과의 합일에 대한 강렬한 욕망을 긍정하고 합일을 추구하고자 하는 또 다른 욕망이 등장한다. 또 다른 피해자인 신부의 처지를 생각해보는 또 다른 의식도 개입한다. 신부의 한탄이 강조되거나 확장되는 부분은 앞서 보이던 핵심 서사의 여성 주인공과는 전혀 다른 의식이 개입한 결과이다.

<이선달네 맏딸애기>는 단일한 목소리가 아닌 여럿의 목소리가 만들어내는 이야기 노래이다.[28] 이 노래를 향유한 여성들의 의식과 감정은 이미 지적한 대로 충돌하면서 틈을 보인다. 틈이 발생하는 지점에서 탈이념적 욕망을 긍정하여 사랑의 욕망을 거침없이 표현하고, 그 욕망을 거절한 이를 저주하고 그를 죽게 만들지만 동시에 다시 현실로 돌아와 또 다른 피해자가 된 신부를 생각하고, 신혼 첫날 억울하게 주검이 된 그를 애도하는 또 다른 의식을 동시에 공유한다. 그들은 탈이념적 욕망을 긍정했고 위선적 태도를 조롱했지만, 주검이 된 대상에 대한 인간적 애도 역시 포기하지 않았다. 그

---

28) 이정아는 시집살이 노래의 장르적 특성으로 다성성을 지목하여 다룬 바 있다. 이정아, 『시집살이 노래와 말하기의 욕망』, 혜안, 2010. 박상영은 이것을 복합형태소통이라 설명하고 있다. 박상영, 앞의 논문, 409-410면.

충돌하는 의식과 욕망은 저항과 비판, 연민과 이해, 집념과 합일을 그대로 노정해가고 있다. 지상에서 이룰 수 없는 사랑을 지상 너머를 통해서 이어가기 바랐던 간절함 역시 포기할 수 없었다.

4. 틈을 봉합하지 않아야 살아나는 노래의 의미

<이선달네 맏딸애기>는 조동일, 서영숙, 박상영 등 여러 연구자들에 의해 서사적 특징과 의미, 지역별 전승 양상, 장르적 성격과 서술미학에 대한 다각적인 연구 성과를 냈던 노래이다. 이들 논의는 <이선달네 맏딸애기> 유형의 장르적 성격과 미학적 특징을 구명하는 연구로서 가치와 의의를 지니고 있었다. 본 논의는 이러한 선학의 연구 성과를 근간으로 하여 <이선달네 맏딸애기> 노래가 드러내고 있는 서사적 전개와 말하기 양상을 포착해야 할 노래의 진정한 의미와 틈의 미학을 설명하고자 했다.

<이선달네 맏딸애기>가 탈이념적인 의식과 욕망을 적극적으로 표현하면서도 현실적인 이해와 연민, 집착과 합일의 염원을 포기하지 않는 상충하는 의식과 욕망이 공존하는 자료라는 점에 주목해야 한다. 이러한 충돌의 지점과 현상을 통해 노래의 진정한 의미는 살아나게 된다는 점을 살펴보기 위해 <이선달네 맏딸애기>를 여성형 <상사뱀>과 비교해 보았다. 사랑의 욕망에 대한 서사를 주변 인물의 도움을 통해 소극적으로 표현해나갔던 여성형 <상사뱀>과 달리 <이선달네 맏딸애기>는 적극적 구애와 직설적인 저주가 전면에 등장한다. 또한 하위유형에 따라 죽음이라는 파국적 결말로 이야기를 마무리하지도 않는다. 갑작스러운 죽음을 당한 남편의 죽음을 슬퍼

하는 상대편 여성의 탄식으로 이어지면서 현실적 이해와 상대에 대한 연민으로 정서적 연대를 확장해나가거나 죽음 이후 만남을 설정하여 사랑의 욕망을 실현하고자 하는 시도를 하고 있었다.

적극적인 구애, 직설적인 저주, 미련 없이 펼쳐나가는 복수의 사건은 <이선달네 맏딸애기>가 보여주는 다른 이야기와 차별적인 모습이다. 이러한 장면 이후 펼쳐지는 신부의 한탄이나 사후 재결합의 시도는 앞선 서사적 전개와는 이질적이지만 오히려 노래의 의미를 다양하게 해석하고 입체화하는 데 기여한다. 이러한 현상은 목소리의 변화를 통해 유추할 수 있으며, 목소리의 변화는 노래를 부르는 자와 노래를 듣는 자가 만나는 현장에 의해 늘 가변적으로 유동적으로 나타나기 쉽다.

<이선달네 맏딸애기>는 하나의 목소리가 아닌 여러 명의 목소리가 만들어내는 이야기 노래다. 인과관계로 정리되는 서사적 전개만으로는 이 노래의 미학적 성격을 논할 수 없다. 사랑의 욕망을 실현하기 위해 대상을 저주하고 죽음에 이른 그와 합일을 꿈꾸는 여성의식 반대편에는 또 다른 비극적 상황에 직면한 여성에 대한 안타까움과 연민이 자리한다. 노래는 구애하고 저주한 여성의 입장에서 시작하지만 그를 둘러싼 세계와의 화해 역시 포기하지 않는다.

사랑의 욕망을 거침없이 표현하고 그 욕망을 거절한 이에게 거칠게 저주하고 그를 죽게 만들고 다시 주검이 되어 돌아온 그와의 해후를 꿈꾸는 노래는 노래를 향유한 여성 공동체가 공감하고 공유한 정서이자 삶의 지향이었을 것이다. 그들은 탈이념적 욕망을 긍정했고 규범적 행동을 조롱했지만, 주검이 된 대상과의 화해를 포기하지 않았다.

하나의 화자가 아니라 여러 목소리로 이루어지는 하위유형을 통해 핵심 서사와는 이질적인 감정의 연결되고 결합하는 양상은 여성민요가 지니는 현장문예물로서의 특징이다. 서사적 전개의 방향은 인과적 원칙보다는 정서적 공감대 혹은 어떤 공식구를 조합하느냐에 따라 달라진다.[29]

<이선달네 맏딸애기>가 전달하는 의미는 단순하지만 단조롭지 않다. 사랑의 욕망을 전하는 방식 역시 상충하는 감정과 욕망을 여과 없이 노정하면서 그 틈을 봉합하지 않은 채, 생경하지만 생생하게 되살리고 있다는 점에 주목해야 할 것이다. 이것이 현장문예물로서 여성민요가 가지는 고유의 미적 특질, 틈의 미학이라 할 수 있을 것이다.[30]

---

29) 여기서 노래로 연행된다는 점을 전제로 서사민요를 접근할 필요가 있다. 노래의 완결된 구조는 구연자가 연행현장에서 노래 부르는 경우마다 매번 달라질 수 있기 때문이다. <이선달네 맏딸애기>의 서사구조는 이러한 연행 상황을 전제로 접근할 필요가 있다. 노래는 연행현장에서 언제나 유동적으로 변화할 수 있기 때문이다.

30) <이선달네 맏딸애기>를 포용과 화합을 지향해나간 노래라고는 성급하게 규정하고 싶지 않다. 오히려 노정하고 있는 균열된 의식을 봉합하지 않음으로 진정성을 읽게 하기 때문이다. 결합형을 보면 급살 맞은 신랑을 보고 슬퍼하는 신부 목소리는 다시 들려오지 않는다. 억울하게 죽음을 당한 신랑의 목소리도 다시 등장하지 않는다. 다만 처녀의 사랑을 완성하는 데에만 관심을 보이는 화자가 등장할 뿐이다. 이 노래를 부른 여성은 쌍방의 입장과 시각을 포용하려는 태도를 보인다고 볼 수 있다. 이것이 노래의 균열이 환기하는 진정한 여성적 욕망의 실체가 아닐까.

제2부

여성민요의 남은 말들

제1장
시집살이 노래와 여성혐오

1. 시집살이 이야기와 혐오

시집살이 이야기는 오늘날에도 진행 중이다. 명절 때가 되면 시댁 이야기가 무성하다. 남의 집 제사상 더는 차리기 싫다는 푸념, 시댁과 친정에 공평하게 나눠서 방문해야 한다는 아우성, 시집살이 이야기는 넘쳐난다. 웹툰, 영화, 드라마, 다큐멘터리 주제로 시집살이 이야기가 여전히 뜨겁다. 4차 산업혁명 시대, 인공지능과 초연결 시대가 당연해진 세상이 와도 시집살이 이야기는 여전하다.

온·오프라인을 통해서 설전이 오갔던 영화 '82년생 김지영'의 원작 소설 '82년생 김지영'은 복잡한 세상 속에서 뒤틀린 여성의 삶을 다루고 있다. 결혼한 지 3년 된 평범한 핵가족을 이루며 사는 김지영은 평범한 대한민국의 여성이다. 소설은 김지영에게 나타난 '빙의하여 말하기' 증상으로 시작한다. 추석이 되어 시댁에 갔을 때 일은 터진다. 김지영에게 친정어머니가 빙의한다. "아이고 사부인, 사실 우리 지영이 명절마다 몸살이에요", "사돈어른 외람되지만 제가 한 말씀 올릴게요. 그 집만 가족인가요? 저희도 가족이에요, 저희 집 삼

남매도 명절 아니면 다 같이 얼굴 볼 시간 없어요"라고 말한다.

소설은 두세 시간 정도면 읽을 수 있을 정도로 속도감 있게 잘 읽히지만 읽고 난 후 남는 감정은 복잡하다. 내가 살아온 세상, 현재 사는 세상을 정직하게 보여주고 있기 때문이다. 미묘하고 복잡하게 감염되고 신체화된 의식의 실체들을 그대로 보여준다.

<웹툰 며느라기>도 미묘한 시집살이를 다룬다. 인테리어 정보를 얻기 위해 가입한 카페에서 저자는 흥미로운 게시글이 오르는 게시판을 목격했다고 한다. 거기 며느리들의 하소연이 나열된 익명의 게시판에는 시어머니와의 갈등이 단골 소재로 오르고 있었다는 것이다. 그들의 이야기에는 <올가미>나 <사랑과 전쟁>에서 나오는 극단적 사건은 아니지만, 순간 타이밍을 놓치면 다시 그 일을 끄집어내기 어려운 미묘한 사연이 많았다고 했다. 많은 글의 제목이 "제가 예민한가요?"라면 대답은 "예민한 거 아니다"로 이어졌다는 것이다.

소설이나 웹툰은 한국 사회가 근대화와 산업화, 정보화 사회를 거치면서도 벗어나지 못한 전근대적인 가족제도에 서식하며 경계에서 갈등하는 모두의 의식을 고발한다. 시집살이 노래 역시 비슷하다. 조선 후기에 발생하여 구연되고 전승된 시집살이 노래는 부당한 차별에 맞선 문학사적 의의를 지니는 텍스트라고 평가해 왔다. 시집살이 노래는 유교적 가족주의1)를 배경으로 고착화된 부계 혈연조직 중심의 가족제가 정착되면서 자연스럽게 만들어졌다. 남귀

---

1) 백광렬, 이상직, 사사노 미사에, 「한국의 가족주의와 가족 관념 - '사회결합'론의 관점」, 『한국사회학』 제52집 제4호, 한국사회학회, 2018. 이 논문에서는 유교적 가족주의가 실제 현실의 한국 사회에 결정적인 영향을 미치기 시작한 것은 부계 혈연 중심의 문중사회(門中社會)가 출현한 조선 후기였던 것으로 이해된다고 말한다. 17세기 말 이후 지배층에서부터 문중 혹은 종중이라고 하는 부계 혈연조직이 성립되어 가족 영역뿐만 아니라 정치·경제 영역에도 큰 영향을 미치게 되었고, 이 조직의 확산이 부계 원리에 따라 상속 등에서 여성을 주변인화하여 남성 가부장 중심의 사회를 만드는 데 큰 역할을 하였다고 주장한다.

여가혼에서 친영제로 전환된 혼인제도와 장자 중심의 종법제가 만들어낸 조선의 가족제도는 어린 나이에 낯선 곳으로 시집을 가야 했던 여성을 자연스럽게 차별하고 억압하게 만들었다. 낯선 집으로 시집온 나이 어린 여성은 이중 삼중으로 타자이자 약자일 수밖에 없었다. 다른 지역으로의 이주, 여성이라는 점, 나이가 어리다는 점 등등 당시 사회구조 안에서 이중 삼중의 불리한 조건으로 갑자기 내몰리게 되었고(물론 양반가 여성이냐 평민 여성이냐 역시 고려되어야 할 조건이다) 그런 시절을 살면서 남몰래 부르던 노래가 시집살이 노래였다.

시집살이 노래에 관한 초기 연구는 부당한 차별과 억압을 순응하고 살아낸 인고와 한스러움에 주목했지만 2세대, 3세대 연구자들은 이 노래를 가부장제의 억압과 차별에 저항한 일면에 주목했다. 조동일은 『서사민요연구』를 통해 서사민요가 여성 주체적 시각을 담은 노래로서 봉건적 남성 지배질서에 대한 항거와 비판을 담은 노래라는 점을 지적했고[2] 서영숙은 조동일의 연구를 계승하여 이를 체계화했다.[3]

강진옥은 '여성적 말하기'라는 관점에서 여성적 태도와 인식을 기반으로 부당한 시집살이에 대해, 남편의 외도에 대해 침묵하거나 저항하면서 그 갈등을 고조시키거나 해결해나간 점을 제시하며 여성적 말하기의 저항성에 주목했다.[4] 이정아 역시 억압되고 통제된

---

2) 조동일, 『서사민요연구』, 계명대학교 출판부, 1970.

3) 서영숙, 『한국 서사민요의 씨실과 날실』, 역락, 2010.

4) 강진옥, 「서사민요에 나타나는 여성 인물의 현실 대응양상과 그 의미 : 시집살이 애정 갈등 노래류의 '여성적 말하기' 방식을 중심으로」, 『구비문학연구』 9, 한국구비문학회, 1999, 97-130면; 강진옥, 「여성민요 화자의 존재 양상과 창자 집단의 향유의식」, 『한국고전여성문학연구』 4, 한국고전여성문학회, 2002, 5-32면; 강진옥, 「여성민요와 여성 생활 현실의 관련 양상」, 『한국고전여성작가연구』, 태학사, 1999.

사회에서 약자로서의 자기감정을 표현하기 위해 원망, 하소연, 침묵, 비난, 분노, 비아냥 등의 다양한 말하기 방식을 통해 남성 중심 사회에서 저항하면서도 동시에 한편으로 순응하는 단일하지 않은 목소리를 내고 있다는 점을 지적했다.5) 이어지는 연구들 역시 이러한 시각의 연장 선상에서 시집살이 노래를 해석했다.

시집살이 노래는 강력한 가부장제의 가족 제도하에서 약자였던 여성/며느리가 불렀던 노래다. 노래는 여성의 개인적인 체험이면서 동시에 결혼한 여성이 공감하고 공유하는 '시집살이'6)의 경험을 담고 있다. 그런 이유로 시집살이 노래는 다양한 유형을 지니고 있고 노랫말은 유동적이며 개방적이다. 부르는 사람마다 다르게 재연될 수 있는 개연성이 있는 말 중심의 노래다. 오늘날 노동이 사라진 현장에서도 시집살이 노래가 채록되고 있는 것이, 바로 이러한 특수성을 가지고 있기 때문이다.

한이나 순응보다는 저항과 비판의 노래로서 문학사적 의의를 부각해낸 선행 논의들은 타당하며 흡입력을 갖는다. 어리고 발언권 없는 여성이 자신의 목소리로 탄식하고 저항하며 분노했던 노래는 자의식이 살아있는 노래이기 때문이다. 부당함에 대한 항거이자 비판적인 의식을 수반했던 것이 분명하다. 그러한 말들은 동시대의 다른 문예물(여성 가사, 남성민요 등)과 차이를 보이면서 존재감을 드러낸다.

---

5) 시집살이 노래의 노랫말은 결혼한 여성 시각을 담고 있다. 며느리가 겪는 시집 식구와 일상에 대해 주로 말한다. 말하기 방식은 주로 침묵이나 회피, 저항과 분노, 하소연과 탄식 등이다. 소수자, 약자의 전형적인 말하기이다.

6) 『한국민족대백과사전』에는 시집살이를 여자가 시집가서 시집 식구들과 함께 살면서 심신 양면으로 겪는 고된 생활이라고 요약하고 있다. 여성이 결혼하여 새로운 가족과 함께 살면서 육체적 정신적으로 겪게 되는 고된 생활이라는 해석은 누구나 공감하는 말이다.

'그런데 시집살이 노래는 과연 저항과 비판만으로 해석될 수 있는가'라고 묻는다면 그렇다고 대답하기는 어렵다. '억울함을 토로하고 그 분함을 토해내는 저항과 비판만을 담고 있는가'라고 묻는다면 꼭 그렇지만은 않다고 대답해야 할 것 같다. 시집살이 노래는 생존을 위한 노래로 불렸고 복잡한 속내를 대신했다. 창자의 경험이나 가치관이 반영될 여지가 있는 노래로 같은 유형의 노래일지라도 다른 감정과 태도를 실어 부를 수 있었다.

 이 글은 시집살이 노래가 2세대와 3세대 연구를 거치면서 형성된 프레임을 벗어나 다른 시각에서 시집살이 노래를 해석해보자는 생각에서 출발했다. 주체적 자각과 저항, 비판의 노래 이전에 살아내기 위한 생존의 노래로 이해할 필요가 있다. 시집살이 노래는 유교적 가족주의를 기반으로 한 가부장제 사회에서 여성이 남성의 집으로 시집가는 친영제가 보편화하면서 생겨난 노래라고 그 배경을 설명한 바 있다. 남귀여가혼의 전통에서 친영제로 전환되면서 남성의 집으로 시집간 여성들이 시집살이라는 통과의례를 통해 남성 가족의 일원이 되는 과정에서 겪게 되는 일련의 사건과 감정 등이 노랫말을 이룬다고 언급했다.

 임옥희는 젠더 무의식이라는 개념을 통해 여성 억압의 모든 원인을 가부장제로만 돌릴 수는 없다고 말한다.[7] 여성해방운동에서 가부장제는 매우 핵심적인 개념이고 대가족을 포함한 가족관으로 남성이 여성을 지배하는 현상 전체를 지칭하는 말이며 가부장제를 통해 여성을 억압하는 남성지배의 원인으로 설명하지만, 이것만으로는 여성 억압을 설명하는 것은 불충분하다고 말이다. 그러면서 오

---

7) 임옥희, 『젠더 감정 정치』, 여이연, 2016.

히려 젠더 사회화 과정에서 자리하게 된 젠더 무의식 안에 자리하는 일탈적 현상과 감정에 주목한다.

시집살이 노래의 형성 배경이 되는 조선 후기는 신분제가 동요하면서 오히려 가부장적 종법 질서를 강력하게 요청하게 된 시기다.[8] 무엇보다도 유교적 가족주의를 교조적인 방식으로 수용하게 된 조선은 수직적 통제질서로 인해 가문과 가족을 중심으로 한 치열한 경쟁이 일었던 시기였다. 사회경제적으로 살기 녹록지 않은 시기에 시집살이 노래는 형성되고 유통되었다.

그런 이유로 시집살이 노래는 그 명칭부터가 예사롭지 않다. 노랫말 역시 며느리 시각을 동조하는 편향성을 지닌다. 시집살이 노래는 대체로 시집살이 현장에서 벌어졌던 그 사건들과 그로 인해 생겨난 감정들 예를 들자면 두려움, 불안, 공포, 분노와 슬픔 등이 주로 표현된다.

시집살이 노래는 조선 후기 부계 혈통 중심의 가족주의가 공고해지던 시기, 이 공동체에 속해야만 생존하면서 사회적 존재로서 인정받을 수 있었던 환경 속에서 태어나고 자랐다. 그래서 시집살이 노래의 노랫말은 이러한 사회적 맥락을 배경으로 읽어야 한다. 이 시기에 던져진 존재로서 여성들은 부계 혈통사회가 자행하는 차별과 억압을 경험하면서 자란다. 여성은 이러한 구조에서 다시 남성의 집으로 시집을 가는 이중적 억압의 환경에 직면하게 된다. 이 과정에서 중층적인 구조의 차별과 억압이 만들어지게 된다. 이러한 중층적 과정과 맥락이 젠더 무의식에 관여하게 된다. 바로 그 무의식의 일부를 표면화한 것이 시집살이 노래일 수 있다. 모든 것이

---

8) 김동춘, 「유교와 한국의 가족주의」, 『경제와 사회』 55, 비판사회학회, 2002.

추정이고 가정이지만 그러하다.

그 추정을 이어가자면 개인적이고 심리적인 차원에서 부계 가족의 규범을 내면화한 여성들, 그 가운데는 적극적인 동조자도 있을 것이고 침묵하는 동조자도 있었으며 그러한 의식조차도 없이 생존했던 이들도 존재했을 것이다. 그런 이유로 시집살이 노래에는 여성혐오의 다양한 양상이 나타나게 된다.

시집살이 노래의 노랫말에서 일상적으로 자행된 며느리를 향한 혐오를 읽어낼 수 있다. 노랫말 속 시집 식구들은 며느리에게 혐오 표현을 남발한다. 노랫말은 여성혐오의 부당함을 생생하게 재현하는 동시에 그것을 신체화한다. 단지 시집 식구가 아니라는 이유로 며느리를 구박하고 학대하며, 차별하는 부당함을 전한다. 그러면서도 그 불합리한 억압의 구조나 상황을 오히려 내면화한 증거도 포착된다. 여성은 가족의 일원이 되는 사회화 과정에서 여성혐오의 공모자로 전환되는 셈이다. 모진 시집살이를 겪은 우리와 달리 요즘 것들은 편한 세상을 산다는 푸념에서 그런 흔적은 목격된다. 시집살이를 혹독하게 겪어낸 세대가 말하는 며느리살이는 이런 의식의 연장 선상에 있다. 양육, 보살핌, 배려, 희생과 헌신과 같은 가족 내 윤리는 여성에게 여성혐오는 강력하게 내면화시킨다. 이렇게 시집살이 노래의 노랫말에는 상충하는 혐오의 시각이 교차한다.

2. 혐오와 여성혐오, 그리고 시집살이 노래

대한민국 사회는 여성혐오, 남성혐오, 성 소수자 혐오, 난민혐오 등 혐오가 사회적 이슈로 자리한 지 오래다. 혐오를 둘러싼 쟁점이

갈수록 뜨겁다. 사전적 의미로 혐오(嫌惡)는 싫어하거나 기피하는 감정9)으로, 불쾌, 기피함, 싫어함 등의 감정이 복합적으로 이루어진 강렬한 감정이다. 혐오는 진화론적인 관점에서 생존을 위해 불가피하게 가지게 되는 원초적 감정이지만 끊임없이 특권을 가진 사람들은 사회적으로 특정 대상을 혐오하게 만들면서 관리해왔다. 특히 혐오 표현은 인종, 피부색, 출신 국가, 성별, 장애, 종교 또는 성적 취향 등과 같은 개인이나 집단의 특성을 이유로 하여 개인이나 집단에 대한 악의나 의도적인 폄하, 경멸을 불러일으킬 수 있는 모든 표현을 의미한다.10)

마사 너스바움은 『혐오와 수치심』에서 '혐오'와 '수치심'이라는 감정이 함의하는 내용과 기원을 설명한다. 그는 혐오는 규범적으로 왜곡되기 쉬운 독특한 내적 구조 즉 실제로 위험하지 않지만, 위험하게 여기게 만드는 비합리적인 사고를 내면화하여 취약한 사람과 집단을 차별하게 만드는 감정이라고 말한다. 오래도록 특권을 가진 지배 집단은 자신들이 가지고 있는 동물성에 대한 두려움과 역겨움을 느끼게 만드는 특정 집단이나 사람을 혐오하면서 그들을 배제하고 차별해왔다는 것이다.

그는 혐오는 자신이 오염될 것이라는 생각과 그 자신이 오염될 것이라는 생각에 대한 거부라고 했다. 인간에게는 자신이 가지고 있는 동물성을 차단하려는 강렬한 욕구가 있으며 이 과정에서 진정한 인간과 저열한 동물을 나누는 경계를 만든다는 것이다. 이때 저열한 동물과는 다르다는 안도감을 위해 혐오의 속성을 투영해왔다

9) 국립국어원, 『표준국어대사전』.
10) 마사 너스바움, 『혐오와 수치심』, 조계원 역, 민음사, 2015, 34-39면.

고 말한다. 특권을 지닌 집단은 이를 통해 우월한 인간적 지위를 명백하게 하려는 과정을 투영해왔는데 그 대상으로 유대인, 여성, 동성애자, 하층계급 같은 집단을 오물로 더럽혀진 존재로 상상해왔다고 말한다.[11]

우에노 지즈코는 역사적으로 남성은 동물성, 오염, 유한성에 대한 공포를 부정하거나 회피하기 위해서 혐오감을 여성에게 투영해 왔으며 이를 사회적으로 학습하게 함으로써 남성 내부결속을 강화해왔다고 보았다.[12] 그는 여성을 좋아하는 남성에게도 여성혐오가 발견되며 남성뿐 아니라 여성 스스로도 자기혐오에 빠진다고 했다. 남성 중심의 세상에서 그들끼리 연대하기 위해 혐오감을 공유하고 있지만, 여성도 자기혐오에 빠진다고 했다. 예외적 여자가 되어 자기 이외의 여성을 타자화함으로 여성혐오를 전가한다고도 보았다. 여성의 여성혐오는 자기혐오로서의 여성혐오와 여성의 여성혐오로 구분된다고 했다. 이때 여성의 여성혐오는 자기혐오를 하지 않는 예외적 여자가 되는, 즉 명예 남성으로 인정받는 '출세 전략'과 여성 범주로부터 완전히 이탈하는 '추녀 전략(낙오 전략)'으로 나눌 수 있다는 것이다.

혐오는 사회 정치적으로 자기 정체화 과정에서 타자를 나와는 다른 열등한 대상으로 차별화하는 차이의 전략이며 우월의 반대 즉 열등의 의미로 타자를 대상화하는 타자화의 전략이다. 혐오가 만드는 주체와 타자의 경계가 가장 뚜렷하게 지속해서 역사화된 것이 바로 남성이 여성에 대하여 갖는 혐오이며 남성이 여성에 대하여

---

11) 마사 너스바움, 앞의 책, 35-37면.
12) 우에노 지즈코, 『여성혐오를 혐오한다』, 나일동 역, 은행나무, 2012, 252면.

갖는 혐오 즉 여성혐오는 남성을 결속하는 데 기여한 사회화된 감정이라고 할 수 있다.

김영희는 이러한 혐오의 이론을 여성혐오로 국한하여 구술 서사에 전략화되고 있는 양상을 통해 남성과 여성의 이분법적인 경계에서 발생하는 동요와 균열의 현상에 주목한다. 그는 여성혐오는 여성에 대한 혐오적 대응을 넘어서는 하나의 논리이자 전략, 사회 정치적 함의와 역사성을 내포하는 개념이라고 보았다. 여성혐오는 여성에 대한 단순한 부정적 감정이나 폭력적 대응을 넘어서는 하나의 논리이며 실질적인 사회 정치적 효과를 만들어내는 담론 틀이자 젠더 위계와 규범을 가로지르는 권력을 생산하는 구조적 동인인 동시에 기제라고 말한다. 여성혐오는 표준 남성의 규범 담론에서 어긋난 비-남성 요소들에 의해 비체화된 여성 표상으로 구체화되는 과정에서 드러날 뿐만 아니라 여성 표상에 대한 공포와 신경증을 조장하고 이를 정당화하는 과정에서 나타나고 있으며 남성 권력이 허용하는 장소로 여성의 사회적 위치를 제한하고 여성을 비가시화하는 전략으로도 실현된다고 했다.13)

이영아는 여성혐오를 젠더 문학 문화사를 서술하는 방법론으로 제시한다. 현재적 이슈로서 남성 작가를 배제하지 않으면서 여성들의 가부장 질서의 순응과 저항, 회피 등을 설명할 수 있는 유용한 근거로 여성혐오를 언급한다. 그러면서 최초의 여권선언문에 나타나는 '귀먹고 눈 어두운 병신 모양', '병신 모양으로 사내가 벌어다 주는 것만 먹으며 깊은 규중에만', '밥과 술이나 지으며' 등의 표현에 나타나는 자기혐오에 주목한다. 여성이 자신이 처한 억압적 상

---

13) 김영희, 앞의 논문, 84-85면.

황을 자신의 몽매에 돌리고 있는 구체적인 예시를 통해 남성과 같아지고자 하는 자격과 의무에 함몰된 의식을 지적한다. 그것이 바로 여성혐오가 여성들 사이에서 성장 혹은 공모되고 있는 증표라는 것이다.[14] 그는 여성혐오에는 공포, 불안이라는 감정과 배제, 격리, 차별이라는 행위가 착종되어 있으며 여성이 위협적인 존재로서 부상할 때 배제와 차별의 격리의식은 생겨난다고 말한다.

혐오(嫌惡)는 사고와 판단을 수반하는 감정이다. 애초 생존을 위해 갖게 된 그 원초적 감정은 사회화되면서 나와 타자를 구분하고 내 생존을 위해 타자를 위협적인 존재로 인지하게 만드는 믿음을 강화했다고 가정한다면 우리 사회에 만연해 있는 혐오는 잘못된 판단과 사고로부터 사회적 현상이라고 할 수 있다. 이 뿌리 깊은 혐오는 시집살이 노래와 같은 약자의 노래에서 극명하게 드러난다. 시집살이 노래에는 혐오의 대상이 혐오로 인해 당한 고통과 함께 혐오를 벗어나기 위한 불가피한 선택이 가져온 오염 혹은 내면화로서의 혐오가 나타난다. 시집살이 노래에 주목하는 것은 차별과 배제를 체험한 당사자들이 그들의 일상에서 자행된 폭력적 상황에서 느꼈던 감정을 생생하게 전해주는 텍스트이기 때문이다.

3. 여성혐오가 일상이 된 현장

시집살이 노래의 대표적인 유형 가운데 하나인 <중이 된 며느리> 유형[15]은 남성 권력이 허용하는 범위 내에서 어떻게 여성의

---

14) 이영아, 앞의 논문, 14-45면.

15) <중이 된 며느리> 유형은『한국구비문학대계』에서만 46편이 채록된 전국적 분포의 노래로 시

위치가 배치되는가를 잘 보여준다. 남성 가족 중심의 질서를 유지하기 위한 혐오의 메커니즘이 가족 내에서 어떻게 작동하는가를 보여주는 텍스트이다. 가족 내에서 그 입지를 통제하고 제한하며 억압 혹은 차별하는 양상은 며느리[16]를 대하는 시집 식구들의 말과 행동을 통해 잘 나타난다.

(가)
불거치라 더운날에/이거치라 지슨밭을
한골매고 두골매도/다른점슴 다나와도
이내점슴 안나오네/집이라고 돌아가니
시오마시 하신말삼/어지왔는 미늘아가
아리왔는 미늘아가/밭이라고 매러가서
밭이라고 매러가서/밎골이나 매고왔노
불거치라 더운날에/미거치라 지슨밭을
한골매고 두골매도/다른점슴 다나와도
이내점슴 안나오네/점슴찾아 왔읍니다
시어마시 하신말삼/어라요년 물렀거라
그거라서 일이라고/점슴찾고 낮을찾나
시아바시 썩나서민/어지왔는 미늘아가
아리왔는 미늘아가/밭이라고 매러가서
밎골이나 매고왔노/불거치라 더운날에
미거치라 지슨밭을/한골매고 두골매도
다른점슴 다나와도/이내점슴 안나오게
점슴찾아 왔나니다/어라요년 물렀거라
그거라사 일이라고/점슴찾고 낮을 찾나[17]

(나)
시아버지 호령이 대단하니/시아버지 호령끝에 세수하고
아침진지 드시옵소서/이렇게 애원을 하였더니

집살이 노래의 전형성을 보이는 대표적인 노래라고 할 수 있다. 이정아, 앞의 책, 36-37면.
16) 여기 등장하는 며느리는 갓 시집온 며느리 아직 시집 식구로 인정받지 못한 신입자 며느리이다.
17) 『한국구비문학대계』 7-4, 482면.

에라요년 방자할년/곤한잠을 왜깨웠나
안방문을 열뜨리고/시근시근 시어머니
어서인나 세수하고/아침진지를 드십시오
에라요년 방자할년/곤한잠을 왜깨웠나
왯대밑에 개살구는 개살시누
어서인나 세수하고/아침진지 드십시오
에라요년 방자한년/곤한잠을 왜깨웠나[18]

(가)를 통해 유추할 수 있는 상황은 다음과 같다. 뜨거운 햇볕이 작열하는 여름, 반나절 이상 며느리는 밭을 매고 있지만, 점심이 나오지 않는다. 누구도 점심을 먹으라고 권하지 않는다. 허기진 배를 움켜쥐고 며느리는 집에 들어선다. 그러나 시어머니 얼마나 밭을 매고 왔냐며 그 정도 일을 하고 점심을 찾느냐며 호통을 친다. 시아버지도 마찬가지다. 다른 점심 다 나와도 내 점심은 나오지 않는다고 말하는 며느리에게 그것도 일이라고 했냐며 호통을 칠 뿐이다.

(나)를 살펴보면 평소 시아버지를 두려워하던 며느리는 애써 마음을 가다듬고 세수하고 아침진지 드시라 애원을 하지만 "에라 요년 방자할 년 곤한 잠을 왜 깨웠냐"라며 크게 꾸짖고 호통한다. 시아버지의 호통에 이어 시어머니, 시누이 역시 마찬가지로 아침을 권하는 며느리를 나무라고 힐책한다.

(가)와 (나)를 통해서 알 수 있는 것은 시집 식구는 상전이고 며느리는 그 반대편이 위치한다. 며느리의 배고픔이나 애원하는 상황은 시집 식구들에게는 관심 밖에 있다. 오로지 얼마나 일을 하고 왔는지 궁금할 따름이고 성가시게 아침잠을 깨우는 미운 대상일 뿐이다. 더 나아가 이러한 시집 식구들의 태도는 함께 밥을 먹거나

---

18) 『한국구비문학대계』 2-9, 494면.

대면하기 불쾌한 상대로 여기고 있다는 인상까지 준다. 같은 유형의 다른 각편 가운데는 그 집 머슴까지도 며느리를 무시한다.

노랫말의 진행을 통해 며느리의 처지를 짐작할 수 있다. 뜨거운 태양 아래에서 반나절 동안 밭을 매고 들어온 며느리에게 점심 줄 생각은 하지 않고 "어라요년 물렀거라"라고 말하는 시집 식구의 말과 행동은 상식적이지 못하다. 아니 비상식을 넘어선 비인간적인 행태이다. 노랫말은 이러한 비상식적인 차별과 폭력을 그대로 보여줌으로써 가족 내의 불쾌, 불편, 싫음의 대상으로 차별되고 구별되고 있는 며느리의 모습을 전한다. 구분하고 대상화하여 며느리를 차별하고 혐오하는 현장이다. 함께 밥을 나눌 수 없고, 그가 차린 밥상도 받을 수 없다는 식이다.

노랫말의 상황이 곧 현실일 수는 없지만 노래 채록 현장에서 자주 창자들은 노래는 참말이라는 말을 한다. 노래 현장의 창자 인식이 그러하다면 노래 속 정황으로 현실의 며느리 위치를 유추해 볼 수 있다. 노래대로라면 며느리는 가족 내에서 온갖 불만을 쏟아낼 수 있는 혐오의 대상이다.

시집 식구의 구성원 역시 남성 중심의 가족 내에서 남성과 여성으로 나뉜다. 조선 말기 강력해진 부계 혈통 중심의 가족주의 영향으로 평민 가족 내에서도 이러한 남녀 간 위계나 나이 많은 자들과 어린 자들의 차별은 당연했을 것이다. 이 구조 안에 더 취약한 자가 등장했다. 어린 며느리다. 새 식구라고 하지만 아직 그가 누구인지 알 수 없다. 이 상황에서 며느리는 시집 생활을 시작한다. <중이 된 며느리> 유형은 바로 이러한 정황을 잘 보여주는 노래다.

(다)
열다섯에 시접을오니/시접살이 살라하니
나안꺾은 석루야꽃도/날꺾었다꼬 탓이로세
나언건디린 제비새끼/날건디맀다 탓이로세
나안묵은 찰부낌이도/날묵었다꼬 탓이로세
무섭더라 무섭더라/시집아살이가 무섭더라[19]

(라)
하늘겉이 높은집에/암송담송 다섯건구
나할날사 넘이라고/나안먹은 연자절편
날묵었다 하시더니/죽구지라 죽구지라
아앙루 깊은물에/아야퐁당 죽고지라
사랑앞에 화초대는/시누애기 꺾었는걸
날꺾었다 하시더니/아양루 깊은물에
아야퐁당 죽고지라/오늘밤 오경시에
징검이불 피어놓고/자는듯이 죽어볼까
석자수건 목에매어/자는듯이 죽고나니
비게넘에 스이지고/이불밑에 강이졌네
삼일장사 치루올제/서방님은 불건하고
자일이기 요령소리/아련키도 울어나나
넘듣기는 좋컨마는/내신세가 가이없네[20]

   (다)를 통해 알 수 있는 것은 집에서 벌어지는 모든 사건의 범죄
자(?)로 며느리가 지목된다는 점이다. 며느리는 일방적인 모함이라
고 억울하다고 말한다. 꺾지도 않은 석류꽃도 꺾었다고 하고, 만지
지도 않은 제비 만졌다고 모함하며 먹지 않은 찰부꾸미까지 먹었다
고 하니 시집살이가 정말 무섭다고 며느리는 탄식한다. (라) 역시
'먹지도 않은 연자 절편을 먹었다고 누명 씌운다'라며 '아앙루 깊
은 물에 죽고 싶다', '꺾지도 않은 화초대를 꺾었다'라고 하니 '징

19) 『한국구비문학대계』 8-5, 1140-1141면.
20) 『한국구비문학대계』 7-5, 102-103면.

검 이불 피어놓고 죽어버릴까'라고 말하는 며느리 목소리를 통해 가족 내 모든 사건 사고를 자신에게 떠넘기는 상황을 전하고 있다. 집안에서 벌어지는 크고 작은 모든 불미한 사건은 며느리가 일으킨 것이고 모든 문제는 며느리로부터 비롯된다는 몰아가기가 당연시된다. 며느리 낙인효과인 셈이다.

　부계 혈통 중심의 가족주의가 혼란해진 사회를 다잡는 지배이데 올로기가 되면서 평민 가족 역시 그러한 통치의 이념이 작동하는 공동체가 되었다. 이러한 사회적 배경과 함께 먹고살기 힘들었던 당시 궁핍했던 경제적 상황까지 연계해서 노랫말이 전하는 상황을 상상해 본다. 낯선 자에 대한 경계, 불평등한 위계적 서열화와 가난, 배고픔과 같은 결핍은 분노의 대상을 필요로 하기에 충분한 조건이 된다. 이때 공동체의 분노는 가장 약한 고리를 향하게 된다. 극단적이긴 하지만 시집살이 속 며느리는 마녀사냥의 대상이 된다. 사회경제적인 상황과 궁핍함이 가져왔을 환경에서 낯선 이방인이었던 며느리에게 향했을 분노와 혐오는 어쩌면 당연해 보이기까지 하다. 오늘날 한국으로 이주해 온 여성들이 겪는 차별과 혐오처럼 말이다.

　이러한 양상은 시집살이 노래의 다른 유형에서도 얼마든지 발견된다. 며느리에게 일방적으로 쏟아지는 비난과 욕설, 차별과 무시의 말들이 반복적으로 등장한다. 공포와 불안, 차별과 배제가 난무하는 현장이 반복적으로 장면화하면서 여성혐오의 현장을 전한다.[21) 그 장면을 엿보는 자는 역으로 그 현장에 공분을 느끼며 며

---

21) <중이 된 며느리> 유형에서 며느리는 결국 시집을 박차고 나가서 머리를 깎고 중이 된다. 중이 되어 친정을 찾아가기도 한다. 다시 시집으로 돌아온다. 시집은 이미 폐허가 되었으며 식구들의 묘만 남아 있다. 남편 묘가 열려 중이 된 며느리와 해후하는 장면이 덧붙여지기도 한다.

느리를 동정하게 된다. 바로 이러한 효과가 여성적 말하기의 전략
이다.

> (마)
> 열다섯에 머리얹어/열여섯에 시집가니
> 시집간후 사흘만에/일거리를 준다하니
> 들깨닷말 참깨닷말/볶으라고 내어주네
> 양가매를 볶고나니/양가매가 벌어졌네
> 양가매벌어진 사흘만에/은동우벌어진 사흘만에
> 은동우를 깨었구나/시아바씨 하는말이
> 아가아가 며늘아가/너거친정 찾아가서
> 논밭전답을 다팔아도/양가매를 물어오이라(중략)
> 아버님도 여앉이소/어머님도 여앉이소
> 시누아가 너도앉거라/양가매 석냥짜리
> 은동우는 두냥이요/은따뱅이 십전짜리
> 그기사 물어내지/천냥짜리 내몸하나
> 내몸하나를 물어내소(이하 생략)[22]

<양동가마 깬 며느리>라고 불리는 (마)에는 과중한 노동(들깨 닷
말 참깨 닷 말을 볶는) 과정에서 발생할 수밖에 없었던 사고(양동
가마가 깨지다)를 두고 이를 물어내라는 시집 식구와 며느리가 대
치하는 상황이 제시된다. 들깨 닷 말과 참깨 닷 말을 볶고 나면 멀
쩡하기 어려운, 깨지는 것이 당연한 양동가마를 물어내라는 시집
식구는 기세등등하다. 무조건 며느리 탓이라고 주장한다. 심지어
친정에 가서 물어오라고 한다.

그러나 며느리는 시집 식구들을 모두 다 불러내어 한자리에 앉힌
다. 그러면서 며느리는 두 냥 석 냥짜리 은동우를 물어낼 테니 천

---

22) 『한국구비문학대계』 8-11, 314-319면.

냥짜리 내 몸도 물어내라며 따진다.[23] 조목조목 합리적으로 논박한다. 비합리적으로 자신을 몰아가던 그들에게 합리적으로 따져 묻는다. 차별과 혐오에 맞서며 그 부당함을 그저 참아넘기지 않는 멋진 모습이다. 적어도 노래 안에서 그는 당당하다. 이러한 당당함은 이 유형에서만 찾아볼 수 있다는 점이 아쉽다.

    (바)
    집으로가면 바레기원수/논으로가면 가레원수
    집으로가면 시누원수/시어미원수 시아비원수
    시원수를 잡아다가/당사실로 목을졸라
    범한골로 보내고자[24]

    (사)
    논으로 가면/방동파이가 원수이고
    밭으로 가면은/밭대기 원수고
    집으로 가면은/시누애가 원수다
    세원수를 잡아다가/당사실로 목을걸어
    대동강에다 돌쳐나볼거나[25]

    (바)와 (사)는 <세원수>라고 불리는 노래다. 이 노랫말에서 며느리는 시어머니를 비롯한 시집 식구를 원수라고 말한다. 뽑아도 사라지지 않는 잡초처럼 자신을 괴롭히는 원수라고 한다. 며느리는 이들을 당사 실로 모두 묶어서 호랑이 골이나 대동강에 던져버리고 싶다. 시집살이를 겪어본 편에서는 속 시원한 말이다. 그들을 직접

---

23) <양동가마 깬 며느리> 유형의 노랫말은 <중이 된 며느리> 유형의 노랫말 속 며느리가 침묵으로 모든 상황을 참아내다가 결국 집을 나가서 중이 되는 경우와는 다르게 전개된다. 노래 속 며느리는 부당한 현장에서 직접 모든 식구들을 불러다 놓고 이 상황에 대해 옳고 그름을 따져 보자고 말한다.

24) 『한국구비문학대계』 6-12, 775면.

25) 『한국구비문학대계』 5-1, 333면.

징벌하겠다니 말이다.

시집살이 노래는 각 유형마다 다르게 여성혐오에 반응하는 며느리가 등장한다. 공공연하게 자행된 가족 내 혐오와 그것에 대응하는 며느리의 다양한 태도를 보여준다. 차별과 억압을 침묵으로 대응하다 결국 집을 나가 중이 되기도 하고, 억울하다고 탄식하며 하소연하기도 하며, 시시비비를 따지면서 당당하게 시집살이에 맞서기도 한다. 시집살이 노래에 등장하는 며느리는 다채롭고 역동적으로 대응한다. 생생하게 여성혐오의 현장을 보여준다.

4. 자기혐오의 노래

여성혐오의 현장에서 살아야 했던 며느리는 억울함과 분노를 표출했지만, 시집살이로부터 자유로울 수는 없었다. 어린 나이에 시집온 며느리는 낯선 시집에서 그들과 동거하면서 가족으로 인정받기 위한 기나긴 시간을 살아야 했다. 이 과정을 참고 견뎌내야만 가족의 일원이 될 수 있었다. 가족으로 인정받기 위해서 모진 시집살이를 살아내면서 살 수밖에 없었다. 그것이 현실이었다. 시집살이 노래 가운데는 그 혹독한 현실을 겪고 난 자로서 노래하는 경우가 있다. 대표적인 시집살이 노래로 알려진 <형님형님 사촌형님>이다.26)

---

26) <형님형님 사촌형님>은 구비문학 대계에 수록된 전체 시집살이 노래 가운데 52편을 차지하는 노래로 시집살이 노래의 대표 격이라고 할 수 있다. 이정아, 「시집살이 노래 구연에 나타난 말하기 방식과 여성의식에 관한 연구」, 이화여자대학교 박사학위 논문, 2006, 15면.

(아)
성님성님 사촌성님/시집살이 어떻던고
시집살이 말도마라/말끝마다 눈물이라
벙어리라 삼년되고/봉사되고 삼년되어
석삼년을 살고나니/머리털이 다시었단다[27]

　　"형님형님 사촌형님/시집살이 어떻던고"라는 질문과 대답으로
노래는 진행된다. 시집살이에 대한 물음에 "말끝마다 눈물이라/벙
어리라 삼년되고/봉사되고 삼년되어/석삼년을 살고나니/머리털이
다시었단다"라고 답한다. 눈으로 본다는 것은 판단한다는 것이고
귀로 듣는다는 것은 반응/소통한다는 것인데 이 모두가 불가능한
상태로 시집살이에 적응해야 한다고 말한다. 그렇게 견뎌낸 결과로
가족이 되지만 그래서 그 결과 노랫말 속 화자 '나'는 어떤 상태인
가? 머리털이 다시었다가 함축하는 의미는 자명하다. 젊음에서 늙
음의 시간으로, 청춘의 열린 시간에서 죽음의 종말을 앞둔 노년의
시간에 선 자신의 모습을 마주하게 된다. 피폐하고 노쇠한 '나'와
대면한다.
　　노래의 관용적 표현인 '벙어리 삼 년, 봉사 삼 년으로 살았더니
머리털이 다시었다'라는 말은 탄식이자 자조이다. 보고도 못 본 척,
듣고도 못 들은 척하며 살다 보니 어느새 보고 들으며 판단할 수
없는 상태에 이르게 되었다는 말이다. 판단과 소통이 정지된 나는
돌이킬 수 없는 상태이다. 겪어온 세월이 얼마나 끔찍했는가를 무
심하게 전하는 이 노래에는 그 어떤 전망도 없다. 다들 그렇게 살
았고 그렇게 살아야 가족으로 살 수 있었다는 의무와 당위만이 있
다. 이런 유형의 노랫말 속 화자 태도는 앞서 살펴본 시집살이 노

----

27) 『한국구비문학대계』 3-3, 180면.

래 속 며느리들과는 다르다. 시집살이는 공동체가 요구하는 역할로 자신을 한정 지으며 사는 삶을 인정한다. 그 과정을 생존의 길이라 여기며 그것은 통과의례일 뿐이라 받아들인다. 그렇게 견디고 살면서 여성혐오를 내면화하게 된다.

(자)
형님오네 형님오네/형님마중 내가가지
니가우째 반달이냐/초생달이 반달이지
형님형님 사촌형님/시집살이 우떻던가
시집살이 좋더고만/행지치매 죽반인가
콧물눈물 닦았겄네/삼단같은 이내 머리
비소리춤이 다되었고/분칠겉은 이내손이
북도가두미 되었구나/샛별겉은 이내눈이
당달봉사 되었구나[28]

(자)는 '시집살이가 어떻든가'라는 질문에 시집살이를 겪어낸 화자는 행주치마에 콧물 눈물을 다 닦아가며 시집살이를 살고 보니 삼단 같은 머리는 빗자루처럼 되었고, 고왔던 손은 거칠고 투박하게 변했으며 샛별같이 총명하던 눈은 봉사처럼 되었다고 답한다.

화자의 답변에서 시집살이 전후로 나누어지는 여성의 자기인식과 만나게 된다. 시집살이를 겪어내기 전의 '나'가 정상적인 형상을 하고 있었다면 시집살이를 통과한 '나'는 비정상적으로 왜곡된다. 화자는 그렇게 변하게 만든 구체적인 맥락이나 상황에 대해서는 말하지 않는다. 이 말 없음이 의미하는 것은 무엇일까. 지나간 일이니 따지거나 판단하지 말자는 것일까. 부당하다고 여길 수밖에 없는 상황을 다들 그렇게 견디고 살았다고 자위하는 것인가.

---

28) 『한국구비문학대계』 2-9, 492면.

노랫말은 시집살이의 결과로 변하게 된 자기 모습에 대해서는 적극적으로 말한다. <형님형님 사촌형님>에 관용구로 등장하는 '벙어리', '봉사' 등이 그러하다. 벙어리와 봉사는 비하와 비정상을 함의한다. 비하와 비정상은 차별과 배제의 증표이다. 그런데 그 비정상을 스스로 자처한다? 모함을 받아 억울해도 그저 못 들은 척, 못 본 척 살아야 하는 것이 시집살이였으며 그래야만 살 수 있었다? 자기비하는 자연스럽게 자기혐오로 연결된다.

　그런 점에서 <형님형님 사촌형님>에서 나타나는 화자의 태도는 <중이 된 며느리>에서 나타났던 며느리의 태도와는 대조적이다. <형님형님 사촌형님>에는 시집살이를 당연하게 견디고 겪어야 한다는 인식이 전제되고 있기 때문이다. 현재 나의 신체는 더 이상 피폐해질 수 없을 정도로 노쇠해졌지만 그러한 결과 정상 가족 즉 부계 혈통 가족의 일원이 되었다는 사실에 안도한다. 시집살이 구연 현장에서 만나는 여성들의 의식에는 이런 양면성이 포착된다.

　"비소리춤이 된 머리, 북도가두미가 된 손, 당달봉사가 된 눈"과 같은 자기 혐오적인 비유는 <형님형님 사촌형님> 유형의 노래를 변별하는 관용적 표현이다. 이 자기혐오적 표현은 자기 동정이자 자위하는 마음이면서 동시에 자기혐오의 증표다. 동정심을 촉발하게 만드는 탄식으로 전하는 비정상적인 자기비하의 표현은 통과의례를 겪어낸 자로서의 자긍을 동시에 함의한다. 부계 혈통 가족의 질서에서 인정하는 정체성을 획득한 자리에서 그 모진 시절을 겪어낸 자로서 말하고 있다. 어떤 각편은 인고의 세월을 견디고 살아낸 자로서의 자부심까지 포착되기도 한다.

5. 여성을 혐오하는 노래

<형님형님 사촌형님>은 가족으로 인정받기까지의 험난한 시간을 정당화하면서 동시에 그런 시절을 겪어낸 자신을 비정상이라 말하는 자기혐오를 드러냈다. 그런데 시집살이 노래 가운데는 여성이 타자화된 여성을 혐오하는 경우도 있다. 바로 <진주낭군>, <첩의집에>와 같이 첩이 등장하는 노래가 그러하다. 이들 노랫말에는 노랫말의 화자인 처가 자신을 기생이나 첩과 구별되는 예외적 여성으로 구별하면서, 그들을 타자화하고 차별하는 태도를 보인다.

> (차)
> 울도담도 없는집이/시집간 사흘만에
> 압록강의 빨래질가/흰빨래 희게해빨고
> 검은빨래 검게빨어/아랫물이 행겨다가
> 웃물에 힘겨서/차곡차곡 담궈보니
> 군자같은 낭군님/동낭갓을 둘러쓰고
> 백마를타고 거둥거둥 거더다오/집이라고 들어오니
> 군자같은 낭군님은/기상의첩을 옆으놓고
> 오색가지 안주놓고/권주가를 허시네
> 내몸살어서 쓸디없구나/명주에 석자를 목으걸고
> 이시상을 떠났네/군자같은 낭군님
> 이내방으 들어오더니/이사람아 이사람아
> <u>첩의후후 인연은 잠깐이고/자네인연은 백 년인디</u>
> <u>조금만 살었으면/천년만년 살튼디</u>
> <u>그새를 못이기어/이시상을 떠났는가</u>
> <u>원퉁하고나 슬프고나</u>[29)]

(차)는 <진주낭군>이라 불리는 노래이다. 노랫말에는 시어머니가 시키는 대로 빨래하러 나간 처(여성)가 남편 진주 낭군이 기생첩과

---

29) 『한국구비문학대계』 5-7, 233-234면.

희희낙락하는 것을 보고는 스스로 목숨을 끊는다는 이야기가 전개된다. 노래의 마지막은 자결한 아내의 남편이 '첩의 인연은 잠시이고 자네 인연 백 년'이라고 탄식하는 것으로 마무리된다.

노랫말에 반복되어 등장하는 '군자 같은 낭군님'이라는 호칭은 노래의 정황과는 어울리지 않는다. 노래의 배경[30]을 살펴보면 더욱 그러하다. 시집살이하며 사는 조강지처를 모른 체하고 지나간 남편을 군자라 칭하다니… 아무리 노랫말이라고 하더라도 어울리지 않는다.

이런 상황에서 남편의 탄식은 어처구니가 없다. 남편이 첩과 노닥거리는 모습을 보고 스스로 목숨을 끊은 처를 향해 그는 말한다. 첩의 인연이 잠시이고 자네 인연은 백 년이란다. 이런 서사적 전개는 누구의 시각으로 구조화된 것일까. 납득하기 어렵다. 사태를 이렇게까지 만들지 말았어야 했다.

시집살이 노래가 유통되던 조선 후기 종법제[31] 사회에서 처는 장

---

30) <진주낭군>은 진주 기생 월정화 고사에서 기원한 노래로 비극적 결말을 맞는 처의 사연을 서사적 배경으로 한다. 김종군, 「<진주낭군>의 전승 양상과 서사의 의미」, 『온지논총』 29권, 온지학회, 2011, 67-93면, 서영숙, 「서사민요 <진주낭군>의 형성과 전승의 맥락」, 『구비문학연구』 49집, 한국구비문학회, 2018, 231-271면.

31) 종법제는 고대 중국 왕실의 가족제도에서부터 발전한 것으로 조선 士大夫家 가통을 유지하는 원리로 수용되었고 적장자를 집안의 중심으로 삼는 강력한 부계적인 가족 질서의 제도이다. 조선은 종법에 의한 부계적인 가족 질서를 이상으로 하였지만 17세기를 지나서야 종법적인 가족 질서가 정착할 수 있었다. 이로 인해 혼인제도도 변하게 된다. 조선 초 혼인제도는 남귀여가혼으로 혼인 후에 남자가 여자 집으로 들어가 머물면서 생활하는 제도였다. 남귀여가혼이 친영제로 변하면서 남자가 여자를 자기 집으로 데려와서 혼례를 올리고 생활하게 되었다. 조선 후기 시집살이의 어려움을 언급한 기록이 많은 것은 친영제가 일반화되었다는 사실을 반증한다. 한편 종법이 가족제도에 미친 영향을 확인할 수 있는 것은 立後(養子)의 문제였다. 종법이 일반화되기 전에는 제사는 지내되, 그것이 반드시 가계계승과 일치해야 한다는 의식은 없었다. 아들이 없으면 딸이나 외손에 의해 제사 지냈다. 16, 17세기에 이르면 제사는 반드시 아들에 의해 받들어져야 한다는 의식이 보편화 되었다. 제사와 가계계승을 하기 위해서 아들이 없을 경우 입후를 하는 것이 당연한 일로 인식되었다. 첩이 있어도 입후를 선호하는 경향이 지배적이어서 첩자의 자식이 제사를 하는 경우는 찾아볼 수 없게 되었다. 이렇게 조선 후기 가족제도가 종법의 영향으로 부계 중심적인 형태로 고착되면서 적장자에 의한 제사가 처와 첩의 위상을 다르게 차별하게 만들었던 셈이다.

자를 낳은 어머니이자 집안의 어른이다. 동시에 남성과 애정을 나누는 대상으로서의 역할은 축소된다. 집안과 집안 간의 약속으로 혼인이 성사되고 남편과 아내는 이러한 가족과 가족의 약속을 기반으로 부부관계를 맺는다. 근대적 개념으로 말하자면 연애 없는 결혼이 성립하게 된다. 남성에게 여성은 어머니이자 아내로서의 공식적 대상과 정을 나누는 성애의 대상으로서의 사적 대상으로 이분화된다. 이러한 인식은 조선 사회 가족 제도하에서 정당성을 확보한다.

<진주낭군>의 노래 배경은 억울하게 죽은 아내에 대한 애도이지만 노래는 첩이 용인되었던 사회적 관습 없이는 성립하기 어렵다. 첩하고 노닥거릴 수 있는 일은 남성에게 있을 수 있는 일이라는 의식이 노래의 배경으로 자리한다.

노랫말은 담담하게 슬픈 여성의 이야기를 전하는 것처럼 보인다. 죽은 여성에 대한 슬픔과 안타까움을 객관화된 화자의 서술과 감정적인 남편의 말로 전하고 있다. 거기에는 남성이라면 그럴 수 있다는 의식, 처와 첩은 다르다는 차별과 배제의 태도가 놓인다. 처의 죽음을 공모한 자가 남편이라는 점을 간과하게 만드는 착시효과도 준다. 남편 때문에 처는 죽었다. 남편의 외도를 정당화해주는 사회적 관습이 허용한 죽음이다. 노래 말미에 붙는 남편 탄식구로 인해 죽음의 책임은 죽은 자에게로 넘겨진다.

그런 의미에서 <진주낭군>의 남편 탄식구는 여성혐오를 공모하고 재생산한다. 노래를 향유한 계층이 평민 여성이었고 노래가 여성 공동체를 중심으로 전승되었다고 한다면 <진주낭군> 노랫말 끝부분에 자리한 남편의 탄식이 어떻게 억울한 여성의 서글픈 죽음을 왜곡하는가를 짐작하게 한다. 여성은 첩 때문에 죽은 것이 아니다.

사회가 방조한 남편의 무책임한 행동, 누구도 그것에 대해 말하지 않았던 공동체, 사회에 대한 저항이라고 볼 수 있다. 탄식구로 인해 진실은 은폐된다.

> (카)
> 행주치말랑 덜치입고/새북바람 찬바람에
> 논뜰밭을 쫓아가니/이구겉은 첩년보소
> 꽃자리를 피틸치며/여만지소 저만지소
> 어라요년 물리쳐라/꽃자리가 내자리가
> 꺼적대기가 내자리지/은소루배는 담배담고
> 놋소루대는 불떠담고/화주설댈랑 뻗쳐놓고
> 크다크다 큰어마님/담배한대나 잡으시오
> 에라요년 물러쳐라/놋소루배기가 내불이가
> 속소루배가 내불이지/은소루배가 내담배가(이하 생략)[32]

    <첩의집에> 혹은 <큰어머니>라고 불리는 이 노래는 새벽 찬바람을 맞으며 쫓아갈 정도로 극도로 흥분하고 분노한 처에게 꽃자리를 피며 큰어머니(처)를 맞이하는 첩의 모습을 생생하게 표현하고 있다. "꺼적대기"와 "놋소루대"를 자처하는 큰어머니에게 첩은 꽃자리, 은 소루 등을 내며 극진하게 응대한다. 처가 자처하는 역설적인 자기비하와 대조적으로 첩이 권하는 것은 그 반대편에 자리하는 귀한 것들이다.

    첩의 극진한 대접과 이를 거절하는 상황이 반복되면서 처와 첩의 관계를 파악하게 된다. 처는 당당할 수 있지만, 첩은 그렇지 못하다. 첩은 공손과 애교스러움으로 처를 응대한다. 노래는 그렇게 첩의 말과 행동을 전형화한다. 표현의 전형화는 노랫말의 향유층이

---

32) 『한국구비문학대계』 7-5, 340-343면.

첩을 예외적 여성으로 차별하고 있다는 증표이다. 처는 첩에게만큼은 우위를 점유하는 사회적 정체성을 확보한다. 처는 첩과는 다르며 동등하지 않다.

처와 첩의 위계적 관계는 종법제가 만들어준 결과이다. 남편은 처첩을 용인한 남성 중심 사회의 중심에 자리한다. 처와 첩은 종법제 사회에 의해 위계화된 타자이자 피해자이다. 그러나 노랫말에는 원인이 되는 사회적 배경에 대해서는 말하지 않는다. 그로 인해 야기된 갈등과 당사자인 피해자들 간의 갈등을 처의 시각으로 보여줄 뿐이다.

처의 분노는 남편에게 향하는 것이 마땅하다. 그러나 처는 남편이 아니라 첩을 찾아간다. 처는 첩을 응징하고자 한다. 한편 처는 사회적 규범이나 관습으로는 권력자이지만 실질적인 애정 관계에서는 남편을 상실한 약자다. 남편의 사랑을 독점할 수 없다는 점에서 그러하다.

<진주낭군>에서 공모되거나 재생산되고 있는 '예외적 여성'으로 동정하기 혹은 '예외적 여성'을 만들어 위로하기의 전략은 <첩의집에>에서는 다른 양상으로 포착된다. 이 모든 불합리한 상황, 즉 한 명의 남성이 여러 여성과 함께 동거하며 살 수도 있다는 불합리한 관습을 용인하는 효과를 만든다. 실제 처로서 첩과 동거하면 가족처럼 살았던 이야기는 얼마든지 찾을 수 있는 현실의 이야기이기도 하다.

노랫말 속 처는 첩을 차별하고 배제하는 것으로 우위를 확인하고자 한다. 생존을 위한 욕구나 감정조차 규범으로 통제하고자 한 것이 종법제다. 종법제는 여성에게 남성 중심 가족제도의 횡포로 작

동했다. 그 횡포로부터 자신을 지키기 위해 여성은 또 다른 여성을 혐오했고, 그들과 차별되는 입지를 확보하고자 했다. 그래서 시집살이 노래의 화자는 처의 입장에서만 노래한다. 첩의 목소리로 말하는 노랫말은 찾기 어렵다.

6. 노랫말에 나타난 여성혐오의 의미와 인간다운 삶에 대한 열망

시집살이 노래의 노랫말을 통해서 살펴본 여성혐오의 양상은 세 가지로 정리할 수 있다. 하나는 <중이 된 며느리> 등과 같은 노랫말에서 나타난 생활화되고 구조화된 여성혐오다. 일상적으로 자행한 며느리에 대한 시집 식구들의 혐오가 그것이다. 두 번째는 여성 스스로 혐오를 내면화한 흔적이다. <형님형님 사촌형님>에서 보이는 자기비하의 표현에서 찾아볼 수 있다. 세 번째, <진주낭군>, <첩의집에>에서 발견되는 여성의 여성혐오 즉, 예외적 여성으로 인정받고자 하면서 다른 여성을 타자화하는 경우다.[33]

시집살이 노래에 나타나는 여성혐오는 직접적인 학대나 모욕, 폭력의 양상으로 표현되었고, 그 구조 안에서 소극적 혹은 적극적으로 공모하거나 재생산하는 양상으로 전개되고 있다. 노랫말을 통해 나타나는 이러한 다양한 혐오의 양상은 부계 혈통 중심 사회의 내부결속을 공고하게 한다. 역설적이게도 남성 중심 가족주의를 견고하게 구축하는 데 일조한다.

---

33) 이영아는 여성 근대화의 의욕에 나타난 여성 스스로의 자기 혐오와 부정에 주목하면서 여성혐오는 모든 여성이 겪을 수밖에 없는 통과의례와 같은 감정이라고 말한다. 이 여성혐오에 어떤 방식으로 대응하느냐에 따라 가부장적 사회의 순응 공모자가 될 수도 있고 낙오자가 될 수도 있으며 소수의 출세자가 될 수 있다고 했다. 이영아, 앞의 논문, 14-45면.

시집살이 노래 가운데는 며느리가 시집 식구의 일원으로 인정받고 귀속된 입장에서 부르는 노랫말도 발견된다.

> 시아버님 죽었다고 춤을 췄더니
> 사랑방에 돗자리가 떨어지니
> 시아버님 생각나네
> 시어머님 죽었다고 활개를 췄더니
> 보리밥에 물뭐놓니 생각나네
> 시동생 죽었다고 좋아했더니
> 서방님을 바라보니 가련도하다[34]

> 시어머니 죽었다구 좋다구했더니/보리방아 물붙웅개 또생각난다
> 시아버지 죽었다구 좋다했더니/왕골자리 다떨어징개 또생각나네
> 시누님 죽었다구 좋다구했더니/너물바구리 쳐다보니 또생각나네
> 시동생 죽었다구 좋다했더니/나무청을 쳐다보니 또생각나네
> 서방님 죽었다구 좋다구했더니/아리묵 쳐다보니 또생각난다[35]

위 노래는 '시집 식구가 죽었다고 좋아했더니~하니 생각난다'라는 관용구가 반복되면서 그들을 그리워하는 며느리의 심정이 나타나고 있다. 자신을 괴롭히던 시어머니, 시아버지, 시누이, 시동생, 남편이 모두 사라지고 나니 그들이 생각난다는 화자는 이제 어린 시절 시집온 며느리가 아니다. 죽은 이들을 애도하며 감정을 전하는 화자는 이제 시집 식구의 일원이다. 약자로서 감수했던 부당함보다는 그리움이 더 와닿는다. 시집 식구와 같은 편이 되었다. 며느리는 시어머니가 되어 자신이 겪었던 그 시집살이를 다시 대물림한다.[36] 신체화한 여성혐오를 이양하게 된다. 그것이 당연한 통과의

---

34) 『한국구비문학대계』 3-3, 846면.

35) 『한국구비문학대계』 4-5, 798면.

36) 이정아, 「시집살이 말하기에 나타난 균열된 여성의식 : 시집살이 체험담과 시집살이 노래를 중

례라고 생각한다.

여성혐오를 대물림하게 되는 양상은 이미 <형님형님 사촌형님>과 같은 노래에서 살펴보았다. 시집살이를 겪어낸 시간 동안 흉측하게 혹은 기괴하게 변화하게 된 자기 신체에 대한 비하를 쏟아내지만, 그만큼 고생해야 겪어낼 수 있는 통과의례와 같은 것이라고 말한다. 한국 사회에서 군대 다녀온 이들이 군대 모험담을 앞다투어 이야기하듯 시집살이를 겪은 이들은 혹독한 시집살이를 견뎌낸 세월을 무용담처럼 전한다. 시집살이를 내면화한 흔적이다. 절박한 증언이지만 동시에 며느리라면 누구나 통과해내야 한다는 당위가 실린다.

"벙어리라 삼년되고/봉사되고 삼년되어/석삼년을 살고나니/머리털이 다시었단다"[37]는 현실 세계에서 감정적 진실을 공유하면서 전승된다. 벙어리, 봉사로 대변되는 혐오 표현 즉 비정상이라 치부된 병자의 형색을 통해 언표화되는 자기혐오는 고된 과정을 통과한 주인공으로서의 인고의 자부심을 대변하기도 한다. 노랫말의 말미에 자전적인 서사가 덧붙여지는 사례[38]를 통해 알 수 있듯이 자기비하와 탄식이 맞물리는 자리에 인고의 자긍심이 자리하기도 한다. 이 점이 <형님형님 사촌형님> 노랫말에 나타나는 자기혐오의 특징이다. 겪어낸 모진 시집살이를 자기혐오적 표현을 통해 전달하고 있지만, 그것은 부당함과 불합리함을 전하는 동시에 남성 가족의 일원으로서의 자리를 획득하기 위한 필연적인 과정이었다는 선언처럼도 보인다.

심으로」, 『여성학논집』 제23집 1호, 한국여성연구원, 2006.6.

37) 『한국구비문학대계』 3-3, 180면.

38) 『한국구비문학대계』 7-18, 263-265면. 자전적 체험이 노랫말로 이어지고 있다.

여성혐오의 공모의 흔적을 보여주는 대표적인 노랫말 <진주낭군>과 <첩의집에>는 자신의 위상을 첩/기생과 구별함으로써 예외적인 여성이 되겠다는 욕망을 드러낸다. 기생과 첩은 남성의 쾌락만을 위해 존재할 뿐이다. 그들의 쾌락 현장을 목격한 처는 목을 매거나 양잿물을 마신다. 사회적으로 부여한 정숙한 여성의 삶보다는 함께 애정을 나누는 관계가 더 절실했던 죽은 자의 심정을 노래를 부르는 자, 전하는 자는 각기 다르게 반응하고 해석한다. 억울한 죽음은 안타까움과 동정을 자아내기 충분하지만, 첩의 정은 잠시 한순간이고 처의 정은 영원하다는 남편의 탄식이 덧붙여지면서 비록 죽었으나 처로서 인정받을 수 있다는 위로가 이어진다. 진실이 왜곡되는 흔적이다. 죽은 자의 욕망과는 상관없이 남은 자들의 욕망이 그 경계의 틈으로 작동한다. 이것이 바로 여성혐오의 공모다. 본처의 억울한 죽음을 애도하고, 그를 칭송하면서 여성혐오를 정당화한다.

<첩의집에>에 등장하는 여성은 남편을 두고 경쟁 관계에 있는 첩을 혐오하는 것으로 여성혐오를 정당화한다. 첩을 낮춰서 대하는 처의 시선과 감정을 직설적으로 언표화하면서, 동시에 큰어머니를 극진히 대접하는 첩의 모습을 보여줌으로써 그렇게 한다. 노랫말 속 욕망은 누구를 위한 시선이자 욕망인가 묻지 않을 수 없다.

시집살이 노래는 차별과 배제, 억압의 현장을 실감나게 재현함으로 그 부당함에 저항하게 만드는 노래지만 동시에 여성의 여성혐오를 공모하는 노래이기도 하다. 노랫말에는 여성의 자기혐오가 자리한다. 처를 첩과 기생과 구별하여 '예외적 여성 만들기'가 작동한다.

시집살이 노래를 통해 나타나는 여성혐오의 양상은 단순하지 않다. 지배적 담론이 생산한 욕망을 개인이 내면화하는 사이 감염된 욕망은 감염을 넘어서 확대 재생산된다. 개인 대 개인, 개인 대 가족, 가족 대 가족, 더 나아가 가족 대 사회로 확장해나간다. 시집살이 노래는 전통사회의 문예물로 태어나 여성 공동체에서 향유되고 전승되었다. 노랫말에는 다양한 여성의식과 욕망이 담겨 있다. 그래서 시집살이 노래의 노랫말에 나타나는 여성혐오의 흔적을 살펴보는 일은 현재 내가 직면한 문제를 객관화할 수 있는 작업이기도 하다.

　시집살이를 살아낸 여성은 일방적으로 주입을 당했다고 하기 어려울 정도로 뿌리 깊게 여성혐오를 내면화하고 있다. 전략적인 생존을 위한 선택의 결과라고도 보인다. 모진 시집살이를 경험한 여성이 모진 시집살이를 시킨다는 말은 여전히 통용되고 있다. 시집살이 노래의 노랫말을 통해 포착되는 여성혐오의 실상과 그 흔적을 살펴보는 과정을 통해 인간으로서 존엄을 원했던 여성적 삶의 한계와 만나게 된다. 저항하고 고발하고자 했지만 생존하기 위해 순응하고 내면화할 수밖에 없었던 한계와 마주하게 된다.

　시집살이 노래의 노랫말에는 여성혐오에 저항하는 목소리만큼이나 여성혐오를 내면화하고 공모 혹은 재생산한 흔적이 나타나고 있다. <중이 된 며느리>와 같은 노랫말에는 남성 권력이 허용하는 범위 내에서 여성 위치를 제한하는 전략이 작동하고 있다. 며느리에게 일상적으로 행해진 여성혐오가 광범위하게 분포하고 있다. <형님형님 사촌형님>에는 여성 스스로의 자기혐오가 발견된다. 고된 시집살이를 겪어낸 며느리의 한탄에는 자기혐오적 표현이 노래의 관용구로 상용화되고 있다. 예외적 여성이 되어 자기 이외의 여성을 타자화하는 양상도 나타난다. <진주낭군>, <큰어머니>와 같은 노랫말에서는 처와 첩/기생을 구분하는 여성혐오가 포착된다.

혐오는 그것을 표현하기 이전 혐오감 혹은 혐오화의 전략이라고 볼 수 있다. 시집살이 노래 노랫말에는 가부장 사회에서 보편화되었던 여성혐오에 대한 여성의 대응방식이 나타나고 있다. 혐오를 거부하지만, 생존을 위해 혐오를 내면화하고 더 나아가 재생산하는 양상이 발견된다. 시집 식구들에게 인정받기 위해 순응하고 내면화했고 더 나아가 '예외적 여성'이 되기 위해 여성혐오를 공모할 수밖에 없었던 그 정황 말이다.

시집살이 노래의 노랫말은 지배 담론이 공고하게 만든 여성혐오와 이에 대응하는 여성의 다양한 생존전략이 나타난다. 생존하기 위해 저항했고 살아남기 위해 내면화했다고 노랫말은 증언한다. 시집가는 순간부터 불안정하게 흔들렸던 여성의 존재론적 한계를 전하고 있다. 불안과 공포로 동요했던 그들의 목소리에는 인간다운 삶에 대한 갈망이 있었다. 공고하게 구조화된 여성혐오의 세계 안에서도 자유롭기를 꿈꾸고 저항했던 시집살이 노래는 그래서 각별하다. 그들이 노래한 언어 속에 여성혐오가 각인되어 있지만 그러함에도 그 중층적 관계와 한계에서 벗어나고자 했던 몸짓은 강렬했다.

지금 여기의 현재적 인권 감수성으로 전통사회 언표적 의미를 재해석하는 일은 텍스트가 함의한 바를 왜곡하는 일일 수 있다. 전통사회의 여성혐오 양상을 통해 현재 우리 의식 속에 남아 있는 여성혐오와도 만나게 된다. 여성과 남성이라는 이원적 구도가 아닌 누구나 사람으로서의 권리를 누리며 살아야 한다는 삶의 지향은 시집살이 노래를 통해서 잘 나타나고 있다. 이것이 시집살이 노래의 노랫말에 나타나는 여성혐오를 우리가 사는 세상과 견주어 바라보아야 할 이유이다.

제2장
처, '첩'을 노래하다
- <큰어머니>*노래를 중심으로 -

1. '첩'이 등장하는 노랫말에 주목하는 이유

첩(妾)은 법률상의 처나 사실혼 관계에 있는 배우자 이외에, 상대방 남자로부터의 경제적 원조를 받으면서 계속해서 성적 결합 관계를 갖는 여자를 말한다.[1] 생활비, 자녀의 양육비 등 상대방 남자로부터의 경제적 원조를 받으면서 성적 결합이 계속되는 관계라는 점에서 사통(私通)과는 달랐다. 첩의 자녀는 차별을 받았지만, 유럽의 사생자에 비해서는 나은 지위에 있었다.[2] 첩은 남성의 욕구를

---

* <큰어머니>라는 명칭은 <첩집 방문> 유형을 지칭한다. 이 유형을 <큰어머니>라고 칭한 이유는 채록 당시 제보자들이 <큰어머니> 노래라고 명명한 데 있기도 하고 큰어머니(본처)가 부른 노래라는 점을 효과적으로 전달한다고 보이기 때문이다. 길태숙은 이 <큰어머니> 노래가 두 가지 종류로 불렸다는 점을 지적한 바 있다. 본고는 그 가운데 <첩집방문> 유형에 해당하는 노래만을 <큰어머니> 노래라 칭하기로 하고 다른 노래는 <후실장가>라고 했다. 길태숙, 「민요에 나타난 여성적 말하기로써의 죽음」, 『여성문학연구』 9호, 한국여성문학학회, 2003, 188-210면.

1) 브리태니커 온라인 자료 2019.7.20.
   http : //premium.britannica.co.kr/bol/topic.asp?article_id=b20c2403a

2) 정지영, 「조선 후기 첩과 가족 질서-가부장제와 여성의 위계」, 『사회와 역사』 65호, 한국사회사학회, 2004, 6-37면; 조은, 조성윤, 「한말 서울지역 첩의 존재 양식-한성부 호적을 중심으로」, 『사회와 역사』 65호, 한국사회사학회, 2004, 74-100면; 이이효제, 『조선조 사회와 가족』, 한울아카데미, 2003, 106-109면; 박무영, 「남편의 잉첩과 아내의 적국-한 씨 규훈과 자경 편의 첩 다루기가

정당화시키는 존재였으며, 처와 구별되는 위치에 존재하면서 남성 중심 가족제도에서 조강지처의 위상을 극대화하는 역할을 했다.

평민 여성이 부른 노래에도 '첩'이 등장한다.[3] 가족 내 확고한 위계질서를 통해 첩을 관리했던 양반 여성과는 달리 평민 여성에게 첩은 위협적인 존재였다.[4] 양반 여성들이 강력한 가족제의 위계질서를 통해 본처의 입지를 확보하면서 첩의 자식까지도 보살피는 집안의 어머니로서의 위상을 확보했다면 평민 여성의 경우는 그와 같은 위상이 분명하게 포착되지 않기 때문이다. 오히려 평민 여성이 부른 첩에 대한 노래에는 첩으로 인한 처의 불안한 감정이라든가 격렬한 정서적 반응, 첩을 찾아가는 적극적인 행동 등이 직접 나타나고 있다. 이러한 처의 반응과 행동은 농촌 가면극이나 도시 가면극이 표현하는 처첩 간의 갈등(할미과장)에서도 찾아볼 수 있다. 첩을 소재로 한 노래가 표현하는 생생한 감정 표현이나 처의 대응방식 등은 여성적 시각의 불안한 모습을 가감 없이 담고 있다는 점에서 그러하다.

지배사회에서 남성적 욕망을 합리화하는 존재로 등장한 첩은 그 욕망이 사라질 때는 언제든지 버려질 수 있다고 보았다. 그런 측면에서 첩은 사회적 입지가 불안정했다. 그러나 평민 여성이 부른 첩

의미하는 것」, 『문헌과 해석』 18호, 태학사, 2002; 황수연, 「조선 후기 첩과 아내; 은폐와 갈등과 전략적 화해」, 『한국고전여성문학연구』 12집, 한국고전여성문학회, 2006, 349-380면.

3) 강진옥은 이를 애정 갈등 노래류로 분류하면서 <첩집방문>, <후실장가>, <진주낭군>, <서답노래>라는 노래를 다루었다. 강진옥, 「여성 서사민요에 나타난 관계양상과 향유층의 의식」, 『한국고전여성작가연구』, 태학사, 2000, 478-489면. 서영숙은 이를 '본처- 첩 관계 서사민요'라 하여 그 하위유형으로 설정하여 정리하고 있다. 서영숙, 『한국 서사민요의 날실과 씨실』, 역락, 2009, 371-394면. 길태숙은 첩에 대한 처의 노래라고 정리하여 다룬 바 있다. 길태숙, 「민요에 나타난 첩의 위상」, 『여성문학연구』 13호, 한국여성문학학회, 2005, 7-29.

4) 조선 후기 경제적 여유가 생긴 민중 남성들은 지배 집단의 축첩을 모방하였다. 민중은 지배 집단과 달리 첩으로 인한 신분 제약과 같은 사회적 불이익으로부터 자유로웠다고 한다. 임철호, 「민요에 설정된 처첩 간의 갈등과 반응」, 『국어문학』 39집, 국어문학회, 2004, 293-325면.

에 대한 노래에는 이러한 첩의 현실적 위상과는 상관없이 불안한 처의 감정이 전면에 등장한다.[5]

강진옥은 첩과 관련된 애정 갈등의 노래에서 여성 인물들은 극단적인 대응을 통해 현실을 강렬히 부정하고 있다고 하면서 자살이라든가 파괴적 분노를 상대방에게 전가하는 식의 극단적인 파국을 통해 이러한 양상을 드러내고 있다고 보았다.[6] 이와는 조금 다른 시각에서 길태숙은 처가 부른 첩의 노래는 소극적이고 비판적으로 첩의 문제를 여성과 여성의 대립으로 문제를 해결하려고 하고 있으며 이러한 태도가 남성 중심의 질서를 강화하는 기능을 담당했다고 보았다.[7]

그러나 서영숙은 첩과 관련된 노래에는 현실적인 의식과 함께 가부장적 질서에 대한 적극적인 저항 의지가 나타난다고도 해석한다.[8] 처의 첩에 대한 반응이나 대응은 첩에게만 국한되는 것이 아니라 남편, 시어머니를 포함한 가족제도 자체에 대한 저항으로도 나타나는데 <진주낭군> 노래 속에 등장하는 며느리(처)의 자발적인 죽음은 남성적 욕망을 충족시키는 기생첩을 용인하는 가족제도에 대한 적극적 저항이라고도 볼 수 있다는 것이다.[9]

---

5) 서영숙의 '시집살이 노래 연구'에 수록된 자료 가운데 발견되는 재산권과 관련된 처의 반응은 이러한 점을 잘 보여준다. "에라 요년 행실존년 하늘 같은 가장 뺏겨 원통한디 세간조차 너를 주랴" 첩1, 새터 28 <첩집방문 노래>, "하늘 같은 가장 주기도 미아한데 세간 전답을 반분하자냐 선영조차 반분하자냐" 첩2, 새터 51, <첩집방문 노래>, "큰어머니 큰어머니 정실로 그러글랑 세간이나 반분해 주제 에라 요년 그는 못하겠다" 첩4, <첩집방문 노래> 등의 자료를 통해 알 수 있다. 서영숙, 『시집살이 노래 연구』, 박이정, 264-274면.

6) 강진옥, 위의 글.

7) 길태숙은 첩과 관련된 노래는 '본처'라는 향유층을 중심으로 전승되었으며 그래서 노래는 철저히 처의 시각에서 나타날 수밖에 없었다고 말한다. 그래서 첩의 처지를 대변한 노래는 향유층을 형성할 수 없을 만큼 사적이고 개별적으로 불렸으며 현실에서는 향유층을 형성할 수 없을 만큼 불안정한 입장이었다고 말한다. 길태숙, 「민요에 나타난 첩의 위상」, 『여성문학연구』 13호, 한국여성문학학회, 2005, 7-29면.

8) 서영숙, 『서사민요의 씨실과 날실』, 도서출판 역락, 2009, 371-394면.

9) 강진옥, 「서사민요에 나타나는 여성 인물의 현실대응양상과 그 의미」, 『구비문학과 여성』, 한국

실제 첩을 소재로 한 노래들을 자세히 살펴보면 앞선 연구가 지적한 해석만으로는 설명할 수 없는 복잡한 시선이 포착된다. 남성 중심 사회에서 타자 혹은 비체로 존재했던 처와 첩이 서로 갈등하면서도 연대할 수밖에 없었던 지점과 일반화하거나 보편화할 수 없는 개인적인 체험이 담겨 있기 때문이다.

노래에는 본처/큰어머니로서의 위상에 대한 자존감을 배경으로 첩을 수용해야 하는 갈등 상황이 전개된다. <큰어머니> 노래는 이러한 처가 처한 심리적 사회적 상황이 나타난다. 첩을 대하는 처의 행동과 반응은 복잡한 심경을 그대로 보여준다. 분노와 체념, 수용 등의 감정이 일렁이고 있다. 서로 화합할 수 없는 태도이자 감정이다.

처의 감정적 일렁임은 첩의 반응을 통해서도 짐작할 수 있다. 극도의 분노와 상실감으로 찾아온 처를 첩은 큰어머니라며 환대한다. 화가 나서 당장이라도 첩을 어떻게 할 것 같은 기세로 찾아온 처를 맞이하는 첩의 태도는 유연하다.

첩은 남성 중심의 가족제가 만들어낸 남성 욕망의 자리에 포진한다. 성적 욕망을 포장한 대를 잇기 위한 도구, 노동력 확보를 위한 도구로 첩은 정당화되지만, 남편의 애정이 사라지는 순간 이 모든 명분은 사라지게 된다. 이러한 욕망의 구조로 만들어진 첩의 입지를 생각해 볼 때 첩의 위상은 불안하기만 하다.

그런데 첩 소재 노래 속의 첩은 그와는 다른 양상으로 나타난다. 불안하다기보다는 처보다 여유롭고 안정적인 태도로 처를 응대하고 맞이한다. 더 나아가 큰어머니로서 처의 존재를 적극적으로 인정하고 맞이하는 것으로 그를 대접한다.

구비문학회 편, 박이정, 91-122면.

첩의 환대는 역설적으로 노래를 향유한 여성들의 의식을 말해 준다. 첩은 극진하게 처를 환대해야 하며 처는 그러한 대접을 받는 것이 마땅하다는 의식을 말해 준다. 그러나 노래 속 큰어머니는 첩의 환대와 요란스러운 대응에 유보적인 태도를 취한다. 첩의 환대를 자기의 몫이 아니라고 사양하고 있는 노랫말 속 태도를 통해서 처의 복잡한 심경을 짐작하게 된다.

노랫말을 통해 나타나고 있는 여성적 시선[10]의 복잡성에 주목하고 싶다. 첩이 처를 큰어머니로 환대하는 것은 마땅한 일이지만 처는 여전히 이러한 대접을 받아들여야 할지 머뭇거리는 그 모호한 태도에 주목한다. 고운 첩을 바라보는 처의 시선은 '내 눈에도 저런데 남편 눈에는 오죽할까'라며 흔들린다.

처는 술 한 잔으로 마음을 풀고 가라는 첩의 적극적인 권유에는 마음을 열지 않는다. 집으로 돌아간 처는 탄식하거나 자결한다. 드물게는 첩의 죽음 소식을 듣고 기뻐하는 모습으로 등장하기도 한다. 노랫말 속 이러한 결말이 처가 첩에 대해서 대응하는 정서적 반응이다. 타협의 지점에서 머뭇거릴 수밖에 없도록 내면화된 여성 의식의 결과일까, 여성으로서의 공감대가 형성되는 순간이라고 해야 할까, 단순하지 않다. 사회적 통념에 반하지 않는 태도를 순응이라 판단해야 할까? 그것을 넘어서는 포용이라고 판단해야 할까? 어떤 것 하나로 해석하여 풀어내기 석연치 않다.

노랫말에서 '첩'에 대한 창자이자 향유층인 평민 여성의 태도가 나타난다. 처의 말과 행동, 심리적 변화, 첩의 형상을 묘사하고 서

---

10) 여성적 시선이라는 말은 남성 대 여성이라는 이분법적 구도를 넘어서 남성적/여성적으로 실행되는 젠더 개념으로서의 의미를 함의한다.

술하는 과정에서 발견되는 시각과 시선을 통해 복잡한 처의 마음을 유추해보고 싶다.

<큰어머니> 노래는 경쟁자가 나타난 상황에서 촉발된 분노의 감정으로 출발하는 경우가 많다. 생존을 위한 감정, 즉 질투에 사로잡힌 여성이 등장한다. 질투는 성적 배신을 막으려는 이성적 전략이기도 하지만 성적 배신을 당할지 모른다는 불안감의 감정으로 자신에 대한 자신감이 부족할수록 질투심이 커질 수 있다.[11]

노래 속 상황을 해석해보기로 한다. 처의 분노는 남편에게 향하는 것이 자연스러워 보이지만 노랫말 속 처는 그 분노의 화살을 경쟁자를 향하여 겨눈다. 분노를 촉발한 것은 첩이 아니라 첩의 집을 밤낮없이 드나드는 남편이다. 그런데 분노는 첩에게로 향한다. 그는 나보다 젊고 아름답다. 그를 제거하면 모든 것이 해결될 것만 같다. 그런데 막상 찾아가 그를 대면하자 그는 나를 큰어머니라고 넙죽 엎드려 맞이한다. 나는 애초의 감정대로 그를 대하지 못한다.

노랫말은 독백하듯이 그렇게 두 사람의 대화를 전한다. 분하고 속상한 마음을 쏟아놓지 못한 채 '내 눈에도 이런 데 남편 눈에는 어떻겠냐'로 감정은 변한다.

이 유형 노래에는 서사적 전개와 함께 다양하게 재현되는 말과 행동을 통해 생각과 감정의 변곡점이 자연스럽게 나타난다. 노랫말은 일반화할 수 없는 처의 감정을 보여준다.[12] 같은 유형의 노래지만 각편마다 제각기 나타나는 첩의 말과 행동을 바라보는 처의 변화를 통해 흔들리고 동요하는 의식을 발견하게 된다.

---

11) 정재승, 「질투는 진화의 힘」, 『한겨레 21』 제692호, 2008년 01월 03일.
12) 이정아, 『시집살이 노래와 말하기의 욕망』, 혜안, 2010.

노랫말을 통해 나타나고 있는 동요하는 감정과 의식은 남성 중심 가족주의 사회에서 생존해야 했던 여성적 삶의 정황을 추정하게 만든다. 첩과 남편을 공유해야 하는 것이 관습화되고 용인된 사회에서 원초적인 감정인 질투를 억누르고 상대를 어떻게 인식하고 수용[13]해야 했는지 그 실존적 고민과 갈등을 만날 수 있다.[14]

2. 노랫말에 나타나고 있는 처의 말과 행동, 그 심적 변화

첩이 등장하는 대표적인 노래는 <큰어머니>, <진주낭군>, <후실장가> 등이다. 강진옥은 이들을 '애정 갈등 노래류'라고 분류하고 남편의 외도로 야기되는 상황을 본처의 입장이나 본처 시각에서 보여주는 <첩집방문>, <후실장가>, <남편의 외도와 아내의 자살> 등을 논의의 대상으로 삼았다. 대표적인 노래인 <첩집방문>은 '남편이 등너머에 첩을 두고 밤낮없이 그곳에 간다' → '본처가 칼을 품고 첩의 집을 찾아 간다' → '첩이 본처를 극진하게 대접한다' → '첩의 고운 모습과 초라한 자신의 모습을 돌아보게 된다' → '첩을 인정하고 그냥 돌아온다 혹은 자살하거나 첩의 부고를 받는다'라는 서사 단락으로 나누어 살피고 있다. 그는 이 노래가 갈등 유발의

---

13) 『책 한 권으로도 모자랄 여자 이야기』에 수록된 전라도 선정마을에 사는 금산댁 할머니 이야기라든가 최근 sbs에서 방영한 <짝> 2에서 처와 첩이 공존하며 사는 가족 사례를 통해서도 이러한 양상은 찾아볼 수 있다. 물론 이러한 공존의 삶은 조선 후기 남성 중심 가족제가 만들어 놓은 불가피한 선택으로 그들 삶의 굴레이자 멍에가 되고 있다. 그러나 현실에서 분명 그들은 처와 첩으로 한 가족이 되어 살고 있다.

14) 노래는 사실은 아니지만 노래 부르는 이들의 진솔한 감정과 숨겨진 욕망을 담고 있다. 그래서 규범에 의해 욕망을 통제할 수밖에 없었던 지배층 여성들에게 찾아볼 수 없는 생동감 넘치는 의식을 살펴볼 수 있다. 결코 받아들일 수 없고 받아들이기 싫었던 현실 앞에 여성들은 어떻게 반응했고 갈등했는지 살펴봄으로써 타자적 현실에서 주체적인 삶을 살고자 했던 강력한 여성 자의식도 발견하게 될 것이다.

당사자인 남편을 배제하고 그로 인해 고통을 받는 본처의 시각에서만 서술되는 특징을 보인다고 하면서 노래 결말의 다양한 양상에 주목하고 노래가 지니는 감정적 해소의 기능을 언급하였다.[15)]

길태숙은 첩이 등장하거나 첩이 소재가 되는 노래를 본처 입장에서 불린 노래(<첩노래>, <진주낭군>, <큰어머니 노래>, <시앗죽은 편지받은 노래>, <수저소리 노래> 등)와 첩이 자기 위상을 드러내는 노래, 남편의 처지를 대변하는 노래로 나누어 살펴보았다. 이를 통해 민요에 나타나는 첩의 이미지는 남성성 과시를 위한 사랑스러운 도구, 아름다운 여성이지만 죽이고 싶도록 미운 가해자, 불안한 사랑에 의지한 또 하나의 피해자 등으로 세분화하여 첩의 위상을 의미화하였다.[16)]

서영숙은 '본처-첩 관계 서사민요'라 하여 이 유형의 노래를 분류하면서 그 하위유형으로 '첩의 집에 갔다가 그냥 돌아오는 본처', '첩의 집에 갔다가 돌아와 자살하는 본처', '첩의 집에 갔다가 돌아와 첩의 부고를 받는 본처', '첩이 죽자 기뻐하는 본처', '본처가 죽자 기뻐하는 첩'으로 세분화하였다.[17)] 이러한 세분된 하위유형의 서사 구조를 근거로 처가 느끼는 현실의식, 박탈감, 상실감, 자존의식을 설명하고 있다.[18)] 서영숙은 길태숙이 첩 소재에 나타나는 여성의식이 다분히 소극적이고 비주체적이라고 보았던 것과는 달리

---

15) 강진옥, 앞의 글.

16) 길태숙, 「민요에 나타난 첩의 위상」, 『여성문학연구』 13호, 한국여성문학학회, 2005, 7-29면.

17) 서영숙은 처첩 관계를 다룬 노래 47편을 대상(서영숙 자료 10편, 조동일 자료 6편, 한국민요대전 자료 4편, 한국구비문학대계 27편)으로 노래의 구조적 특징을 통해 전통사회에서 야기된 처와 첩의 갈등을 설명하고 있다. 서영숙, 『한국 서사민요의 날실과 씨실』, 역락, 2009, 371-394면.

18) 이러한 서사구조 결말에 따른 여성의식의 다양성에 대한 시각은 서영숙과 강진옥 모두 유사하다고 보이며 필자 역시 같은 입장이다.

가부장제 질서하에서 표명한 적극적인 자기표현의 방식과 생존의식이 담겨 있다고 보았다.

처의 대응방식과 의식을 다루고 있는 이들 연구의 결과를 수용하더라도 의문점은 남는다. 선행 연구자들이 언급한 처의 대응을 통해 드러나는 비판 의식, 현실의식, 박탈감, 상실감, 자존의식에 대한 해석에 동의하지만, 여전히 의문으로 남는 것은 첩을 바라보는 처의 시선과 태도가 노래를 진행해가는 과정을 통해 변해가고 있다는 점이다. 태도의 변화 이후에 이어지는 처의 행동은 각편마다 다르게 나타난다.

심적 변화의 과정을 노랫말을 통해서 표현하고 있는 것은 전달하고자 했던 다른 의미가 있음을 알리는 것은 아닐까? 그 변화의 과정을 따라가면서 노래를 통해 전하고자 했던 의도나 의미를 해독함으로써 심적 변화의 원인을 추정할 수 있지 않을까? 노래 부르기를 통해 해소하고자 했던 것은 무엇일까 등등 의문이 남는다.

<큰어머니> 유형 노래에 등장하는 첩은 대부분 처를 큰어머니라 크게 환대하며 환심을 사기 위한 몸짓을 취한다. 이러한 양태는 다른 장르에서는 쉽게 찾아볼 수 없다.[19] 극도의 분노를 품고 찾아온 본처를 맞이하는 첩의 여유로운 태도를 어떻게 해석해야 할 것인가? 행주치마를 두른 채 새벽바람에 첩 집을 찾아간 처의 행색이 첩의 고운 자태와 비교되는 노랫말들은 어떻게 해석하는 것이 마땅할까? 아름답고 친절한 첩이 누리고 있는 호사스러운 살림살이를 노랫말을 통해 나열하는 것은 무엇을 전달하기 위함인가?

---

19) 서사무가 <칠성본풀이>나 농촌 탈춤이나 도시 탈춤에 등장하는 처첩 간의 갈등과는 다른 양상을 보인다.

이런 이유로 처와 첩의 관계를 다룬 노래를 포괄적으로 '첩 소재의 노래'라 칭하기로 하고 그 대표적 유형의 노래로 <큰어머니> 노래를 살펴보기로 한다. <큰어머니> 노래는 처를 맞이하는 첩의 말과 행동이 상세하게 나타난다. 그를 바라보는 처의 심리와 만남 이후 이어지는 처의 행동을 상세히 재현하고 있다.[20]

<큰어머니> 유형의 노래는 다음과 같은 서사적 사건으로 전개된다.

1. 처(큰어머니)는 밤낮없이 첩의 집에만 찾아가는 남편을 기다린다.
2. 처는 아무리 기다려도 오지 않는 남편 때문에 분노한다.
3. 처는 칼을 품고 첩의 집을 찾아간다.
4. 칼을 품고 온 처를 첩은 큰어머니라 하며 맞으며 크게 환대한다.
5. 처는 내 눈에도 저러한데 남편이야 어떻겠냐며 생각한다.
6. 처는 집으로 다시 돌아온다.[21]
7. 집으로 돌아와서는 탄식하거나 스스로 목숨을 끊는다.[22] 각편에 따라서 집에 돌아온 처가 첩의 부고를 받고 기뻐하기도 한다.

서사적 전개를 통해서 나타나는 처의 행동과 심적 변화는 순차적으로 정리할 수 있다.

(1) 남편을 기다리다 → 기다림 끝에 분노하다
(2) 첩을 찾아가다 → 첩을 보고 마음이 변하다
(3) 집으로 돌아오다 → 탄식하다, 자결하다, 첩 죽은 소식을 듣다

---

20) 『한국구비문학대계』에 수록된 27편의 자료와 서영숙의 시집살이 노래 연구에서 수록하고 있는 10편의 자료를 중심으로 논의를 전개해나가기로 한다. <진주낭군>, <후실장가>와 같이 첩(기생)으로 인한 처의 갈등을 다룬 노래 역시 논의를 위한 보조적 자료로 삼기로 한다.

21) 『한국구비문학대계』 21편 자료 가운데 9편이 그냥 돌아가는 것으로 매듭이 지어진다.

22) 『한국구비문학대계』 21편 자료 가운데 5편이 자결로서 끝이 난다.

2.1. 남편을 기다리다 → 기다림 끝에 분노하다

노래를 통해 나타나는 처의 모습은 조선 시대의 가족제가 규정하고 있는 본처의 위상과는 전혀 다른 위치에 자리하고 있다. 노래 속 처는 심리적으로 상당히 위태로운 상황에 처해 있다. 남편은 밤낮없이 첩의 집만 찾기 때문이다. 이러한 처의 내적 위기감과 애타는 심정은 아래 노랫말에서 잘 나타나고 있다.

> 임아임아 우런님아/우런님의 거동보소
> 하늘겉은 갓을씨고/구름겉은 말을타고
> 등너메다 첩을두고/밤으로는 자러가고/낮으로는 놀러간다
> <u>이래가주구 못살겠네/임없어 타는간장/서러워도 못살겠네</u>
> ...중략...23)

노래 속 화자는 남편은 '임'이라 부르고 있다. 임이라 부르고 있는 남편은 멋지고 위풍당당한 모습으로 하늘 같은 갓을 쓰고 구름 같은 말을 타고 첩을 향한다. 남편이 첩을 향하는 일은 일회적 사건이 아니라 지속적인 사건이다. 이 지속적인 사건이 진행되는 동안 화자는 애타게 남편을 기다렸다. 밤으로는 자러 가고 낮으로는 놀러 간다는 화자의 말 속에서는 이러한 오랜 기다림의 시간이 함축되어 있다. 그러나 여전히 남편은 처를 찾아오지 않는다. 결국 처는 '이래가주구 못 살겠다'라며 '서러워 못 살겠다'라며 움직이기 시작한다.

서두 부분을 살펴보자면 현재 처에게 가장 절실한 것은 남편이며 가장 참을 수 없는 것은 남편의 부재이다. 남편이 오지 않는 처의 집

---

23) 『한국구비문학대계』 7-5, 340-343면.

과 첩의 집은 대조가 된다. 노래 속 처는 이러한 상황을 참을 수가 없다. 참을 수 없는 심정은 '타는 간장 서러워'로 압축된다. 처가 지금 참기 어려운 것은 자신의 존재를 잊고 있는 남편 때문이다.

이렇게 첩을 소재로 한 노래에는 자신에게 무심한 남편 때문에 상처받는 여성들이 자주 등장한다. <진주낭군>에 등장하는 처 역시 자신의 존재에는 안중도 없는 남편의 무심함에 큰 상처를 받는다. 모처럼 만나게 된 남편은 데리고 온 기생첩과 잔을 주고받으며 희희낙락하고 있다. 자신의 존재에 무관심한 남편을 참아낼 수 없어 처는 결국 목을 매고 만다.

> 울도담도 없느나집에/시집살이 삼년만에
> 시어머님 하시는 말씀/애야아가 울아가
> 진주낭군 가셨으니/진주낭군 빨래를가라
> 들도좋고 물도좋은데/검은빨래 검게씻고
> 희연빨래 희게씻고/오동동 빨래라다가
> 철거덕철거덕 말굽소리/귀에쟁쟁 들리는데
> 옆눈으로 흘겨보니/하늘같은 갓을쓰고
> 구름같은 말을타고/집이라고 떡들어서니
> 애야아가 며늘아가/진주낭군 오셨으니
> 사랑방에 내려가라/사랑방에 내려가니
> <u>오색가지 수를놓고/아홉가지 안주놓고</u>
> <u>기생첩을 옆에다끼고/권주가를 부르더라</u>
> <u>이걸 보고 화가나서/상포석자 목을 매어</u>
> <u>양잿물을 들이키고/대문밖에 들어서니[24]</u>

노래에서 나타나고 있듯이 오직 남편 보기를 바라면서 시집살이를 견딘 처는 남편을 보고자 빨래하러 간다. 남편을 보고자 빨래를

---

24) 『한국구비문학대계』 7-17, 688-689면.

하러 갔지만 정작 남편은 하늘 같은 갓을 쓰고 구름 같은 말을 타고 무심하게 지나칠 뿐이다. 빨래하는 아내에게 눈길 한 번 주지 않고 그냥 지나고 있다. 다시 집으로 돌아온 처는 사랑방을 찾는다. 자신에게 냉담했던 남편의 무심함에 상처를 받은 처는 사랑방에서 기생첩을 옆에 끼고 권주가를 부르는 남편의 모습을 보는 순간 더는 참을 수 없다고 생각한다. 이어지는 장면에서 그는 목을 매고 양잿물을 마신다. 목을 매고 양잿물을 들이키는 행위는 노래 전반부에 침묵으로 일관했던 처의 모습과는 전혀 다른 행동이다.[25] 노래 전반부에 말없이 시어머니를 따르던 며느리라고 보기 어려울 만큼 충동적이며 극단적이다.

노랫말을 통해 알 수 있는 것은 남편을 향한 그리움으로 살아왔던 처가 자신 앞에서 다른 대상과 애정행각을 벌이는 남편에 대해 분노[26]하면서 죽음을 선택한 사건이다. 처가 선택한 이 극단적인 선택을 어떻게 바라보는 것이 좋을까? 남편에 대한 저항인가? 남편을 둘러싼 남성 중심 사회에 대한 반발인가? 더 이상 참을 수 없다는 항변인가? 이대로는 더 살지 않겠다는 의지인가?[27]

역설적으로 존재감 없이 살아가던 처는 자살이라는 극단적 선택을 통해 자기 존재를 알린다. 남편의 입을 통해 터져 나오는 "첩의 정은 삼 년이요, 본처 정은 백 년"이라는 절규는 그 방증이다. 죽음이라는 극단적 대응만이 내 억울함으로 대신할 수 있다는 약자로서의 극단적인 선택이다. 이렇게는 살지 않겠다는 의지다.

첩 소재 노래 가운데는 처가 분노하여 극단적 자살을 선택하기

---

25) 강진옥, 앞의 글.
26) 분노는 강력한 주체적 자의식을 반영하는 감정이라고 할 수 있다.
27) 이를 강진옥은 자기부정을 통한 역설적인 자기인식이라고 한 바 있다. 강진옥, 앞의 글.

도 하지만 남편에게 직설적인 저주를 퍼붓는 유형도 존재한다. 이 노래는 처를 두고도 장가를 가는 남편을 향하는 말로 진행된다. 아들딸 두고도 첩을 들여서 후실 장가를 가겠다는 남편에게 저주의 말을 퍼붓는다.

> 말아시오 말아시오/요번장개 말아시오
> 뭣이기리버 갈라하요/하늘겉은 부모두고
> 온달겉은 댁을두고/반달겉은 첩을두고
> 앵두겉은 딸을두고/구실겉은 아들두고
> …중략…
> 요번장개 말아시오/장개질이나 채리가주
> 삽작걸에 나가거던/장때미니 빨리주소
> 한모랭이 돌거들랑/요시짐승 진동하소
> 두모랭이 돌거들랑/간지짐승 진동하소
> 어허불상 아부님요/잃었도다 재쟁이요
> 어라이놈 물렀거라/산짐승이 어디란가
> 시모랭이 돌거들랑/말다리나 부러지소
> 행리청에 들거덜랑/사모관계 뿌사지고
> 점슴상을 받거들랑/수저분이 뿌러지소
> 지역상을 받거들랑/서이께는 앉고 접고
> 앉어께는 눕고접고/눕거들랑 아무가고 영가시오28)

처는 후실 장가겠다는 남편에게 말한다. "뭣이기리버 갈라하요/하늘겉은 부모두고/온달겉은 댁을두고/반달같은 첩을두고" 남편은 이미 모든 것을 갖추고 있다. 그런데 다시 첩을 들이겠다고 한다. 참다못한 처는 장가가려는 남편에게 저주한다. 저주는 아주 구체적이다. 구체화한 저주를 통해 남편을 향한 극도의 분노가 표출되고 있다. 분노는 처의 강력한 위기의식이자 생존의식이다. 처는 모든

---

28) 『한국구비문학대계』 7-4, 514-517면.

것을 소유하고도 또 첩을 들이겠다는 이기적 욕망에 강력하게 분노하고 있다.

이 유형의 노랫말이 각별한 것은 노랫말 속 처의 반응이 매우 극단적이며 격렬하다는 점이다. 다른 유형과는 달리 극에 달한 분노의 감정과 심리상태를 그대로 보이면서 거침없이 욕설을 퍼붓고 저주한다. 이러한 거침없는 말과 행동은 이 노래를 부르던 여성의 처지를 대변하면서 부르는 순간 통쾌함을 주었을 것이다.[29] 지금 여기서 묵묵히 일상을 유지하며 사는 '나'를 인정해주지 않는 이기적인 욕망에 사로잡힌 남편에 대한 분노, 나와 함께 있어야 할 내 편이 나 아닌 누군가에게 온통 마음을 빼앗기고 있다는 배신감과 상실감이 직설적이고 극단적인 말로 쏟아져 나오고 있다.

첩을 소재로 한 노래 가운데는 처의 극도의 감정적 흥분상태와 예민한 심리적 반응[30]만 나타나는 것은 아니다. 첩을 당연하게 수용해야 하는 현실에 대한 저항도 자리한다. 동시에 회복 불가능한 현실에 대한 절망도 엿보인다. 첩을 소재로 한 노래는 첩에 대한 적대감, 남편에 대한 분노, 저항과 절망 등 다양한 감정과 심리적 복잡성이 포착된다.

이러한 복잡성을 근거로 살펴볼 수 있는 노래가 <큰어머니> 노래이다. 첩 소재 노래 가운데 극도의 분노를 극적으로 표현하고 있는 것도 <큰어머니> 노래이고, 처의 복잡한 심리적 변화를 포착할 수 있는 것도 <큰어머니> 노래이다. 노랫말의 마지막 부분도 다른 노래에 비해 다양한 결말로 나뉘는 양상을 보인다.

---

29) 강진옥, 서영숙, 길태숙 모두 같은 견해를 보인다.

30) 강진옥, 「여성 서사민요에 나타난 관계양상과 향유층의 의식」, 『한국고전여성작가연구』, 태학사, 2000, 478-489면.

2.2. 첩을 찾아가다 → 첩을 보고 마음이 변하다

<큰어머니> 노래에 나타나는 처는 남편을 애타게 그리워하다 결국 분노하게 된다. 처의 분노는 남편을 향하지 않는다. 노랫말에는 남편을 앗아간 첩에 대하여 분노가 나타난다. 오늘날의 시각에서 보자면 처가 느끼는 분노의 일차적 책임은 명백히 남편에게 있다. 그러나 노래 속 처는 남편이 아니라 첩을 향해 분노하고 있다. 그 분노를 참을 수 없어 큰 칼을 품고 첩 집을 향한다.[31]

> 행주치말랑 덜치 입고/새북바람 찬바람에
> 논뜰밭을 쫓아가니/이구겉은 첩년보소
> 꽃자리를 피털치며/여만지소 저만지소
> 어라요년 물리쳐라/꽃자리가 내자리가
> 꺼적대기가 내자리지/은소루배는 담배 담고
> 놋소루대는 불떠담고/화주설댈랑 뻗쳐놓고
> 크다크다 큰어마님/담배한대나 잡으시오
> 에라요년 물러쳐라/놋소루배기가 내불이가
> 속소루배가 내불이지/은소루배가 내담배가
> 박쪼가리가 내담배지/갈래갈래 나는갈래
> 우러집에 나는갈래/크다크다 큰어머니
> 이왕지사 오시건든/하룻밤만 유해가소 … 이하 생략[32]

얼마나 긴박하고 급박한 상황인가. 행주치마를 그냥 두른 채 새벽바람을 가르며 논밭을 지난 한걸음에 첩의 집을 향하고 있는 첩의 모습이 생생하게 묘사되고 있다. 당장이라도 어떻게 해 볼 심산으로 찾은 첩의 집이다. 그런데 행주치마 걸치고 새벽 찬바람을 가

---

31) 남편에 대한 애타는 그리움이 첩에 대한 분노로 이어지고 있다는 점은 이 노래 속 화자의 의식이 원초적 욕망(질투)에 근거하고 있다는 증거이자 동시에 남성적 이데올로기에 포섭된 타자적 정체성을 함의하고 있다는 점을 암시하는 것으로 해석할 수도 있겠다.

32) 『한국구비문학대계』 7-5, 340-343면.

르고 한걸음에 달려간 처는 첩 집을 들어서자 멈칫한다. "쫓아가니" 다음에 이어지는 "이구같은 첩년"에서 처의 분노는 순간 변곡점을 보인다.

첩은 새벽에 들이닥친 처를 보자 "크다크다 큰어머니"를 연발하며 꽃자리를 내놓고 담배도 내놓는다.[33] 극도의 분노를 품고 찾아간 처와 대조가 되는 첩의 태도는 인상적이다. 칼을 품고 찾아간 처를 첩은 아양과 환대로 대응한다.

이러한 첩의 대응과 환대에 대해 큰어머니는 "꺼적대기가 내자리지", "속수루배가 내불이지", "박쪼가리가 내담배"라며 자조적 탄식을 할 뿐이다. 노래 초반의 극도의 분노로 기세 당당하게 첩 집을 찾은 당당함은 사라져 버렸다. 요란스러운 첩의 환대 앞에 처는 "에라요년 물리쳐라"라며 애써 이를 외면할 뿐이다. 칼을 품고 찾아간 자의 대응이라고 하기엔 석연치 않은 태도가 아닐 수 없다. 요란스러운 첩의 환대는 초라한 처의 행색과 대비되면서 읽는 이를 더욱 난감하게 만든다.

그러나 끝까지 당당함을 잃지 않으려는 듯 처는 "에라요년 물리쳐라"를 반복하며 큰소리치며 첩에게 의연함을 보이고자 한다. 그럴수록 첩은 "이왕지사 오시건든/하룻밤만 유해가소"라며 적극적으로 처를 붙잡는다. 첩의 집을 찾은 처는 이 과정을 통해 심적 변화를 겪게 된다. 남편을 빼앗아간 첩을 응징하려고 온 처는 첩의 적극적인 환대에 넋이 나간다. 헛기침하며 "물리쳐라"를 연발하지만

---

33) 여기서 주의해서 보아야 할 것은 이 노래가 누구의 시각에서 불리는가이다. "이구같은 첩년 보소"라는 부분에서 알 수 있듯이 이 노래는 처의 시각에서 불리고 있다. 그런데 처의 시각에서 불리는 노래에 등장하는 첩의 태도를 주목할 필요가 있다. 노래 속 첩의 행동은 실제의 행동이라기보다는 조강지처인 큰어머니 대접을 받고 싶은 처의 바람일 수도 있다.

상대적으로 초라한 자기 행색을 인식하면서 위축되고 있다는 인상을 지울 수가 없다.

노랫말을 통해 나타난 정황을 정리하자면 본처는 사랑하는 남편을 첩에게 빼앗겼고 그 분함을 이기지 못해 남편이 밤낮으로 찾아가는 첩의 집을 찾았다. 그런데 그 첩은 큰어머니 오셨다면서 야단스럽게 환대한다. 첩은 처에게 하룻밤 유해가라고까지 잡아끌며 권한다. 처는 물러라고 큰소리치지만, 자신의 초라한 행색과 첩을 비교하기 시작한다. 마침내 처는 첩의 환대를 마다하고 집으로 돌아가겠다고 한다.

노래 속에서 첩을 찾아가는 처의 행동은 내 것을 빼앗겼다는 상실감과 분노로 시작된다. 이 극도의 분노는 첩을 만나는 순간 달라진다. 이 변화는 첩의 요란스러운 환대와 외적인 아름다움으로 촉발되는 것처럼 보인다. 큰어머니라며 야단스럽게 환대하는 첩의 극진한 태도는 처(여자)가 보아도 그럴 만하다 여겨지도록 아름답다. 처는 노래 초반에 보였던 분노를 잊어버린다. 전의를 상실하는 듯도 보인다. 그제야 행주치마를 그대로 둘러차고 한걸음에 달려온 자신의 모습을 돌아본다.

참을 수 없는 분노와 울분으로 어떻게 해 보고 싶었던 첩이었다. 막상 그를 대면하고 보니 아름답고 예의 바르기까지 하다. 큰 칼을 품고 찾아올 만큼 미웠지만 실제로 그를 대하고 보니 그 마음이 누그러진다. 반면 성이 나서 한걸음에 달려왔던 처와는 대조적으로 첩은 안정적이며 차분하다. 이 대조적인 양상을 노랫말에 담은 이유는 무엇일까? 처의 격렬했던 말이 사라지고 첩을 형상화하는 말과 자신의 초라한 행색을 대조하는 말들을 어떻게 해석해야 할까?

이 변화를 노래하는 자와 노래 듣는 자, 노래를 향유했던 자들은 어떻게 받아들이고 있는 것일까?

> 앉거라 그래보자/서거라 봉채보자
> 눈썹자리 볼짝시면/눈매전은 시부실로 기린것네
> 눈썹자리 먼실로 탱눈겄네/처배귀가 두만남아
> 정지구석 여련할사/임모습이 두만남아
> 방구석이 여련할사/여자눈이 조만할사
> 군자눈에 여련할사... 이하 생략34)

> 그반절바라 내가왔나/임볼라고 내가왔다
> 눈꾸식이 조헐거등/방꾸식이나 이런하나
> 잇바디가 조렇거등/둑바디가 이런할까
> 입모십이 조렇거등/빗모심이나 이런할까
> 여자눈에 조렇거등/남자눈에는 이런할까... 이하 생략35)

처는 '여자 눈에도 저리 고운데 남자 눈에는 어떨까'라는 데까지 이른다. 애정을 다투는 경쟁적 관계에서 분노는 어찌할 수 없지만, 여성인 내 눈에 보아도 그럴 만한 아름다움 앞에 처는 그럴 만하다고 말한다. 척박한 생활 전선에서 아웅다웅 살아온 처와 달리 첩의 행색은 비현실적으로까지 보인다. 남성의 욕망을 만족시킬 매력으로 무장하고 있다. 극진한 대접과 야단스러운 응대, 아름다움. 자신이 속한 현실 반대편에 자리한 그가 보이는 매력은 인정할 수밖에 없다. 현재의 '나'와는 다르다. 남편 욕망에 맞춰 만들어진 대상36)이다.

---

34) 『한국구비문학대계』 7-4, 405면.

35) 『한국구비문학대계』 7-8, 187면.

36) <진주낭군>이나 <후실장가>와 같은 노래 속에서 첩은 목소리 없는 존재로 등장하기도 한다. <진주낭군>에 등장하는 기생첩은 단지 남편과 잔을 주거니 받거니 하는 소품처럼 등장한다. 노래의 어디에서도 첩의 목소리는 들을 수 없다. <후실장가>에 나타나는 첩 역시 남편의 욕망을 충족하기 위한 존재로 등장할 뿐이다. 두 유형의 노래에 등장하는 첩은 남편의 욕망을 위해 존재하는 사물 혹은 욕망의 소모품처럼도 보인다.

<큰어머니> 노래의 도입부는 남편을 빼앗겼다는 상실감과 분노로 출발하여 도저히 이렇게 살 수 없다는 의지로 이어진다. 큰 칼을 품고 첩의 집을 찾아간다. 막상 첩을 만나면서 그 분노의 감정은 변곡점을 맞는다. 자신을 큰어머니로 환대하는 첩의 행동을 보며 오히려 '내 눈에 저런데 남편 눈에는 오죽하겠느냐'라고 말한다. 남편의 시각에서 첩을 바라본다.

이러한 시선에서 복잡한 의식이 발견된다. 이 단순하지 않은 의식의 기저에는 남성 욕망에 길든 타자적 욕망이 자리한다. 남성에게 사랑받을 만한 여성이라는 남성 중심 이데올로기가 만들어낸 망상이다. 남성 욕망에 포섭된 타자적 욕망이 그 분노의 감정을 희석한다. 타자적 욕망을 내면화하며 살아온 처는 바로 그 타자화된37) 의 시선으로 그를 바라보게 된다. 이 지점에서 처는 비로소 분노해야 할 대상이 첩이 아니라 남편이라고 인식했을지 모른다.

자신을 분노하게 한 것도, 자신에게 억울함을 만들어 준 것도 모두 남편의 이기적 욕망을 합법화한 세계가 만들어준 사실에까지 그 인식이 도달했는지도 모른다. 이러한 심적 변화의 실체는 이후 노랫말을 통해 뚜렷하게 나타나지는 않는다. 행간을 통해 상상할 뿐이다.

2.3. 집으로 돌아오다 → 탄식하다, 자결하다, 첩 죽은 소식을 듣다

처의 심적 변화는 그러나 첩을 포용하거나 끌어안는 행동으로 이어지지 않는다. 처는 첩의 적극적인 화해의 몸짓을 뿌리치고 다시

---

37) 남성적 자아를 내면화한 타자적 주체로서의 정체감.

집으로 돌아간다. 많이 잡수시고 먹은 마음 풀어 놓고 가라는 적극적인 첩의 권유에도 처는 마음을 열지 않는다. 그리고 집으로 돌아온다. 다시 돌아온 집은 탄식의 공간이다.

> 꽃방석을 옆에놓고/여앉이소 여앉이소
> 외씨겉은 젯이밥에/앵두같은 팥을놓고
> 한푼두푼 돌나물에/자반자반 집어놓고
> 덜컥받아 나물을/자반자반 집어놓고
> 제발적선 비름나물/자반자반 집어넣고
> 크다크다 큰어머니/많이많이 잡수시고
> <u>먹던맘을 한된맘을/이자리에 풀오놓고</u>
> <u>모든것을 직으러갔든길/집에돌어 와서보니</u>
> <u>어린아이 젓달라고 울고있고/서애나는 어린애기</u>
> <u>밥달라고 울고있고/보름새 명주는 밍에걸다 놨는것이[38]</u>

먹은 마음 풀어놓고 가라는 첩의 권유를 뿌리치고 집에 오니 처를 기다리고 있는 것은 젖 달라고 울고 밥 달라고 우는 아이들 그리고 밤낮없이 짜내야 하는 명주뿐이다. 첩의 집을 찾아갔지만 결국 처가 얻어낸 것은 없다. 집으로의 귀환 이후 처를 기다리고 있는 것은 냉혹한 현실이다. 그리고 처는 그 현실을 다시 살아야만 한다. 돌이킬 수 없는 현실을 받아들여야만 하는 화자는 그저 탄식할 뿐이다.

이렇게 냉혹한 현실을 그대로 재현해주는 결말과는 달리 집에 돌아온 이후에도 하염없이 남편을 기다리다가 그 그리움으로 죽음에 이르는 처의 모습이 재현되기도 한다.

---

38) 『한국구비문학대계』 7-18, 614-615면.

논둘밭을 뛰어와서/비렁박을 임을삼고
앉아스니 님이 오나/누워스니 잼이오나
강생이가 콩콩 짖어/임오는가 내다보니
강생이도 날색이네/대문고리 달각거라
임오는가 내다보니/대문고리 날색이네
가랑잎이 바삭거려/눈물흘려 갱이됐네
기우한쌍 오리한쌍/쌩쌩이도 뜨디로미
이기우야 이오리야/대동강도 있건만은
대동강에 떠디로다/눈물강에 놀기좋아 띠디로네
부고왔네 부고왔네/둥너메로 부고왔네
눌로해서 죽었겠소/날로해서 죽었겠지
받은밥상 밀치놓고/버선발로 뛰어가서
한손으로 받은부고/두손으로 띠어보니
죽었다네 죽었다네/큰어무이 죽었다네[39]

앉아 있으면서도 누워 있으면서도 오지 않는 임을 기다리고 있는
화자는 개 짖는 소리, 대문 고리 달각거리는 소리, 가랑잎 바삭거리
는 소리에도 촉각을 곤두세우고 있다. 그렇게 마음을 졸이며 임이 오
기를 기다리지만 결국 그 길고도 지루한 그리움 끝에 결국 처는 죽
고 만다. 이러한 애처로운 처의 죽음은 "부고왔네, 부고왔네" 화자
목소리가 교체되고 서술자 시각이 전환되는 대목이 갑자기 이어지면
서 알 수 있다. 처의 부고를 받은 것은 다름 아닌 첩이다. 받은 밥상
을 밀치고 버선발로 뛰어가 부고를 받은 첩은 "날로해서 죽었겠지",
"큰어무이 죽었다네"라고 탄식하며 처의 죽음을 말하고 있다.[40]

이와는 정반대의 상황이 펼쳐지는 노랫말도 있다. 첩의 부고를
받고 기뻐하는 처의 모습이 나타나는 경우도 있다.

---

39) 『한국구비문학대계』 7-4, 403-407면.
40) 이 부분의 시각이 남편으로 전환되는 자료들도 여러 편 있다. 여기에서는 남편의 자탄과 후회
가 이어진다.

편지왔네 편지왔네/어디께서 편지왔는가
서울에서 편지 왔네/앞문으로 받어딜에
<u>뒷문에서나 피어나봉께/시앗죽은 편지로세</u>
<u>괴게에도 쓰던벱이/소금에도 담도다다</u>
소상때나 갈랬더니/춤추니라고 내못갔네[41]

시앗 죽은 편지를 받아든 처의 심정은 '고기반찬에도 쓰기만 했던 밥이 소금에도 달기만 하다'라는 것으로 압축된다. 춤을 추느라 소상에도 못 갔다는 솔직한 처의 심정이 가감 없이 노래를 통해 그대로 나타나고 있다. 이러한 처의 거침없는 말과 행동은 그럴 만하다고 첩을 바라보았던 노래 중반부 시선과 충돌하는 모습이기도 하다. 그럴 만하지만, 그와는 공존하거나 연대하고 싶지 않다는 강력한 의지의 표명이다.

상실감과 분노로 찾아간 첩의 집, 거기서 만난 아름답고 상냥한 첩, 첩의 만류를 뿌리치고 돌아서 집으로 돌아오고 마는 처, 돌아온 집에서 펼쳐진 현실을 그저 황망하게 바라보며 탄식하는 처, 아무리 기다려도 오지 않는 남편을 하염없이 그리워하다 죽음에 이르는 처, 그의 사랑을 결코 포기할 수 없어 첩의 죽음을 상상하며 내심 기뻐하는 처, 이 모든 장면들은 처의 심리적 변화의 과정을 그대로 보여주고 있다. 첩에 대한 분노, 남성 욕망에 의해 포섭된 여성 욕망, 자신과 같은 처지의 타자에 대한 이해 그러나 도저히 포기할 수 없는 남편에 대한 사랑… 결코 단순하지 않은 욕망과 감정, 생각들이 노래를 통해 서로 얽히고설키면서 재현되고 있다. 이를 통해 갈등과 타협의 경계를 끊임없이 서성이던 의식의 변주를 가감 없이 보여주고 있다.

---

41) 『한국민요대전』 전라남도민요해설집 75면.

3. 노래에 나타난 첩 형상의 의미

<큰어머니> 노래에 등장하는 첩은 처를 극진히 대접한다. 본처가 칼을 품고 새벽바람을 가르며 찾아가지만, 첩은 처를 '큰어머니'라며 극진히 환대한다. 심지어 "가지마소 가지마소", "자고가소 자고가소"라면 처를 붙잡기까지 한다. 노래 속 첩은 본처를 환대하고 처에게 갖은 아양을 부린다. 다른 장르에서 등장하는 첩이 남편의 사랑과 그 권력을 차지하기 위해 처와 치열한 경쟁 관계를 벌이고 처에게 위협을 끼치는 것과는 달리 노래 속 첩은 대부분 처를 적극적으로 환대하는 모습으로 등장한다. 자신이 첩이라는 점을 명확하게 인식하고 있다.

> 님은 낮으로는/둥너매 첩을 두고
> 밤으로는 자로가고/낮으로는 놀러 가고
> 행주치매 들치입고/더벅머리 겉어치고
> 큰칼라서 손에들고/작은칼은 품에품고
> 휘틀휘틀 첩의집에 찾아가서/대문열고 들어서니
> 지비겉은 지집년이/방석방석 꽃방석을 비티리고(깔아놓고)
> 크다크다 큰어머니/여앉으소 저앉으소
> 지비겉은 지집년이/나비같이 절을하니
> 요내눈에 이러한데/님의눈에 어찌할까
> 어찌녁에(어제저녁에) 했는 술을/얼시구나 다하나 걸러서
> 잡으시오 잡으시오/이술한잔을 잡으시마
> 주먹같이 맺힌 마음/맹세같이도 풀립니다 … 이하 생략[42]

제비 같은 모습으로 처의 앞에 서서 나비처럼 절을 하는 첩은 처에게 술을 권한다. 이 술 한 잔 잡으시면 주먹같이 맺힌 마음이 한

---

42) 한국학중앙연구원, 『한국민요대관』, 691-692면, <첩 타령> 경상북도 김천시 농소면 봉곡리.

순간 풀린다는 것이다. 처의 시각에서 첩을 말하고 있던 서술자의 시점은 다시 "잡으시오 잡으시오"라는 첩의 말을 통해 처에게 다가 간다. 첩은 처에게 술로 모든 마음을 풀고 가라고 권하고 있다. 이처럼 <큰어머니> 노래 속에 등장하는 첩은 언제나 아름답고 사랑스러우며 친절하고 애교 넘치는 대상으로 등장한다.

> 첩으집에 놀러가니/제비겉은 날싼년이
> 나부납작 절을하네/크다크다 큰어마시/
> 꽃방석을 퍼뜨리면/사방석을 펴뜨리면/
> 크다크다 큰오마시/여앉으소 저않으소
> 꽃방석도 나아싫다/사방석도 나이싫다
> 썩은제비가 지잭이다/은다리비 불피우고
> 허나재기 담배담고/진댐뱃대나 잡으시소
> 진댐뱃대 어라싫다/곰방대가 지적이다
> 딜다보세 딜다보세/첩으정지 딜다보세
> 첩으정지 딜다보니/은솥이야 놋솥이야/줌줌이도 걸릿구나
> 은그륵 녹그륵/불불이도 얹힜구나
> 은순가락 놋숟가락/단다애도 얹힜구나
> 딜다보세 딜다보세/첩으방에 딜다보세
> 첩으방에 딜다보니/여얼두폭 깨민이불
> 니목반자 은자놓고/원앙침 잡비게를/비는듯이 널치놓고
> 새별같은 꽃요강을/팔치만창 미라놓고
> 크드크드 큰어마시/가실라이면 아롱다롱
> 걸궁말큼 타고가소/담요를 깔고가소…이하 생략[43]

한편 노래를 통해 등장하는 호사스러운 첩의 세간은 참으로 인상 적이다. '은솥이야 놋솥이야, 은그릇 놋그릇, 은숟가락 놋숟가락, 열두 폭 이불, 원앙침' 등 첩이 누리고 있는 호사스러운 세간에 대한 묘사가 끝없이 이어지고 있다. 현실의 눈으로 노래를 읽어나가게

---

43) 『한국구비문학대계』 7-16, 245-248면.

되면 노래 속 첩의 정체는 현실적이지 않다는 것을 알 수 있다. 조선 후기 평민의 삶이 어떤 것이라는 것을 염두에 둔다면 더욱 그러하다. 노래 속 등장하는 첩의 행색이나 세간의 모습은 지배층이라야 가능할 것이라 보이기 때문이다. 더욱이 조강지처인 처와 대비되는 첩의 살림이 이러하다는 것은 상식적으로 납득할 수 없다.

과연 이것들이 실제 첩들이 누렸던 것들일까? 부를 축적한 평민 남성들이 조강지처가 아닌 첩에게 이 모든 것을 허락하는 것이 가능하기나 한 일이었을까? 물론 극소수 일부에서 그런 일이 있었을 수 있고 아주 드물게 그런 경우가 있었을지 모르지만 분명 보편적인 일은 아니었을 것이다.

노래 속에 등장하는 첩은 현실의 모습이 아닐 수 있다. 이는 오히려 첩에 대한 처의 강박관념이 만들어낸 과장된 모습일 수 있다. 평민 남성이 부를 축적하며 살았다고 할지라도 노래에서 보이는 첩에게 일방적으로 쏠린 호사는 사실이라기보다는 처의 감정적 억울함을 대변하기 위한 수사적 장치라고 보는 것이 자연스럽다.

노래 속 첩은 처의 시각에서 형상화된 전형화 된 모습으로 나타난다. 지배층의 유산이자 남성 욕망의 산물인 첩은 평민 여성 시각에서 노래에서와 같은 형상으로 전형화시킬 수밖에 없는 대상이고 이러한 전형화를 통해 지금 여기에 사는 나의 억울함, 분함, 절박함을 효과적으로 전달하고 있다.

동시에 노래를 통해 보이는 첩의 극진한 대접은 큰어머니 조강지처로서의 위상에 대한 확고부동한 의식에 근거한 것이라 할 수 있다. 가족 내에서 큰어머니로서의 위상을 확고히 하고자 했던 향유층 의식을 강력하게 드러낸 것이다. 이러한 처의 자존의식은 노래를 통해 언제나 명확하게 나타난다.

> 큰어마니 큰어마니/이술한잔만 받으시오
> 이술한잔 받으시고/시간전답을 반분합시다
> 에라요년 요망하다/가래나잡어서 찢을년아
> 하늘같은 가장을 준께/시간전답도 너를줘야[44]

술을 권하며 세간 전답을 반분하자는 첩에게 "가래나잡어서 찢을년아" 욕설을 해가면서 "하늘같은 가장을준께/시간전답도 너를 줘야" 강력하게 대응하고 있다. 노래 속 처와 첩의 대화를 통해 알 수 있는 것은 공존할 수 없지만 공존해야만 하는 그들의 운명이다. 하늘 같은 남편을 가져갔으면서 세간 전답까지 반분하자니 처는 기가 막힐 노릇이다. 첩 처지에서 보면 자연스러운 요구일 수도 있다. 남편을 공유한 여성으로서, 가족의 일원으로서 요구할 수 있는 요구이기도 하다. 그러나 처는 첩의 제안을 일축한다.

첩(대상)에 대한 처의 마음은 <큰어머니> 노래 전편을 통해 다양하게 나타난다. 노래의 시작은 상실감과 분노로 출발한다. 그 분노는 남편을 앗아간 첩에게로 향한다. 그러나 첩을 대면한 처는 극진한 첩의 응대와 아름다운 모습에 멈칫하게 된다. 분노의 대상이 아니라 그럴 만한 대상으로 선회하는 순간이다. 첩의 권유와 처의 물리침이 반복되는 장면은 처와 첩이 공존하거나 연대할 수 있을지도 모른다는 가능성을 엿보게도 한다. 그 과정에서 첩에 대한 분노는 다른 감정들과 중첩되면 복잡성을 띠게 된다. 그러나 집으로 돌아온 처는 죽거나 탄식하거나 첩의 죽음을 기뻐하는 등 다양한 방식

---

44) 『한국민요대전』 전라남도민요해설집, 위의 자료.

으로 여전히 첩에 대한 유보적인 자신의 심리적 상태를 드러낸다. 노래하는 창자가 선택하는 마음의 향방대로 노래 속 처는 죽기도 하고 탄식하기도 하고 보상받기도 한다. 이러한 각기 다른 결말의 양상은 갈등과 타협의 경계에서 서성이는 향유층 의식이기도 하다.

4. 갈등과 타협, 그 경계를 서성이며

첩을 용인하는 일은 처가 꿈꾸어왔던 남편과의 낭만적 사랑에 대한 포기이며 축첩제도가 허용되는 사회의 질서를 수용하겠다는 사회적 자아의 순응을 함의한다. 그 순응의 현실에 대해 처는 분노한다. 그 분노는 강력한 자의식으로부터 출발한다. 온전한 내 것이어야 하는 그를 공유해야 한다는 원초적이고 본능적인 거부감이기도 하다. 그러나 처는 내 눈에도 저러한데 하는 또 다른 시선으로 첩을 바라보게 된다. 원초적이고 본능적 자아로서는 도저히 인정할 수 없는 그 대상에 대해 스스로 내면화해 온 감염된 욕망의 시선으로 바라보기 시작한다. 그러면서 정서적 자아가 수용할 수 없는 현실을 다시 끌어안아야 할 현실로 인식하기 시작한다. 타협 불가능한 상황에서 생존해야 한다는 인식에 도달하면서 자신의 사회적 위상과 그의 위상에 대해 고민하며 사회적 자아의 시선으로 그를 바라보게 된다. 노래를 통해 나타나는 심적 변화의 모습은 바로 이러한 점들을 말해 주고 있다.

노래 초반에 여성 화자는 처와 첩이라는 위계적 위상보다는 남편을 독점하는 문제에 더 많은 관심을 보인다. 그러나 노래가 진행되는 과정을 통해 인정하지 않을 수 없는 현실과 그 현실에서 첩을 어떻게 수용해야 할지 갈등한다. 갈등은 남편의 이기적 욕망을 수용하는 데까지 나가지는 않는다. 처는 끝까지 유보적인 태도를 유지한다. 첩의 적극적인 타협의 요청이나 가족으로서 인정해달라는 요청에도 처는 끝까지 답하지 않는다. 첩의 적극적인 소통을 위한 몸짓, 변화하여 흔들리고 있는 내적 동요, 그러한 동요와는 상관없이 여전히 타협을 유보하고 있는 처, 이러한 심리적 대립 구도와 극적인 긴장감이 <큰어머니> 노래를 이해하기 위해 눈여겨 보아야 할 해석의 지점이다.

노래의 현장에서는 그 어떤 누구도 첩의 처지에서 노래하지 않는다. 모두 처의 입장에서 노래한다. 처의 입장에서 부르는 노래를 통해서 나타나는 변화와 머뭇거림을 통해 <큰어머니> 노래에 담긴 생생한 목소리와 만나게 된다.

<큰어머니> 노래에 나타나는 처의 행동은 감정적인 대응으로부터 출발한다. 그러다 이러한 감정적인 반응은 첩을 대면하면서 변화하게 된다. 그 변화의 지점에는 원초적이고 본능적인 욕망과 남성적 욕망을 내면화해온 사회적 욕망 간의 충돌이 벌어진다. 그러면서 여성 화자는 현재의 내 사회적 위상을 기저로 하면서 나오는 다른 입장의 타자를 바라볼 수밖에 없게 된다. 이 지점에서 공존과 연대를 위해 무엇을 어떻게 해야 할 것인가에 대한 고민이 살아나기 시작한다. 이 고민은 처의 말을 통해 직접 표현되는 것이 아니라 처의 행동과 심적 변화, 첩의 행동을 통해 자연스럽게 재현되는 말들을 통해 읽히고 있다. 바로 그런 의미에서 <큰어머니> 노래에 나타나고 있는 처의 심리적 변화 과정을 추적하는 작업은 의미 있다. 심리적 변화의 과정을 그대로 보여주는 것으로 남성 욕망이 만

들어낸 여성적 삶의 한계를 자각하고 이에 어떻게 대처해야 하는가에 대한 고민을 말하고 있기 때문이다.[45]

노랫말 속 처는 첩을 경쟁자라고 인식하지만, 갈등의 근원적 원인 제공자라고 여기지 않는다. 대신 그 경쟁적 갈등 관계를 근원적으로 누가 만들고 있는가에 대한 인식에 도달한다. 이러한 인식은 <후실장가>에 등장하는 본처의 목소리를 통해 가장 잘 나타나고 있다. 남편에게 죽음을 저주하는 본처의 목소리에서 남성 중심 사회가 용인하는 비틀린 욕망에 대한 분노가 발견된다. 무엇이 부족해서 후실 장가를 가냐는 본처의 목소리를 통해 남성의 이기적 욕망을 질타한다.

깍듯하게 본처를 대접하고 환대하는 첩의 모습은 첩을 바라보는 처의 시각을 역설적으로 반영한다. 처를 환대하는 노래 속 첩의 모습은 이미 타협과 연대의 가능성을 열어놓은 처의 시각을 보여준다. 본처가 화자가 되어 부르는 노래 속의 첩은 갖은 아양을 부리면서 처를 환대하고 그들의 마음을 사려고 한다. 처가 불렀던 노래 속 첩들은 대부분 자기 목소리가 거세된 존재, 남편의 소모품처럼도 보인다.[46] 처의 시각에서 본 첩은 남성의 소모품으로서 소진될 수밖에 없는 운명적 존재다.

노래 속 처의 태도와 행동, 첩의 형상과 행동을 통해 알 수 있는 것은 남성 중심 사회 속에서 자각하고 있던 평민 여성의 자기 존재감이다. 첩 소재의 노래를 불렀던 평민 여성들은 노래 초반에는 처

---

45) 많은 자료가 집으로 돌아가는 처의 모습을 담고 있다. 그러나 각편에 따라서는 자발적 죽음의 선택을 통해 남성 욕망에 저항하는 결연한 의지를 내보이기도 하며 첩의 부고를 듣고 통쾌해하는 모습이 나타나기도 한다. 이러한 양상은 노래를 부르는 창자들의 개별적 의식을 반영하는 부분이라고 할 수 있다.

46) <진주낭군>에 등장하는 기생첩이 대표적이 예이다.

와 첩이라는 위계적 위상보다는 남편을 독점하는 문제에 더 많은 관심을 보이지만 노래를 진행하면서 첩과 구별되는 자기 사회적 존재의 의미와 위상을 말한다.

첩을 소재로 한 여성 노래에 나타나는 이 간단하지 않은 처의 심리적 변화는 타자로서 살아야 했던 조선 후기 여성들의 자존감을 반영한다. 이 자존의식은 여전히 첩과의 화해를 거부하는 유보적 태도를 유지한다. 어떤 권유도 응하지 않고 '물리쳐라'를 일방적으로 쏟아놓는 처의 모습은 여전히 너와는 다른 존재로서 나의 우위를 각인하고자 하는 의식이라고도 읽힌다. 나와는 다른 존재로의 구별 짓기다.

<큰어머니> 노래를 통해 진행되는 서사적 전개를 통해 조선 후기 여성이 직면했던 가장 어렵고 힘든 상황이 무엇이었으며 그 상황에서 여성이 어떻게 반응하고 있는가를 살펴볼 수 있었다. 극도의 긴장감으로 갈등할 수밖에 없는 상황에서 타협하고 연대해야 했던 상황을 그대로 보여주고 있는 노래는 그래서 가치가 있다. <큰어머니> 노래에는 순응과 저항의 경계에서 자존감을 끝까지 놓지 않고자 했던 여성의 강력한 주체적 의지가 그대로 전달되고 있다. 중첩되는 감정을 그대로 재현함으로써 가장 효과적으로 자신이 처한 상황을 말하고 있다. 이것이 <큰어머니> 노래를 통해 전하고자 했던 말로만으로는 다할 수 없는 말이다. 틈과 경계를 서성이는 여성의 말들, 그것이야말로 척박하게 살아야 했던 그들의 강력한 주체적 자의식을 방증하는 것은 아닐까?

제3장
탄식과 원망, 경계에 선 정체성
- <흥글소리>를 중심으로 -

1. 〈흥글소리〉에 주목하는 이유

<흥글소리>라는 노래가 있다. 이 노래는 말 그대로 흥얼거리는 소리다.[1] 전라도 지역 여성들이 주로 부르던 <흥글소리>는 결혼한 여성의 신세 한탄이 노랫말로 담겨 있다. 노랫말에 남아 있는 감정과 생각은 산문이나 이야기와 달리 일정한 선율과 리듬에 맞춰서 표현해야 하는 형식상의 한계를 지닌다. 그런데 <흥글소리>는 그런 노래로서의 표현의 한계를 넘어선다. <흥글소리>는 속내를 드러내는 노래이자 말이기 때문이다.

노랫말로 흘러나오는 신세 한탄과 탄식의 말들은 비슷한 말들이 단조롭게 반복되는 것처럼 보인다. 그러나 노랫말에 등장하는 화자의 쏟아지는 말의 틈새를 자세히 들여다보면 말로 채 소화되지 못한 상처와 기억들이 뒤엉겨 나타난다. 누군가의 속사정, 굴곡 많은 개인사와 그 시절 그만이 느끼고 감내했던 생각과 감정들이 두서없

---

1) 김혜정, 「전남지역 흥글소리의 음악적 구조와 의미」, 『한국음악연구』 제24집, 79면.

이 쏟아져 나오고 있다는 인상을 받는다. 노랫말 속 화자는 자신을 둘러싼 외적 환경과 대결구조를 이루면서 비체로 존재할 수밖에 없었던 자기 상황에 대해 탄식한다. 분노하기도 하고 원망하기도 하며 체념하는 듯 읊조리기도 한다. 같아 보이지만 결코 같다고 할 수 없는 차이의 감정들이 포착된다.[2]

노랫말이 전하는 생각과 감정을 해석하고 설명하려는 시도가 있었지만, 누군가의 감정과 생각 그리고 차이에 대해서 일반화하여 이야기한다는 것은 위험한 일이다. 흔히 연구자들이 범하는 해석의 오류이자 권위의식이기도 하다.[3] 필자는 채록된 <흥글소리>를 읽고 제보자의 구술을 확인하면서 연구자로서 가져야 할 중요한 윤리적 태도를 견지하고자 한다.

<흥글소리>에 대한 연구는 음악적 형식과 성격 및 특징을 다룬 논의가 주를 이루었다. 여성적 말하기의 대표적인 양상으로 <흥글소리>를 다룬 논의[4]가 있었지만 <흥글소리>만을 대상으로 다루지는 못했다. <흥글소리>에 주목하는 이유는 이 노래가 결혼한 여성들이 사적 공간에 불렀던 은밀한 노래로 그 어떤 노래보다도 생생한 그들의 삶의 정황과 감정을 드러내는 텍스트라는 데 있다.

---

2) 이정아, 「시집살이 노래 구연에 나타난 말하기 방식과 여성의식에 관한 연구」, 이화여자대학교 박사학위 논문, 2006, 69-70면, 96-103면. 이정아는 이것을 혼재된 감정과 자의식의 개입으로 설명하면서 창자의 심리적 동요를 반영하는 의식적 무의식적 흔적이라고 말하고 있다.

3) "연구자는 다른 어느 누구를 대상화하고 주변화하는 식민주의적 권위를 가져서는 안 된다. 만약 권위 있는 언어로 다른 여성의 이야기를 자기 편의대로 해석하고 저자의 권력을 행사한다면 그러한 숨겨진 욕망에 대하여 고백해야 한다 …중략… 여성주의 구술사의 연구자는 청자이면서 동시에 편집된 구술사 텍스트의 화자 입장에서 경계를 넘나들며 경계적 주체성을 구성한다. 화자와 청자의 젠더 위치가 교차하는 지점에 버티고 서서 타자의 관점에서 기꺼이 사유하는 윤리적 관점이 필요하다." 김성례, 「여성주의 구술사의 방법론적 성찰」, 『한국 무교의 문화인류학』, 소나무, 2018, 273.

4) 강진옥, 「여성민요 창자 정영엽 연구」, 『구비문학연구』 7, 한국구비문학회, 1998, 187-202면; 이정아, 「시집살이 노래 구연에 나타난 말하기 방식과 여성의식에 관한 연구」, 이화여자대학교 박사학위 논문, 2006, 1-184면; 이정아, 『시집살이 노래와 말하기 욕망』, 혜안, 2010, 1-348면.

노랫말에는 일반적인 노래의 노랫말과 다른 양상의 말들이 나열되어 있다. 그 촘촘히 연결된 말들은 노래라기보다는 차라리 푸념이자 하소연이다. 창자가 기억하는 누군가의 혹은 자신의 감정의 공유점 혹은 경험과 기억을 소환하기도 한다. 창자는 화자가 되어 풀어내고 쏟아내는 노랫말은 자연스럽게 창자의 경험에 투영된다. 그래서 부를 때마다 새로운 노래로 연행되고 재현된다.

<흥글소리>에는 화자의 시점이 착종되는 현상이 자주 나타난다.[5] 노래하는 창자가 노랫말 속 화자와 일치하였다가 분리되는 현상 혹은 다른 서술자의 목소리로 전환하는 현상 혹은 누구의 시점인지 불분명한 경우가 발견된다. 하나가 아닌 경험과 시선이 하나의 목소리처럼 보이다가 어느 순간 불분명한 경계와 그 넘나듦을 통해 또 다른 화자가 등장하거나 전환되는 징후가 포착된다. 이렇게 창자와 화자의 시선이 중첩되거나 교차하면서 생겨나는 지점에서 충돌하는 감정과 생각이 혼재되기도 한다. 기록문학이 구축해온 장르적 완결성이나 통일성과는 거리가 먼 일회적이며 비논리적 전개가 연결되면 불안정해 보이기도 한다.[6]

<흥글소리>가 표출하고 있는 감정이나 생각은 화자를 둘러싼 가족 관계를 통해 나타난다. 노래를 통해 표출되는 감정[7]은 지속해서 화자 혹은 창자가 가져온 생활 속에서 겪은 감정들이다. 생활 속에서 겪었지만, 외부로 드러내기 어려웠던 그런 조심스러운 감정이다. 숨겨왔다가 세월이 한참 흐른 뒤 꺼내게 되는 것이기도 하다.

---

5) 이정아, 위의 논문, 96-103면.

6) 이정아, 위의 책, 163-175면.

7) 김혜련은 장기간에 걸쳐 주체가 갖는 성향적 감정이 기억에 의해 현재화되어 감정 서사의 양태로 경험되고 주체의 정체성의 일부를 형성한다고 언급한 바 있다. 김혜련, 「서서 담론으로서의 가족애」, 『한국여성철학』 제7권, 2007, 59-87면.

감정[8])은 주체가 자기 자신과 세계에 대해 구성하는 내면적인 서사인 동시에 주체가 자기성찰을 수행하는 방식[9])이라고 한다.

채록되어 남아 있는 <홍글소리>가 담고 있는 감정들이야말로 진정한 여성적 자아와 정체성을 탐색할 수 있는 가치를 담보한다. <홍글소리>는 여성 생애담과 같은 자전적 서사의 서사적 담론화 과정이 수반하는 인지적 과정을 저층으로 하면서 주체가 지속해서 형성해 온 성향적 감정을 직접 표현하는 것을 주된 임무로 하고 있다.[10] 그 감정 표현의 방식을 통해 살아온 날들을 돌아보고 살아야 할 날들을 생각하는 자기 탐색적 태도를 취하고 있다고 보인다. 이 점이 <홍글소리>가 갖는 고유한 여성적 텍스트로서의 가치이다.

여성 생애담에 대한 연구가 활발하게 논의된 때가 있었다. 여성 생애담이 가지는 역사적 사료로서의 가치와 의미, 여성 구술의 문학적 가치와 의미에 천착한 연구가 다방면에서 이루어졌다.[11] 이를

8) 감정은 외부자극에 대한 단순한 생리적 본능적 감각적 반응이 아니라 사회적 의미를 담고 있는 일종의 해석 활동이다. 외부세계에 대한 신체의 감각이 그 느낌이 구체적 감정으로 인지되고 해석되고 명명되는 것은 사회적 담론과 상징적 의미망을 통해 이루어진다는 시각이 도입되면서 감정은 문화론의 연구대상이 되었다. 감정은 주체가 놓여있는 구체적 맥락과 상황에 대한 이해와 판단을 포함하는데 이는 사회적으로 습득되고 공유된다. 외부대상이나 세계에 대한 감각이 인지와 판단 및 평가와 결합하여 복합적으로 일어나는 활동이자 실천이라는 점에서 감정은 단순한 감각의 차원을 넘어선다. 감정은 문화적으로 구성된 판단이다. 문화론적 시각에서 감정은 비록 만질 수는 없지만 언어 몸짓 표정 감각 등을 통해 구체적 사회 환경에서 실행되거나 수행될 때 우리가 감지하는 것의 총체로 정의된다. 사회적 의미를 담고 있는 상징적 기호를 통해 표현되거나 해석되고 있기 때문에 감정은 개인의 은밀한 내면적 느낌일 뿐만 아니라 사회관계를 구성하는 역동적 힘이자 사회적 타자들과의 관계를 통해 형성되는 상호 주관적 현상으로 확장될 수 있다. 감정은 개인적인 동시에 집합적이다. 감정은 사회적이며 실재적이다.

9) 김혜련,「감성 서사에 기반한 여성 주체 형상」,『미학』제42집, 2005, 1-29면.

10) 김혜련은 남성 주체가 반성적 이성과 방법을 통해 주체를 형성해간다면 여성 주체는 감정과 스타일을 통해 주체를 형성해나간다고 하면서 감정이 주체가 자기 자신과 세계에 대해 구성하는 내면적인 서사로 주체가 자기성찰을 수행하는 방식이라고 언급하였다. 김혜련,「감성 서사에 기반한 여성 주체 형상」,『미학』제42집, 2005, 1-29면.

11) 구비문학연구 32집에서는 시집살이담의 존재 양상과 문학적 역사적 성격이라는 특집 논문을 싣고 있다. 신동흔,「시집살이담 담화적 특성과 의의」, 최원오,「여성 생애담의 이야기화 과정, 그 가능성과 한계」, 서영숙,「시집살이 이야기와 시집살이 노래의 비교」, 박경열,「시집살이담의 갈등 양상과 갈등의 수용방식을 통해 본 시집살이의 의미」, 윤택림,「여성은 어떻게 이야기

통해 여성 생애담이 가지는 역사적 사회적 의미와 문학적 특징 등이 구명되었고 여성이 재현해내는 자기 서사화의 방식과 양상들이 문학적으로 혹은 사회학적, 역사학적으로 어떤 가치와 의미를 지니는가는 고찰하였다. 이는 여성 담론이 기존 담론에서 홀대받아온 차별적 상황을 회복하기 위한 가치 회복의 노력이라는 점에서 고무적인 일이었다.

여기서 한 걸음 더 나아가 <흥글소리>라는 정서적 표현물을 통해 나타나고 있는 여성의 자의식과 태도를 추적해보고자 한다. 인지적 사고 혹은 인과적 관계를 통해 재현되는 서사적 사건은 필연적으로 자신이 속한 사회의 지배이데올로기나 가치관으로 내면화할 수밖에 없다. 기존 장르 관습이 요구하는 서사적 억압의 과정이 수반되기 때문이다. 그러나 이야기가 아닌 노래는 다를 수 있다. 서사적 당위 이전에 선행하는 내적 감정 혹은 욕망이 주축이 된다고 보이기 때문이다.12) <흥글소리>는 탄식이라는 감정 표출을 통해 내재한 서사13)를 표현하는 자기 서사적 성격도 지니고 있다.

이러한 문제의식을 기반으로 <흥글소리>에 나타나는 탄식의 양상

하는가」, 김정경, 「여성 생애담에 나타난 고난의 의미화 방식 연구」, 김종군, 「가족사 서사로서 시집살이담의 성격과 의미」, 『구비문학연구』 32집, 한국구비문학회, 2011, 1-180면.

12) 이러한 논의는 서영숙의 「충북 여성민요의 정서 표현 양상과 현실 인식」과 유목화의 「여성민요에 나타난 감성의 발현양상과 치유방식」에서도 다룬 바 있다. 서영숙, 「충북 여성민요의 정서 표현 양상과 현실의식」, 『한국민요학』 제22집, 165-198면, 한국민요학회, 2008; 유목화, 「여성민요에 나타난 감성의 발현양상과 치유방식」, 『공연문화연구』 제20집, 2010.2, 161-194면.

13) 박혜숙은 여성 자기 서사의 텍스트를 통해 남성 중심적 사회에서 여성의 자기 정체성이 어떻게 형성되는가를 알 수 있으며 이러한 여성적 정체성은 지배적인 관습이나 규범과 어떻게 타협하거나 갈등하는 양상을 보인다고 하였다. 박혜숙, 「여성과 자기 서사」, 『한국여성문학연구의 현황과 전망』, 소명출판, 2008, 217-240면. 자기 서사에 대한 개념은 박혜숙, 「여성적 정체성과 자기 서사」, 『고전문학연구』 20, 한국고전문학회, 2001, 239-271면, 「한국여성의 자기 서사(1)」, 『한국여성문학연구』 7, 한국여성문학회, 2002에서 상세히 다루고 있다. 그는 감정이나 정서적 표현에 초점에 맞추어진 것은 자기 서사라 할 수 없다고 했지만 본고는 김혜련의 주장을 적극 수용하는 입장에서 자기 서사의 개념을 원용해 보았다.

을 통해 화자 의식을 살펴보고 이 과정에서 노정되는 자기 탐색적 태도를 살펴보고자 한다. 전통사회 여성 특히 그 가운데서도 가장 소외되고 억압받았던 시절 즉 갓 시집온 며느리 시절의 경험을 지내온 여성이 향유한 <흥글소리>는 딸로서의 여성이 며느리로서 적응하기 위해 겪는 심리적 갈등이 진솔하게 나타나고 있다. 노래 속에는 살아온 날에 대한 회고뿐만이 아니라 살아갈 날에 대한 미래적 전망에 대해서도 고민하는 의식이 엿보인다. 이러한 접근을 통해 노래를 향유한 여성들이 표출했던 그 많던 자기부정의 탄식들이 오히려 자기 탐색의 시도이자 몸짓이었다는 사실을 알게 될 것이다.

논의는 언표화를 통해 나타나는 의식의 증후를 해석하는 방식으로 전개될 예정이다. 텍스트 전면에 자리하고 있는 화자의 감정 토로와 그 심리적 배경에 자리한 사건들을 유추하여 여성의식을 탐색해나가고자 한다. <흥글소리>가 취하고 있는 탄식은 여성적 텍스트가 보이는 중요한 언표화의 방법 가운데 하나다. 전형적이고 반복적으로 구현되는 패턴 속에는 말로 다 전하지 못한 사연과 감정이 함축되어 있다.[14)]

이를 위해 『한국구비문학대계』,[15)] 『한국민요대전 전라남도해설집』[16)]과 김혜정의 「여성민요의 음악적 존재 양상과 전승원리」 자료 편[17)]에 수록된 <흥글소리>를 주된 대상 자료로 삼아 논의를 전

---

14) 이러한 전통적 여성 텍스트의 특수한 언표적 징후들은 이데올로기적 담론이 담아낼 수 없었던 그들만의 말을 드러내는 유일한 방법이었고 말로 다 할 수 없는 말들을 쏟아내는 타자적 표현 방식이었다.

15) 『한국구비문학대계』, 4-6 729-730면, 6-1 242-243면, 6-1 243-244면, 6-1 245-246면, 6-1 726-727면, 6-12 330-331면, 6-4 957-958면, 7-9 628-630면, 7-9 798-799면 이상 9편.

16) 한국문화방송, 『한국민요대전 전라남도해설집』, 129면, 131면, 132면, 195면, 360면, 361면에 수록된 6편.

17) 김혜정, 「여성민요의 음악적 존재 양상과 전승원리」, 한국정신문화연구원 한국학 대학원 박사학위 논문, 2003, 87면, 고흥 신세타령 1, 정영엽(여 1929) 고흥군 도양읍 관리 관하; 위 논문,

개해나가기로 한다.

2. 〈흥글소리〉에 나타난 탄식의 양상

<흥글소리>에는 '어매어매 우리어매 뭣할라고~~'라는 친정어머니를 원망하는 표현이 중요한 반복구로 등장한다. 친정어머니에게 '왜 나를 낳았는가', '친정에서는 고생하지 않았는데 원하지 않는 결혼을 했다', '시집을 와보니 남편이 못나서 못 살겠다', '나만 혼자 남처럼 살아야 하는 시집살이 때문에 못 살겠다', '죽도록 하루 종일 일만 해야 하는 신세를 못 견디겠다' 등 자신의 살아오면서 겪었던 삶의 정황과 기억에 남는 사건들을 탄식의 화법과 공식적 관용구 "어매어매 우리어매 뭣할라고~~"를 통해 반복하고 확장하고 있다.

동어반복처럼 보이는 이 탄식 혹은 신세 한탄의 말들은 창자의 삶과 밀착되어 있다.[18] 그것을 표현해내는 방식은 일정하게 전형화되고 있다. 전형화된 노래를 들여다보면 거기에는 어리고 미숙한 여성이 겪어온 삶과 문제적 사건들이 잘 나타나고 있다.

90면, 흥글소리 2, 김미덕(여 1918) 고흥 도양읍 용정리 장예; 위 논문, 91면, 고흥 흥글소리, 김양심(여 1928) 고흥군 도야읍 용정리 장예; 위 논문, 92면, 곡성 흥글소리 김정숨(1918 여) 곡성군 석곡면 죽산리; 위 논문 95면, 나도야 클 적에는, 김덕남(여 1921) 광양군 봉강면 지곡리 지실; 위 논문, 96면, 광양 신세타령, 유두례 (여 1924) 광양군 진상면 섬거리; 위 논문 97면, 무안 밭매는 소리 김순례 (여 1908) 무안군 청계면 서호리 서호정; 위 논문, 97면, 보성 시집살이 노래 3, 주원님 (여 1921) 보성군 조성면 덕산리 감동; 위 논문, 101면, 승주 신세타령, 김창엽 (여) 승주군 해룡면 신월리; 위 논문, 103면, 신안 신세타령 1 김상님 (여 1920) 신안군 자은면 송산리; 위 논문, 105면, 신안 신세타령 2 박복엽 (여 1926) 신안군 흑산면 수리; 위 논문, 107-108면, 장흥 신세타령, 김정심 (여 1917) 장흥군 장흥읍; 위 논문, 109면, 진도 물레타령, 최소심 (여 1908-1992) 진도군 군내면 세등리 장안; 위 논문 자료 편, 111면, 해남 흥글소리, 김해님 (여 1926) 해남군 산이면 금호도 이상 13편.

18) 노래는 참말이라는 구연 현장의 제보자들의 의견을 고려할 때 더욱 그러하다.

어매어매 울어매야/조선없는 나를키워
딸하나 외동딸/삼대만에 왜동딸하나
날키워 왜이라노/시집살이 말도많고 숭도많고
어매어매 울어매야/내고생하는줄을 위에아노
날뭣때문에 옹천동네 보내가주/요고상도 내하노[19]

외동딸로 키운 자신을 낯선 시집 옹천 동네에 보내어 이 고생을
시키느냐는 회한과 원망의 노랫말에는 개인의 서사가 함축되어 있
다. '어매어매 울어매는'이라는 관용적 표현을 반복적으로 사용하
고 있지만 이어지는 노랫말에는 창자의 개인적인 삶(외동딸로 태어
나 조선에 없는 귀한 자식처럼 자랐는데 동네 옹천에 시집와서 고
생을 하고 있다)이 직접 투영되고 있다. 이렇게 창자의 사적인 개
인사가 투영되기 쉬운 노래가 <흥글소리>다. 귀한 딸로 자라 시집
와서 고생했다는 그 사적 경험은 시집온 여성이라면 누구나 공감할
수 있는 사건이다. 지극히 개인적인 사건이지만 누구나 공감할 만
한 경험, 같은 며느리 시절을 살아낸 여성들에게 강한 공감을 형성
했던 노래가 바로 <흥글소리>이다.

사적이지만 누구나 공감했던 그 노래는 대부분 원망하거나 탄식
하는 말하기의 방식을 취하고 있다. 꾸밈없는 직설적인 탄식 화법
때문에 진부하고 식상한 신세 한탄이라 평가되기도 했고, 저급한
언어적 형상화의 꼴을 갖춘 저급한 텍스트라 폄하되기도 했다. 그
러나 <흥글소리>를 타고 흘러나오는 탄식은 동어반복 이상의 의미
를 형성해나가고 있다. 앞으로 살펴보게 될 자료들은 바로 그 동어
반복 이상의 의미를 형성해나가고 있는 여성적 텍스트로서의 전형
성을 보여 준다.

---

19) 『한국구비문학대계』, 7-9, 798-799면.

(가)
어매어매 울어매는/뭣할라고 날났는가
날날적에 아릿바닥 밋국속에다/옥시겉은 쌀밥에다
날났건마는/요내나는 왜이란당가
날키울때 높이들면 놀랜다고/반만들어서 날키웠건마는
내신세냄 내팔자가 왜이리된가
우리엄마 뭣할라고도 날낳든가[20)]

　자료 (가)는 친정어머니에게 왜 나를 이렇게 낳았는가 묻고 있다.
이러한 물음을 만들어낸 단초는 마지막 부분에서 나타난다. "내신
세냄 내팔자가 왜이리된가" 현재 자신의 신세와 팔자에 대한 현실
인식이 나를 낳은 엄마에 대한 원망으로 향하고 있다. 이 텍스트에
서 주목해야 할 지점은 '뭣 하려고 나를 낳는가'라는 물음이다. 미
역국과 쌀밥으로 대변되는 친정에서의 유복한 삶, 애지중지 대접을
받던 나, 그런 내가 현재 왜 이런 팔자가 되었는가, 왜 엄마는 나를
낳아서 고작 이렇게 살게 만들었는가를 묻는 화자는 현재 자신이
겪는 불행의 원인은 스스로 원치 않았던 '태어남' 때문이라고 말한
다. 그래서 친정어머니가 자신을 낳은 사건, 그 탄생의 순간을 부정
하고 싶다고 말한다. 아니 탄생을 부정하고 싶을 만큼 현재의 삶이
살기 힘들다고 탄식한다. 바로 이 태어남을 부정하고 싶다는 탄식
이 <흥글소리>가 첫 번째로 던지는 생에 대한 질문이다.

(나)
어매어매 우리어매/뭣을하자고 나를낳서
날심을데도 쎘건마는/이런촌에 나를여워
농사짓고 못살겠소/어매어매 날데려가시오
이내나는 못살겠소/아이고아이고 내팔자야

---

20) 『한국민요대전 전라남도민요해설집』, 131면.

놈시상 산데보고/요내시상 산데를보면은
없든심정 절로나네/어떤사람은 팔자가좋아서
자석좋아 자석자랑/재산좋아 재산자랑
고대광실 높은집에/부귀영화로 잘사는디
이내나는 어디갔다/남탄복력을 못타서
내신세가 이리될줄/어느귀신이나 내속을알랴
땅이나 내속알란가/하나님이나 내속알란가
나는 못살겠네/어매어매 우리어매
날 데려가시오/시상에도 못살겠고
날만좋디로 데려를 가시오[21]

　　자료 (나)의 경우 친정어머니는 왜 나를 나서 이런 촌에다가 나
를 두고 가버려서 고된 농사를 짓고 살게 했는지, 도저히 못 살겠
다고 말하고 있다. 노래 속에 나타난 서사적 정황은 '친정 부모가
원하지 않는 결혼을 시켰다, 그리고 결혼하면서 힘든 농사를 짓게
되었다, 결혼 이후의 삶은 모두 불행했다, 어떤 사람은 팔자가 좋아
자식 재산 부귀를 누리지만 나는 그렇지 못하니 귀신이나 내 속을
알까 하나님이나 내 속을 알까, 이제 더 이상 못 살겠으니 나를 저
세상으로 데려가 달라'이다. 화자는 태어나지 말았어야 할 탄생의
순간부터 이어지는 불행의 사건을 말하고 있다. '나는 지금 이런
촌에 힘겹게 고된 농사를 짓고 있다, 어떤 사람은 팔자가 좋아 부
귀영화 누리지만 나는 그렇지 못하다, 이런 내 속을 누가 알까' 원
망은 끝이 없다. 자기 불행의 출발점이 원치 않은 삶을 살게 한 친
정어머니의 출산 순간부터 시작되었다. 그 이후 자신에게 이어지고
있는 불행한 삶에서 벗어나고 싶다고 말한다. 친정어머니를 부르며
자신을 데려가 달라 애원하듯 탄식하고 있다.[22] 탄생에 대한 부정

---

21) 위의 책, 360면.
22) 이 자료는 특별히 창자의 생각과 감정이 노래 속에 아주 구체적으로 나타나고 있다는 점에서

과 불행한 현실에서 벗어나고 싶다는 화자 의식이 담겨 있다.

(다)
어매어매 우리어매/뭣을할라 나를낳어
내못할일을 시키는가/날나시에 나도낳고
나난시에 남도나낳건만/어이하여어 이지경이런가
어떤사람은 팔자가좋아서/고대광실 높은집에 책상우게
책을놓고 급공부를 다하는데/요내나는 하도하도 할일이없어
이만한종사를 나를시켰든가[23]

자료 (다)는 '왜 나를 낳아서 못할 일을 하게 만들었는가, 고대광
실에서 공부하는 사람과 달리 왜 나를 힘든 일을 하는 처지로 만들
었는가'라고 탄식하고 있다. 자료 (나)에서도 보이는 공식적 표현
'어떤 사람은 팔자가 좋아 고대광실에서 글공부하는데 나는 일만
하는 신세'라는 원망도 이어지고 있다.[24] 태어난 자체를 부정하고
싶지만 이미 거부할 수 없는 운명적 굴레는 어찌할 수 없다는 약자
의 탄식[25]이 담겨 있다.

(라)
어매어매 울어매는/뭣을묵고 날났든가
날날라믄 잘낳거나/못날라믄 못낳거나
어중간이 나를나서/세상살기가 곤곤하네
어매어매 날데려가소/암만해도 못살겠네
밤보따리 옆구리에찌고/질로질로 나설라네
어느누가 날찾을께/못살겠네 못살겠네

자전적 생애를 함축하고 있다.
23) 위의 책, 361면.
24) 이러한 표현은 어사용에 자주 등장하는 신세 한탄의 공식적 표현이다.
25) 이정아, 「어사용에 나타난 탄식의 양상과 의미」, 『한국고전연구』 18, 한국고전연구학회, 2008,
321-350면.

이놈의세상 못살겠네/암만해도 못살겠네[26]

　자료 (라)는 '어중간하게 나를 낳아서 왜 이렇게 고생하게 하는
가, 도저히 살 수 없어 보따리 싸 들고 나가고 싶다, 세상 살기 곤
곤하여 못 살겠으니 데려가 달라, 보따리 싸 들고 길을 나가고 싶
다' 등 구체적 의지가 나타나는 자료이다. 불행으로 점철되는 삶에
서 벗어나기 위한 화자의 의지가 강력하게 나타나고 있다.

　자료 (가), (나), (다), (라)는 친정어머니에게 '무엇 때문에 나를
낳았느냐'라는 태어남에 자체에 대한 원망으로 시작한다. 이를 통
해 현재 화자 자신이 처한 현재적 삶의 불행과 고통을 말하고 있
다. 원치 않았던 삶을 살아야 했던 화자가 살아온 날들을 터뜨리는
항변이자 탄식이다. 그러나 불행하게도 그 탄식의 말들에는 불행의
구체적 사건이나 불행하게 만든 이들의 구체적인 행위는 생생하게
재현되지 못하고 있다. '왜 나를 낳았느냐, 왜 시집을 보냈느냐, 원
수 같은 남편' 등의 탄식만이 반복될 뿐이다.

　그러나 그 속에는 화자가 겪어왔던 말 못 할 사연이 담겨 있다.
그 모진 세월을 돌이켜보면 소설책 몇 권으로도 다 담지 못할 만큼
절절한 사연들이 쌓여있기 마련이다. 그 구구절절한 사연은 "어매
어매 우리어매~"라는 탄식으로 대신할 뿐이다. 탄식으로 함축된
자기 생을 반추하는 노래 그래서 <흥글소리>는 '탄식으로 대신한
자기 서사'라 할 수 있다.[27]

---

26) 위의 책, 132면.

27) 이러한 탄식의 자기 서사는 여성 생애담에서도 자주 발견된다. 천혜숙은 농촌 여성 생애담에
　　서 나타나는 문학담론적 특징으로 이러한 전형성을 지적한 바 있다.

한편 <흥글소리> 자료 가운데는 앞서 살펴본 네 편의 자료와 달리 '왜 날 낳았느냐'라는 관용구가 아닌 유년 시절의 기억으로부터 출발하는 노래도 있다.

(마)
울어매는 날키울때/금만남만 예우드만
어매어매 날날라말고/칠월삼베나 한필더났으믄
몽당치매를 못미들길/한살두살 묵을때는
높안줄듯이 하드마는/열에다섯이 묵어논께
넘주자고 공사허네/못살겄네 못살겄네
열에다섯 만난가장/백년원수를 만내갖고
날베려라 날베려라/대쪽같이 곧은길에/살대쏘듯 니나나감세[28]

자료 (마)는 친정에서의 행복했던 유년의 기억으로 시작하는 듯 보인다. 그러나 이 유년의 기억은 오래가지 않는다. 다시 원치 않은 결혼을 해야 했던 기억으로 이어지고 있다. '한두 살 때는 남 안 줄 것같이 하더니 열다섯에 남에게 주어 백 년 원수와 살게 되었다'라는 대목이 그것을 말해 준다. 자신을 귀하게 길렀던 친정어머니가 어느 날 갑자기 '남에게 주자고 공사하여' 자신을 '백 년 원수'로 지칭되는 남편에게 보냈다고 탄식하고 있다. 금이야 옥이야 떠받들면서 자신을 기르던 부모가 열다섯 살 되던 해, 남 주듯 시집보낸 사건, 그렇게 해서 백 년 원수 남편을 만나 살게 되었다고 화자는 말하고 있다. 그러면서 "날베려라 날베려라" 현재의 삶에 대한 적극적인 부정을 표하고 있다. 탄생 자체에 대한 원망이나 부정의식은 발견되지 않지만, 친정 부모로부터 버림받았다는 상실감과 이후 찾아왔던 불행한 삶에 대한 화자의 태도가 잘 나타나고 있다. 남편

---

28) 김혜정, 위의 논문, 101면.

을 백 년 원수로 지칭하는 표현이 그 심적 증표다. 남 주듯 넘겨진 여성은 낯선 환경에서 두렵고 외로웠을 것이다. 그것이 바로 그 시절 여성이라면 누구나 공감했던 시집살이였다. 그 두렵고 외로웠던 심정을 <흥글소리>를 통해 증언하고 있다.

(바)
엄매엄매 우리엄매/뭣할라고 날벨적에
토란노물 줄겼든가/돌아갈수록 더서럽네
엄매엄매 우리엄매/뭣할라고 날뺄적에
가지노물 즐겼던가/갓가지로 더서럽네
논에가믄 가래원수/밭에가믄 바라구웬수
집이들믄 시누엔수/시운수를 잡아다가
미당가운데 눕혀놓고/영천한 하나님네
배락이나 때립소사... 이하 생략[29]

(사)
엄매엄매 우리엄매/식기에다 밥을담고
양판에다 국을떠서/닭고기는 팍팍하고
숭애괴기 늑늑하고/못살겄네 못살겄네
아무리해도 못살겄네/가란다요 가란다요
밭을매러 가란다요/불과같이 나는볕에
뫼과같이 지운밭에/밭한골을 매고나니
삼시골차 거듭맨께/작게맸다고 기걸하니
이노롯을 못살겄네[30]

(아)
어매어매 우리어매/뭣할라고 나를나서
날이런데 여왔는가/울어머니 날슬때는
온갖노물이 다썼는디/곰곰초를 원했든가
곰곰초를 원했든가/곰곰삼삼 생각하믄

---

29) 김혜정, 위의 논문, 109면.
30) 김혜정, 위의 논문, 111면.

아무래도 못살겠네/어매어매 울어매가 날슬때나
시어마니 딸슬때나/나무쟁반에 다물실은듯이
반반질러 생각하믄/어떤사람이 시집을못살깨
어매어매 우리어매/요내나를 데려가소
임아임아 어린임마/한이불 속에서 잠을자도
이내속을 몰라주네/임아임아 정들었다고 정엣말마소
이별수들면은 할말이 다없이하네
어매어매 우리어매/날심을디 그리없어
석산비력끝에 날심어서/뿌리발이못해서 못살겠네
어매어매 우리어매/살다살다 정못살믄
깡고깡고 머리를깡고/중에행실이나 나가볼게
어매어매 우리어매/말만남은 행개치매
집만남은 행개적삼/집만잡어 털어입고
말만잡어 털어입고/반보따리 손에들고
지척없이 나는가네/어매어매 우리어매
나산시상 볼라거든/요내방에 들어가서
말만남은 행개치매/집만남은 행개적삼
농틈에다 찔라놔서/그놈보고 나를 보소/어매어매 우리어매[31]

자료 (바), (사), (아) 모두 시집살이에 대한 탄식을 담고 있다. 자료(바)에 등장하는 "논에가믄 가래원수/밭에가믄 바라구웬수/집이들믄 시누엔수/시운수를 잡아다가/미당가운데 눕혀놓고/영천한 하님네/배락이나 때립소사"와 같은 표현은 시집살이에 대한 화자 감정이 가장 직접 드러나는 부분이다. 시집살이를 하며 느끼는 화자의 분노가 담긴 이 부분의 노랫말은 시집살이 노래의 <세원수>와 유사하다. 며느리라면 대개가 공감하는 <세원수>의 노랫말을 삽입하여 시집살이에 바라보는 화자의 감정과 태도를 표현하고 있다.

자료(사) 역시 "밭을매러 가란다요/불과같이 나는볕에/묏과같이 지운밭에/밭한골을 매고나니/삼시골차 거듭맨께/작게맸다고 기걸하

---

31) 『한국민요대전 전라남도민요해설집』, 129면.

니/이노릇을 못살겠네" <중이 된 며느리>의 일부를 차용하여 시집살이에 직면한 화자의 억울하고 답답한 심정을 적절하게 대신하게 하고 있다.

자료(아)도 "어매어매 우리어매/살다살다 정못살믄/깡고깡고 머리를깡고/중에행실이나 나가볼게/어매어매 우리어매/말만남은 행개치매/집만남은 행개적삼/집만잡어 털어입고/말만잡어 털어입고/반보따리 손에들고/지척없이 나는가네"와 같이 <중이 된 며느리>의 주요 모티프를 삽입하여 현재 자신이 처한 상황과 감정을 전달하고 있다.

이들 자료 (바), (사), (아)는 모두 시집살이에 대한 화자의 감정을 담고 있다. 그런데 그 감정전달의 방식으로 기존 시집살이 노래의 관용적 표현이나 서사적 모티프를 차용하고 있다. 누구나 공감하는 말로 시집살이에 대한 생각과 감정을 전달하고 있다.[32]

특히 자료 (아)와 같은 경우는 앞서 살펴보았던 자료들이 보여주었던 모든 탄식의 내용과 태도를 종합적으로 보여준다는 점에 주목할 필요가 있다. "뭣할라고 나를나서/날이런데 여왔는가"로 시작하고 있는 탄식은 "임아임아 어린임아/한이불속에서 잠을자고/이내속을 몰라주네"라는 무심한 남편에 대한 원망으로 이어지다가 '살다살다 정 못살면 머리를 깎고 중의 행실이나 해 볼 수 없지 않겠느냐'라는 의식으로 전환하고 있다.

대부분의 <흥글소리>는 친정어머니를 원망하고 탄식하는 것으로 시작한다. 그 원망과 탄식은 현재 자신이 처한 상황을 알리는 신호

---

32) 허구적 상황 혹은 서사적 모티프를 차용하여 자신이 겪어낸 시집살이를 말한다는 점에서 노래를 혹시라도 듣게 될 누군가에게 감정적 공감을 촉구하는 부분으로 해석될 수 있다. 내 이야기지만 남들이 공감하는 공식적 표현을 취함으로 노래가 요구하는 장르적 규칙을 준수하는 동시에 노래를 공유하게 될 누군가에게 강력한 공감대를 형성하고자 했던 자의식이 포착되는 부분이기도 하다.

탄이다. 현재 이곳에 부재하는 친정어머니를 향해 부르는 탄식의 말은 지금, 이 순간 내가 느끼는 원통함을 털어놓기 위한 신호이다. 그 탄식을 통해 자신에게 찾아온 이유 없는 불행에 대한 원망, 원치 않았던 결혼이 가져다준 피폐한 삶에 대한 억울함, 친정 부모와의 무정한 이별에 대한 섭섭함, 시집이라는 낯선 환경에서 적응하며 겪었던 두려움과 외로움을 전달하고 있다.

이렇게 탄식은 상실과 상처, 부정의 말을 만들며 살아온 생을 돌아보게 만든다. 바로 이 탄식의 과정에서 살아온 시간을 돌아보고 살아야 할 날들을 생각하게 만드는 자기 탐색이 자연스럽게 이루어지고 있다. 신세 한탄, 반복적인 탄식을 통해 살아온 날들을 돌아보고 살아갈 날들을 생각하는 생에 관한 탐색이 투영되고 있다.

3. 〈흥글소리〉에 나타난 탄식을 통해 본 여성의식

<흥글소리>가 조합하고 있는 의미 있는 사건은 아래와 같다.

> 1) 어린 시절은 친정어머니와 살았다.
> 2) 친정 부모가 시집을 보냈다.
> 3) 무심한(못난) 남편을 만나서 불행했다.
> 4) 고된 노동을 했다. 혹은 시집살이를 했다.
> 5) 현재 나는 불행하다.

1)번과 2)번, 5)번은 모든 자료에서 공통으로 나타난다. '어린 시절은 친정어머니와 살았다 → 친정 부모가 시집을 보냈다 → 현재 나는 불행하다' 3), 4)는 선택적으로 조합되는 사건이다. 이들의 선

택과 조합에 따라 노래 부르는 화자가 인식하는 불행한 기억의 우선순위를 짐작할 수 있다.

<흥글소리>가 말하고 있는 최초의 시간은 친정어머니와 같이 살았던 시절이다. 대부분 친정어머니를 '엄마'라 부르던 시절에 대한 기억으로부터 노래는 시작된다. 그러나 노래 속 화자는 친정어머니와 함께 살았던 그 시절을 이야기하는 대신 '왜 날 낳았는가'라 원망할 뿐이다. 차라리 낳지 않았으면 이런 고생을 하지 않았을 것이라는 말은 삼키면서 지금 내가 겪는 불행을 탄식한다. 내가 처한 불행은 나를 낳은 어머니로부터 비롯되었다는 생각에 이르게 된다. 이렇게 친정어머니를 부르면서 살아온 날들을 반추하고 있는 화자의 기억에는 도무지 행복했던 기억이나 순간은 하나도 없는 것처럼 보인다. 노래 속 화자는 대체 무엇을 말하고 싶었던 것이었을까? 노랫말처럼 자기 삶에 대한 어떤 희망이나 전망도 갖고 있지 않았던 것일까? 이런 질문으로부터 자기 탐색은 시작된다.

1) '딸'로서의 정체성과 정서적 의존의식[33]

<흥글소리>의 첫 대목은 화자가 엄마를 부르는 것으로 시작한다.

> "어매어매 울어매는/뭣할라고 날났는가"
> "어매어매 우리어매/뭣을하자고 나를나서"
> "어매어매 우리어매/뭣을할라 나를낳어"
> "어매어매 울어매는/뭣을 묵고 날났든가"

---

33) 의존의식이란 서로 영향을 주고받으면서 의존하면 살아간다는 것을 인식하는 의식 상태를 지칭한다.

"엄매엄매 우리엄매/뭣할라고 날벨적에"
"어매어매 우리어매/뭣할라고 나를나서"

　'어매어매 울어매'로 시작하는 도입부 관용구는 화자가 가지고
있는 정서적 의존의식을 나타낸다. 그 의존의식은 어린 시절 화자
가 가졌던 가장 자연스러운 감정이다. <흥글소리>는 바로 그 어린
시절의 심정이 되어 부르는 노래이다. 따라서 '어매어매 울어매'라
는 관용적 어구는 이 노래를 불렀던 여성들의 심리적 상태를 가장
잘 설명해 준다. 노래를 부르는 화자는 그 순간 친정어머니를 엄마
라 불렀던 아이 시절로 돌아가고 싶었을 것이다.

　그런데 이어지는 "뭣할라고 나를나서"는 바로 그 회귀하고 싶은
딸로서의 자신이 이미 그럴 수 없는 상황에 놓여있다는 사실을 인
식하고 있음을 보여준다. '딸'의 시절로 되돌아가서 불러보고 싶은
'엄마'라는 외침 다음에 이어지는 것은 '왜 낳았느냐'라는 원망이
다. 아이처럼 응석 부리며 속내를 털어놓고 싶은 의존의식은 왜 낳
았느냐는 원망으로 연결되고 있다. 그것은 회귀 불가능한 현실에
대한 인식이며 회복 불가능한 정서적 연대감 혹은 정서적 소통에
대한 갈구이기도 하다. 출가한 화자는 여전히 딸 시절의 정서적 의
존의식을 떨쳐내지 못하고 있다. 그런 이유로 그저 친정어머니에게
는 원망과 섭섭함을 토로할 뿐이다.

　한편 '어매어매 울어매'라는 친정어머니를 부르는 관용구 현재
단절된 화자의 시공간을 말해 주기도 한다. 시집에 홀로 고립되어
있는 단절감을 보여주는 것이다. 지금 화자가 있는 공간은 친정어
머니와 떨어져 함께 할 수 없는 공간이다. 그래서 그가 부르는 '어
매어매 울어매'는 애처로운 속울음이며 "뭣할라고 낳았는가"는 그

러한 상황을 부정하고 싶은 저항이다.

　<흥글소리>에 나타나는 정서적 의존의식과 대비되는 것은 바로 <어사용>의 운명론적 세계관과 고독감이다. 남성 하층민의 노래 <어사용>의 탄식을 통해 발견할 수 있는 것은 운명 혹은 자연 앞에 선 절대고독의 자아이다. 그 자연의 공간에서 단절되고 소외된 자신의 처지를 노래하고 있다.[34] 그러나 <흥글소리>는 낯선 타지, 시집의 공간에서 친정어머니를 부르며 탄식하고 있다. 그가 애타게 부르는 '친정어머니'는 현재의 결핍을 반증한다. 관계로부터의 단절, 그 단절에 대한 서운함과 서러움, 원망이 노랫말을 통해 나타나고 있다. 이것이 <흥글소리>의 탄식을 통해 유추해낼 수 있는 정서적 의존의식의 단서다.

2) 유년에 대한 기억과 소외의식

　'어매어매 울어매'라는 정서적 의존의식으로 시작되는 유년의 기억은 아래와 같이 표현되고 있다.

> "날날적에 아릿바닥 밋국속에다/옥시겉은 쌀밥에다/날났건마는/요 내나는 왜이란당가/날키울때 늪이들면 놀랜다고/반만들어서 날키 웠건마는"
> "날심을데도 쌨건마는/이런촌에 나를여워/농사짓고 못살겄소"
> "날날라믄 잘낳거나/못날라믄 못낳거나/어중간이 나를나서/세상 살기가 곤곤하네"
> "울어매는 날키울때/금만남만 예우드만/어매어매 날날라말고/칠월

---

34) 이정아, 「어사용에 나타난 탄식의 양상과 의미」, 『한국고전연구』 18집, 한국고전문학연구회, 341면.

삼베나 한필더났으믄/몽당치매를 못미들걸/한살두살 묵을때는/놈
안줄듯이 하드마는"
"뭣할라고 날벨적에/토란노물 줄겼든가/돌아갈수록 더서럽네"
"울어머니 날슬때는/온갖노물이 다썼는디/곰곰초를 원했든가/곰곰
초를 원했든가"

<흥글소리>는 친정어머니를 부르면서 자연스럽게 유년 시절을
떠올린다. 유년에 대한 기억은 화자마다 다르다. 애지중지 나를 극
진하게 여겼던 행복한 시절이기도 하고 나를 여전히 서럽고 섭섭하
게 만들었던 불행한 시절이기도 하다. 그러나 유년의 기억은 잠시
바람을 스치듯 지나갈 뿐이다. 노랫말에는 유년 시절의 기억을 구
체적으로 말하지 않는다. 화자가 말하고 싶은 것은 그다음으로 이
어지는 자신을 남 주듯 그렇게 시집보냈던 정황 혹은 사건이다.
"이런촌에 나를여워", "놈안줄듯이 하드마는"이라는 표현을 통해
유년의 기억과 대비되는 사건의 충격을 말하고 있다. "이런촌에 나
를여워" 혹은 "놈안줄듯이 하드마는"이라는 함축적 표현 속에는 수
많은 사연이 담겨 있다. 어떤 사연으로 시집을 오게 되었는지, 친정
부모와 어떻게 이별했는지, 어떻게 낯선 환경에 적응하며 살았는지
숨겨진 말들이 많다. 그러나 그저 한두 마디의 탄식으로 그 단절과
고립의 수많은 사건과 사연은 생략되고 있다.
　이런 식의 침묵과 생략은 여성적 말하기의 특징이다.[35] 여성들은
자신을 억압하는 주체의 말을 통해 자신들의 고통을 표현하는 데
익숙해져 왔다. 그래서 주체의 말로 환원된 자기 고통을 순종, 겸
손, 체념, 인내, 탄식의 표현으로 대신하게 되었다. 그 순종, 겸손,

---

35) 김성례, 「여성의 자기 진술의 양식과 문제발견을 위하여, 여자로 말하기 몸으로 글쓰기」, 『또
　하나의 문화』 제9호, 또 하나의 문화, 1992, 115-137면.

체념, 인내, 탄식 이면에는 진정으로 하고 싶었던 말들이 숨어 있다. 그 숨은 말을 토해내고 싶은 욕망은 의식 저편으로 가라앉게 된다.36) 바로 이 침묵 혹은 생략, 탄식으로 <흥글소리> 속 화자는 유년의 기억을 떠올리며 자신에게 어느 날 갑자기 찾아온 단절과 고립의 사건들을 의미화한다.

> 울어매는 날키울때/금만남만 예우드만
> 어매어매 날날라말고/칠월삼베나 한필더났으믄
> 몽당치매를 못미들걸/한살두살 묵을때는
> 놈안줄듯이 하드마는/열에다섯이 묵어논께
> 넘주자고 공사허네/못살겄네 못살겄네
> 열에다섯 만난가장/백년원수를 만내갖고
> 날베려라 날베려라/대쪽같이 곧은길에
> 살대쏘듯 니나나감세37)

위 노래에서 화자가 재현하는 의미 있는 사건들은 다음과 같은 서사적 전개로 나눌 수 있다.

1) **결혼하기 전 친정에서의 어린 시절은 지낼 만했다**(울어매는 날키울때/금만남만 예우드만... 한살두살 묵을때는/놈안줄듯이 하드마는)
2) **열다섯에 시집을 보냈다**(열에다섯이 묵어논께/넘주자고 공사허네)
3) **원하지 않는 남편을 만나서 불행했다**(못살겄네 못살겄네/열에다섯 만난가장/백년원수를 만내갖고)
4) **현재 나는 불행하다**(날베려라 날베려라/대쪽같이 곧은길에/살대쏘듯 니나나감세)로 이어지는 일련의 자전적 사건을 읽어낼 수 있다.

---

36) 이정아,「시집살이 노래 구연에 나타난 말하기 방식과 여성의식에 관한 연구」, 이화여자대학교 박사학위논문, 2006, 147면.
37) 김혜정, 앞의 논문 101면.

노래는 날 키울 때, 한두 살 먹을 때, 열다섯 살 등 구체적으로 생의 순간들을 언급하고 있다. 지낼 만했던 친정에서의 삶과 백 년 원수를 만나 시작된 불행한 삶을 구분하고 있다. 날 키울 때, 한두 살 먹을 때, 열다섯 살로 구획되는 시간 인식과 파편적으로 언표화된 사건을 통해 화자가 의미 있게 여긴 생의 순간 혹은 사건이 무엇인지를 짐작할 수 있다.

"울어매는 날키울때/금만남만 예우드만", 극진히 자신을 길렀던 친정어머니는 "한살두살 묵을때는/놈안줄듯"하던 존재였다. 그러나 "~하드마는"라는 표현이 말해 주듯 친정어머니의 태도는 어느 순간 돌변하게 된다. 이어지는 노래는 탄식과 원망으로 혹은 생략과 침묵으로 지금 현재 화자가 처한 정황을 짐작하게 만든다.

여기서 자연스럽게 흘러나오는 '남'이란 표현에 주목할 필요가 있다. '남'은 친정 식구가 아닌 남편 혹은 시집 식구를 지칭한다. 노래 속에서는 자신을 불행하게 하는 존재를 원수 같은 남편이라고 구체적으로 지목하여 말하고 있다. 화자가 단절과 소외를 경험하는 구체적인 시점은 '남'에게 넘겨진 바로 그 순간이다. 내 어머니로부터 남에게 넘겨지는 그 순간 낯선 공간, 낯선 사람들과 만남이 시작되고 두려움, 소외의식이 찾아온다. <흥글소리>는 이렇게 친정어머니와 분리된 불안감과 소외의식으로부터 시작된 노래라고 할 수 있다.

화자가 다시 돌아가고 싶은 시간은 유년 시절일 것이다. 그러나 유년 시절은 돌아갈 수 없는 시간, 복원될 수 없는 시간이다. 사라진 유년, 친정어머니를 의지하여 그와 늘 소통할 수 있던 시절은 사라져 버렸다. 이러한 인식은 시집살이 노래에서도 자주 발견된다.

시집와서 시집살이 헐적으는/나도부모 자식으로
귀헌자식이 되얏는디/시집을 와서보니
밥을히먹을 종도모르고/물도지릴 종도 모른디[38]

우리부모 나를낳여/곱기곱기 길러가주
넘의관문에 시집을보냐/인심살이가 소박하던강
은가락지 끼던손에/호맹이꼭지가 웬일이고
꽃댕이라 신던발에/화라기짚신이 웬일이고
금봉채를 하던머리/낫비녀가 웬일이냐
비단처마 감던허리/삼베처머가 웬일인고[39]

유년 시절은 친정어머니에게 의지할 수 있었던 정서적으로 안정된 시절이었다고 노래는 말하고 있다.[40] 행복했든 불행했든 딸로 살았던 시절은 의지할 수 있는 누군가가 있었던 시절이었다. 그러나 시집 즉 남의 집에 넘겨지는 순간 화자는 친정어머니와 분리되고 만다. 친정어머니와 단절된 어린 여성은 시집이라는 새로운 환경 새로운 가족 관계에 편입하게 된다. 더 할 수 없는 두려움과 외로움, 단절감을 느꼈을 것이다.[41] 정서적으로 단절되고 분리된 여성에게 낯선 시집에서의 타자로서의 경험은 가혹하고 혹독한 것일 수밖에 없었다.

---

38) 『한국구비문학대계』 5-7, 239-240면.

39) 『한국구비문학대계』 7-4, 349-356면.

40) 이정아, 「규방가사와 시집살이 노래에 나타난 여성의 자기인식」, 『한국고전연구』 15집, 한국고전연구학회, 2007, 6, 213-239면.

41) 시집와서 시집 식구가 어려워서 얼굴도 들지 못했다, 남편 얼굴도 보지 못했다고 증언하는 여성들의 생애담에서 이러한 감정들을 얼마든지 유추해낼 수 있다.

3) 불행한 현실에서 벗어나야 한다는 자의식

친정어머니와의 정서적 교감이 차단된 낯선 타지에서의 시집살이는 더욱 힘들고 가혹한 경험이 되었을 것이다. 혼자만이 남인 그곳에서 말로 할 수 없는 시간을 살아야 했던 화자는 아래와 같이 살아온 날들을 떠올리며 항변하고 탄식한다.

> "나는 못 살겠네/어매어매 우리어매/날 데려가시오/시상에도 못살
> 겠고/날만좋디로 데려를 가시오"
> "암만해도 못살겠네/밤보따리 옆구리에찌고/질로질로 나설라네"
> "날베려라 날베려라/대쪽같이 곧은길에/살대쏘듯 니나나감세"
> "살다살다 정못살믄/깡고깡고 머리를깡고/중에행실이나 나가볼게"

'못 살겠으니 좋은 세상을 데려가 달라, 아무리 생각해도 못 살겠으니 보따리를 끼고 나서야겠다, 차라리 날 버려라, 나가겠다, 머리 깎고 중이 되어 나가겠다' 등 현실에 대한 부정과 저항은 강렬하다. 벗어나고 싶고 벗어나야 할 현실에 대한 강렬한 자의식이 포착된다. 이러한 의식은 <중이 된 며느리>에서도 자주 발견된다.

> 불과같이 나는밭에/논과같이 지심밭에
> 장차고 지는밭에/악북악북 매고
> 집이라고 들어가니/엊저녁묵든 식은밥을 나를 주고
> 엊저녁묵든 된장국을/종지에담어 나를주네
> 에라요건 이려서는 못쓰겠다/열두두폭 잡은치매
> 한폭뜯어 바랑엮고/두폭띤어서 꼬까엮고
> 절로절로 올라가니[42]

---

42) 『한국구비문학대계』, 6-9, 634-636면.

뜨거운 태양 볕 아래 밭을 매고 집으로 들어온 며느리에게 어제 저녁에 먹었던 식은 밥을 던져주는 시집 식구들과 이에 반발하며 에라 요건 이래서는 못쓰겠다면 치매를 뜯어 바랑 엮고 고깔 엮어 나가는 며느리의 모습을 통해 도저히 묵과할 수 없는 시집 식구의 횡포에 대한 며느리의 강력한 저항의식을 알 수 있다.

<훙글소리>도 자주 이런 강력한 저항과 항변을 담아내고 있다. 도저히 참아내기 힘든 현재의 삶은 내가 선택하지 않았고 이미 지나온 시간은 다시 돌이킬 수 없지만, 현재 지금의 삶으로부터는 벗어나야 한다고 생각한다. 그래서 '더 좋은 곳, 도망하고 싶은 어떤 공간, 중이 되어서 나가겠다'고 말한다.

불행한 현실에서 벗어나겠다는 의지에는 인간답게 살겠다는 존엄함에 관한 의지이기도 하다. 거기에는 여성으로 태어났다는 이유로 수용해야 했던 폭력적인 상황에서 벗어나야 한다는 자의식이 자리한다. 그 자의식은 실천적 행위를 촉구하기도 하고, 벗어나고 싶다는 강력한 항변으로 대신 터져 나오기도 한다.

여성 생애담의 마무리가 '그 어려운 시절을 그렇게 살았다, 요즘은 그 누구도 그렇게 못 산다' 등의 영웅적 회고담으로 마무리되고 있는 것과는 달리 <훙글소리>는 달라져야 할 현실, 바꿔야 할 현실, 벗어나야 할 현실에 대해 아주 현실적인 목소리로 말하고 있다. 지나온 시절을 회고하며 '나' 아니면 절대 살지 못했을 것이라 이야기하는 시집살이 체험담의 영웅적 회고와는 달리 지금도 여전히 진행 중인 실존적 삶, 실존적 갈등을 말하고 있다.[43]

---

43) 이정아, 「시집살이 말하기에 나타난 균열된 여성의식 : 시집살이 체험담과 시집살이 노래를 중심으로」, 『여성학논집』 23집 1호, 한국여성연구원, 2006.6, 202면.

4. 〈흥글소리〉의 자기 탐색적 태도와 그 의미

<흥글소리>에는 여성의 삶과 의식이 함축되어 있다. 살아온 시절에 대한 원망과 불만이 탄식으로 나타나고 있다. 침묵, 망설임, 반복의 형식으로 재현되는 탄식으로 자기부정의 말들을 쏟아낸다. 그러나 이 자기부정의 말 이면에는 자기 긍정의 욕망이 담겨 있다.

부모의 사랑을 받으며 자랐던 어린 시절을 기억해내는 화자의 의식에는 정서적 위로와 소통이 보장되는 따뜻한 가족 관계와 정서적 연대감이 간절한 바람으로 담겨 있다. 친정어머니를 의지하며 그에게 그 어떤 말도 털어놓을 수 있었던 시절은 결혼과 함께 사라졌다. 원치 않았던 결혼 때문에 태어난 자체를 부정하고 싶을 만큼 두렵고 외로운 삶이 시작되었다. 그 외롭고 무서웠던 기억들은 단편화된 기억으로 파편화되어 침묵 혹은 생략, 망설임의 방식으로 탄식을 자아낼 뿐이다. 이 탄식의 과정에서 자연스럽게 과거의 나와 현재의 내가 만난다. 그 만남은 아주 자연스럽게 살아가야 할 날들에 대한 의식을 되살려 놓는다. 그래서 원망과 탄식으로 점철되던 <흥글소리>의 넋두리는 마지막 부분에서 강력한 항변 의지를 수반한 외침으로 돌변하기도 한다.

<흥글소리>는 정서적으로 친정어머니를 의지했던 '딸' 시절을 그리워하는 여성이 단절되고 고립된 공간에서 목 놓아 부르는 서글픈 노래처럼 보인다. 노래 속에는 원치 않았던 운명적인 삶의 굴곡에서 살아야 했던 상처의 순간들이 담겨 있다. 그러나 노래는 슬픔만을 전하지는 않는다. 서글프지만 회복해야 할 나, 존엄한 나의 존재가 역설적으로 전달되고 있기 때문이다. 그런 의미에서 <흥글소리>의 탄식은 현재진행형이다. 원망, 불만, 탄식으로 이어지는 자기

부정의 말들은 회복해야 할 자존감에 대한 역설적 표현이다.

바로 그 탄식의 행간 사이에 숨은 이 의지와 열망을 읽어내는 과정에서 <흥글소리>가 자기 탐색적 텍스트라는 점을 발견할 수 있다. 까닭 없이 모진 삶을 살아내야만 했던 여성들은 누구나 척박한 현실을 벗어나기를 꿈꾸고 갈망했다. <흥글소리>에 나타난 탄식의 말들 속에서 발견해야 하는 것은 바로 이런 자기 탐색의 의지다.

<흥글소리>의 탄식을 통해 노정된 자기 탐색에는 자존적 욕망이 자리한다. 그래서 <흥글소리>는 신세 한탄의 노래, 체념의 노래라고만 볼 것이 아니다. <흥글소리>에 나타난 탄식에는 치유 받아야 할 나, 행복해질 권리가 있는 나에 대한 의식이 전제되고 있기 때문이다.

그래서 <흥글소리>에서 나타난 탄식은 단순한 신세 한탄 이상의 의미를 지닌다. 탄식이라는 방식을 통해 살아온 날들을 돌이켜 보고 현재 자신이 처한 현실을 직시하고 있기 때문이다. 이 과정에서 침묵, 생략, 반복 등의 여성적 말하기의 특징을 노정한다. 그러면서 역설적인 화법으로 회복하고 싶은 자기의 삶을 전달하고 있다. 이 탄식을 통해 딸로서 살았던 유년 시절에 대한 행복한 기억을 짐작할 수 있다. 친정어머니와의 정서적 소통이야말로 여성들이 회복하고 싶었던 가장 소중한 순간이라는 사실도 유추해낼 수 있다. 결혼 이후 친정어머니와 단절되어 극심한 소외감을 맛보며 살았던 그들의 삶은 그들의 말 그대로 퍽퍽한 것이었다. 낯선 시집에서 못난 남편과 모진 삶을 살아온 그들은 여전히 지금도 그 굴레로부터의 탈주를 꿈꾸고 있다.

<흥글소리>는 사적인 노래로 혼자 부르는 노래였지만 연대의식

이 보장되는 폐쇄적인 집단에서는 함께 부르기도 했다.44) 이러한 노래 연행의 상황을 생각할 때 이 노래가 함의하고 있는 자기 탐색의 과정은 개인적인 것 이상의 의미를 지닌다. 삶의 굴레로부터의 탈주를 꿈꾸는 여성들은 이 노래를 부르며 스스로 위로하고 주어진 삶을 포기하지 않았다.

낯선 타지, 불편한 시집에 살면서 여성들은 <흥글소리>를 통해 과거를 회상하고 현재 자신이 처한 상황을 인식하면서 앞으로 살아야 할 미래를 조망하고 있었다. 그 미래가 해피엔딩이든 그렇지 못하든 분명한 것은 지금 이대로는 아니어야 한다는 사실이었다. 바로 이러한 자기 삶에 대한 회고와 탐색을 위한 무의식적 갈망, 바로 이것이 <흥글소리>를 부르게 했던 중요한 이유가 아니었을까. 그런 의미에서 <흥글소리>는 자기 탐색을 통해 자기치유를 모색한 노래- 그것이 의식적이었든 혹은 그렇지 않았든 간에-라고 할 수 있다. 가슴으로부터 쏟아져 나오는 감정적 말들의 근원을 탐색하고 그 탐색을 통해 내가 앞으로 살아야 할 삶의 방향을 모색하게 만든 그런 노랫말이다. 바로 그 지향을 통해 현실을 직시하고 고난에 대응해나갈 수 있었다.45)

---

44) 오복순은 길쌈 짜고 베 짜고 7-8명이 모여 앉아서 <흥글소리>를 많이 불렀다고 말한 바 있다. 이정아, 「시집살이 말하기에 나타난 균열된 여성의식 : 시집살이 체험담과 시집살이 노래를 중심으로」, 『여성학논집』 23집 1호, 한국여성연구원, 2006.6, 193면.

45) 이러한 <흥글소리>의 문학적 특징은 자신의 삶을 이해하고 자신에게 닥친 고난에 대응하는 방식과도 긴밀한 연관을 지닌다. 이는 자전적 혹은 자기 생애적 의미를 함의한 문학 텍스트로서 <흥글소리>가 가지는 특성이라고 할 수 있다. 이와 관련된 구체적인 논의는 다른 지면을 통해 다루기로 한다.

제3부

노래와 말의 경계

제1장

서사민요와 대중가요에 나타난 말하기 방식

- 남녀 간 연애*를 주제로 한 노래를 중심으로 -

1. 말하기 방식에 주목하는 이유

전통사회에서 민요는 자기 생각과 감정을 담을 수 있었던 수단이자 통로였다. 특별히 여성은 힘든 노동의 고단함을 잊기 위해, 단조롭고 답답한 일상에서 벗어나기 위해 노래했으며 쏟아놓고 싶은 말, 말 못 할 속사정을 대신 풀어놓기 위해 노래했다.

일제강점기와 해방, 6·25를 거쳐 4·19, 5·16으로 이어진 정치·경제사적 변화를 겪으며 한국 사회 대중으로서 여성은 노래했다. 전통사회 노래와는 다른 생산·유통구조를 가진 노래를 향유했고, 그런 노래를 통해서 삶의 고단함을 씻어내고 말 못 할 속사정을 대신 털어놓았다. 자족적으로 생산 유통된 민요와 달리 대중가요는 자본에 의해 생산되고 유통되었다. 그러나 노래를 향유한 수용자로서 바라본다면 양자의 기능은 유사하다고 할 수 있다. 이 논

---

* 사전적 의미의 연애는 '두 사람이 상대방을 서로 애틋하게 사랑하여 사귐'을 지칭하지만 본 논의에서 다루는 연애란 남녀가 서로 호감을 느껴 탐색하는 단계에서부터 시작하여 서로 사귀어 사랑의 감정과 행위를 나누는 과정과 그 이후 상태까지를 포괄하는 개념으로 접근하기로 한다.

문은 바로 양자가 공유하는 문화적 행위로서의 노래 기능[1])에 주목하여 인류 보편의 대표적 욕망인 연애에 관한 수용자 태도와 의식을 탐색하기 위한 선행 작업으로 시도되었다.

소위 보편적인 정서로 일반화된 한국적 연애에 대한 화자 태도와 의식은 재고할 필요가 있다. 그 일반화된 태도와 의식과는 다른 양상이 서사민요나 대중가요를 통해 포착되기 때문이다. 이런 문제의식을 기반으로 서사민요를 통해 나타나는 연애에 대한 화자 태도와 대중가요를 통해 나타나는 화자 태도를 대비하여 살펴보고자 한다. 이러한 대비를 통해 노래를 향유한 수용자 태도와 의식의 차이를 설명할 수 있을 것으로 생각한다. 노랫말에 나타난 연애에 대한 말하기 방식을 통해 수용자가 선호했던 연애에 관한 태도와 의식을 유추할 수 있을 것이다.

이를 위해 화자 말하기 방식[2])에 주목하기로 한다. 말하기 방식은 시점과 담화방식을 통해 화자 의식과 태도를 드러내는 구체적 근거가 되기 때문이다. 화자의 말하기 방식은 노래를 부르는 창자와 청자 간 소통의 매개 역할을 하면서 집단적 공감 혹은 개인적 공감을 가능하게 한다. 과거의 기억을 환기하여 현재화하는 구체적인 통로가 되기도 한다. 민요의 경우 창자가 향유자를 겸하고 있는 까닭에 창자 개인의 체험이 노랫말로 녹아드는 경우가 잦다. 이러한 현장성 때문에 '노래는 거짓말이 아니다'라는 향유자 의식을 만들어낸다.

자본의 기획으로 만들어진 대중가요 역시 소비자에게 공감을 불

---

1) 이영미, 『흥남부두의 금순이는 어디로 갔을까』, 황금가지, 2002; 김수경, 『노랫말의 힘, 추억과 상투성의 변주』, 책세상, 14-15면; 장유정, 『오빠는 풍각쟁이야』, 187-188면.

2) 노랫말을 전달하는 화자의 시점과 담화방식을 중심으로 서술자, 주인공 화자, 등장인물 등으로 나누어 살펴볼 수 있다. 이정아, 『시집살이 노래와 말하기의 욕망』, 혜안, 2010.

러일으킬 수 있는 감정과 정서적 반응을 예측하여 만들어진다. 생산과 유통 과정은 민요와 달리 인위적이고 전략적이지만, 기획단계에 대상으로 삼은 소비층 의식을 반영한다는 점에서 노래의 향유층 의식이 투영되는 민요와 유사한 일면을 지닌다.3) 산업화 이후 전통민요가 점유했던 그 자리에 대중가요가 자연스럽게 들어서게 되었다. 노래 부르는 이들이 공감할 만한 관심사, 경험, 정서, 욕망 등을 대신하고 그들이 환기하고 싶은 기억의 공간으로 몰입할 수 있도록 그들을 인도해주었기 때문이다. 노래는 부르거나 듣는 이의 공감을 끌어낼 때 생명력을 갖게 되기 마련이다.

조선 후기 전통사회와 근대 이후 산업사회에 불린 노랫말에서 전개되는 화자의 말하기 방식을 통해 민중 혹은 대중이 각각 연애에 대한 욕망을 어떻게 공감하고 있는가를 추론해낼 수 있을 것이다. 노랫말에 대한 공감의 저변에 자리하는 향유자/수용자의 의식은 그들이 속한 공동체 성격 및 공동체가 위치한 사회적 환경과 긴밀한 관련을 지니기 마련이다. 따라서 예술적 체험을 가능하게 했던 사회적 환경과 맞물려 이해할 필요가 있다. 이를 위해 노랫말에 나타난 화자 태도와 재현 방식에 주목해야 한다고 생각한다. 그것이 가장 선명하게 향유층 욕망의 지향점을 해석해낼 수 있는 단서가 되기 때문이다. 이를 위해 서사민요의 남녀 간 연애를 주제로 한 노래에 나타나는 말하기 방식과 1960-70년에 대중에게 널리 불리고

---

3) 이영미는 대중가요는 근대사회의 산물로 음반이나 방송을 통해 전달되며 구비전승처럼 적층성을 가지고 있지 않으며 창작자와 작품의 오리지널리티가 분명하다는 점을 들어 양자의 차이를 지적하였다. 그러나 대중가요가 자본주의 사회의 지배문화인 동시에 서민문화라는 이중성을 지니지만 대중의 자발적 수용으로 유지되는 문화라는 점을 강조하면서 경험과 관심사, 인식과 정서, 욕망 등이 대중과의 공감대를 이루어낸다는 점을 지적한 바 있다. 이영미, 『한국대중가요사』, 민속원, 2006, 24-26면.

사랑받았던 대중가요 가운데 이야기성을 가지고 있으면서 연애 상황을 담아낸 몇몇 노랫말에 나타나는 말하기 방식을 중심으로 대비하여 살펴보고자 한다.

논의를 위한 대상 자료로는 서사민요 <이선달네 맏딸애기>, <댕기노래>, <상추씻는 저큰아가>, <남도령 서처자> 등 남녀 간 연애 상황을 중심으로 노래가 전개되는 자료를 선택하였다.4) 대중가요로는 1960-70년대 대중가요 가운데 대중들에게 인기를 얻었던 노래 중 <갑돌이와 갑순이>, <섬마을 선생님>, <흑산도 아가씨>, <물레방아 도는데> 등을 대상으로 삼았다.5) 선택한 노래들은 서사민요와 마찬가지로 최소한의 인물 간 갈등을 전제로 한 사건이 배경이 되는 이야기성을 담보하고 있다. 또한 이들 노래는 전통적인 농업 중심의 공동체가 와해되고 근대산업화 시대로 넘어가는 길목에서 대중에게 사랑을 받았던 대표적인 노래들이라고 할 수 있다.

그동안 서사민요에 관한 연구는 서영숙,6) 강진옥,7) 이정아8) 등

---

4) 서영숙은『한국 서사민요의 씨실과 날실』을 통해 한국 서사민요 자료를 총망라하여 정리한 바 있다. 이 가운데 본고가 대상으로 삼고 있는 <댕기노래>, <상추씻는 저큰아가>, <남도령 서처자> 는 '총각과 처녀 사이에서 일어난 사건'으로 분류되고 있다. 논의를 위해 대상 자료로 삼는 노래 는 말하기 방식을 살펴볼 수 있는 대표성을 지니는 유형을 선택하였고 등장인물 간 쌍방 소통이 직간접적으로 나타나는 노래를 선별하였다. 여기에 일방적인 짝사랑, 혼인 언약과 상대방의 갑작 스러운 죽음으로 인한 비극적 사건이 전개되는 유형은 제외하였다. 본고가 대상 자료로 삼은 <댕기노래>는 서영숙 분류에서는 <장식품을 잃어버린 처녀에게 구애하는 총각> 유형으로 총 64 편이 정리된 바 있다. <상추씻는 저큰아가>는 <일하는 처녀에게 구애하는 총각>이라는 유형으로 총 24편이 정리되었으며 <남도령 서처자>는 <나물 캐다 사랑을 나누는 총각과 처녀>로 분류되 어 총 17편이 제시되었다. 서영숙 연구 성과와 그 업적에 의거하여 본 논의가 가능해졌음을 밝 히며 깊은 감사의 뜻을 표한다. 서영숙,『한국 서사민요의 씨실과 날실』, 역락, 2010.

5) 선택한 노래는 이 시기 인기 대중가요를 대표하는 노래로 장유정, 이영미 등 연구자들에 의해 이미 언급되어 검증된 바 있다. 이영미,『한국대중가요사』, 민속원, 2006; 장유정,『한국 근대가 요의 매체와 문화』, 소명, 2012.

6) 서영숙,「<이사원네 맏딸애기> 노래의 서사적 특징과 현실의식」,『한국고전여성문학연구』22권, 한국고전여성문학회, 375- 411면; 서영숙,「<이사원네 맏딸애기> 노래의 전승 양상」,『어문연구』 67, 어문연구학회, 2011, 63-89면; 서영숙,『한국 서사민요의 씨실과 날실』, 역락, 2009, 1-685면.

7) 강진옥,「서사민요에 나타나는 여성 인물의 현실 대응양상과 그 의미 : 시집살이 애정 갈등 노 래류의 '여성적 말하기' 방식을 중심으로」,『구비문학연구』9, 한국구비문학회, 1999, 97-130면;

에 의해 다각적인 연구가 이루어진 바 있다. 이들 연구가 성과물로
낸 서사민요의 다양한 유형을 근간으로 노래의 서사성에 천착한 구
조와 유형별 변이 양상을 다루고 있는 연구 결과를 출발점으로 하
여 보다 미시적인 노랫말 분석 방법을 위해 고전 시가 분야 몇몇
연구 성과9)를 참고하였다. 동시에 대중가요에서 이루어진 연구 성
과10)를 기반으로 여성성, 노래를 통해 표출된 사회적 변화, 낭만적
사랑을 주제로 한 몇몇 논의11)를 근거로 하여 서사민요와 대중가요
에 나타난 연애에 대한 화자 태도를 다각적으로 살펴보고자 한다.

그동안 전통적인 사회에서 자족적으로 불린 민요와 자본이 지배
하는 사회에서 기획, 생산, 유통된 노래를 연결하여 그 유사성과 차
이를 살펴본 논의는 활발하게 진행되지 못했다. 전통사회의 문화와
산업화사회의 대중문화가 이질적으로 여겨지는 데에는 여러 가지

강진옥, 「여성민요 화자의 존재 양상과 창자 집단의 향유의식」, 『한국고전여성문학연구』 4,
2002, 5-32면; 강진옥, 「여성민요와 여성 생활 현실의 관련 양상」, 『한국고전여성작가연구』, 태
학사, 1999; 강진옥, 「여성민요 창자 정영엽 연구」, 『구비문학과 여성』, 박이정, 1999.

8) 이정아, 「<이선달네 맏딸애기>를 바라보는 또 하나의 시각- 균열을 봉합하지 않아야 살아나는
노래의 의미-」, 『한국민요학』 38집, 한국민요학회, 2013, 147-170면; 이정아, 『시집살이 노래와
말하기의 욕망』, 혜안, 2010; 이정아, 「규방가사와 시집살이 노래에 나타난 여성의 자기인식」,
『한국고전문학연구』 15, 한국고전연구, 2007, 213-239면; 이정아, 「서사민요연구」, 이화여자대
학교 석사학위논문, 1993.

9) 박혜숙, 「고려속요의 여성 화자」, 『고전문학연구』 14집 한국고전연구, 1998, 5-28면; 정인숙,
「가사에 나타난 시적 화자의 목소리- 연군 가사와 애정 가사를 중심으로」, 서울대학교 박사
학위 논문, 2001; 김수경, 『노랫말의 힘, 추억과 상투성의 변주』, 책세상, 2002.

10) 이영미, 「한국대중가요사 연구의 현 단계」, 『대중서사연구』 12호, 123-152면; 이영미, 「한국
대중가요사의 동력과 세대 간 양식 취향 갈등」, 대중음악 통권 11호, 2013, 33-69면; 이영미,
「세계화, 지구화 시대의 한국 대중가요를 위한 점검」, 『정신문화연구』, 한국정신문화연구원,
2002; 이영미, 『한국대중가요사』; 장유정, 『한국 근대가요의 지속과 변모』, 소명, 2012; 장유
정, 『한국 근대가요의 매체와 문화』, 소명, 2012; 장유정, 「일제강점기 한국 대중가요 연구」,
서울대학교 박사학위 논문, 2004; 박애경, 「가요개념의 근대화, 신민화, 혼종화」, 『구비문학연
구』 34집, 2012; 박애경, 『가요 어떻게 읽을 것인가』, 책세상, 2002.

11) 이동순, 「한국 근대 대중가요에 나타난 여성성의 실태 연구」, 『동북아문화연구』 20집, 2009,
165-187면; 하춘화, 「대중가요 유형 분석에 관한 연구 1970년대 대중이 선호하는 가요를 중
심으로」, 『한국여가레크레이션학회지』 30권, 한국여가레크레이션학회, 61-74면; 이지연, 신수
진, 「한국 대중가요에 나타난 낭만적 사랑」, 『한국가족관계학회지』 9권 1회, 2004, 25-56면.

이유가 있겠지만 무엇보다도 그것을 향유한 수용자 공동체의 성격과 변화를 통해 이것을 설명하는 과정이 필요해 보인다. 본 연구는 이러한 연구를 위한 초석으로 노랫말에 주목하기로 한다. 우선적으로 노랫말에 나타난 말하기 방식을 통해 서사민요와 대중가요에 나타난 연애에 대한 재현 방식과 화자 태도를 살펴볼 것이다. 남녀 간 연애에 대한 재현 방식과 화자 태도를 통해 연애에 대한 향유자·수용자 의식과 이들 공동체 성격을 설명할 수 있을 것으로 생각하기 때문이다. 전통사회의 민중과 산업화사회의 대중이 불렀던 연애에 관한 노래에 나타나는 정서에 대한 기존 선입견[12])에서 벗어나 보다 유연한 태도로 접근할 필요가 있다.

2. 서사민요에 나타난 말하기 방식

서사민요는 이야기로 전개되는 노래이다.[13]) 영미권의 발라드와 유사하지만 한국적 특성을 지닌 노래이다. 서사민요 가운데는 결혼한 여성의 삶을 주제로 하여 전개되는 노래가 많지만 <댕기노래>, <상추씻는 저큰아가>, <남도령 서처자>, <이선달네 맏딸애기>와 같이 남녀 간 연애를 주제로 전개되면서 등장인물 간 소통이 직간접적으로 재현되는 노래도 상당수 존재한다.

이 가운데 <댕기노래>[14])는 잃어버린 댕기를 매개로 남녀 간 밀

---

12) 일반적으로 신파적 감정, 피해의식과 죄의식, 자학적 감정을 눈물로 해소하고자 하는 태도를 연애를 주제로 한 노래에서 찾아볼 수 있다고 보았다. 이영미 앞의 책, 김수경, 앞의 책, 95면.

13) 조동일, 『서사민요연구』, 계명대학교 출판부, 1972.

14) 강진옥은 <댕기노래>를 구혼·구애 노래류로 분류하면서 44편을 대상으로 논의를 펼친 바 있다. 강진옥, 「여성민요와 여성 생활 현실의 관련 양상」, 『한국고전여성작가연구』, 태학사, 2000; 서영숙은 이 노래를 남녀관계의 하위범주에 속하는 유형으로 보면서『시집살이 노래연

고 당기는 연애 정황을 현실감 있게 포착하여 제시한 노래이다.

> 울아버지 서울가서 떠다준 댕기/울어머니 접어준댕기
> 울리성네 접어준댕기/울어머니 대려준댕기
> 담안에다 널을띠다/잊었고야 잊었고야
> 우리성님 눈치댕기/우리오빠 호령댕기
> 담안에다 널을띠다/잊었고야 잊었고야
> 친구친구 내댕기/줏었그딩 나를 주소
> 아랫집총각이 줏어가지/총각총각 내딩기/줏었그딩 나를 주오
> 네댕기를 찾을라거등/국솥밥솥 걸어놓고
> 치매자락 홀매자락/마주치면 너를주마
> 에라욘놈 행실존놈/돈닷냥만 베렸으면
> 그보다도 더존댕기/홀율허이 드릴텐디
> 댕기땀에 치매자락/흘미자락 마주줄거나15)

제시한 노래에는 아버지, 어머니, 오빠 등 가족이 선물로 준 댕기를 잃어버린 처녀가 그것을 애타게 찾는 장면과 그 잃어버린 댕기를 찾아줄 테니 자신과 연애하자는 남성의 제안이 이어지고 있다. <댕기노래>에서 총각은 도령, 통인 등으로도 등장하는데 특히 통인으로 설정된 각편이 많아 노래 현장에서는 <통인노래>라고 부르기도 한다.16) 노랫말에 나타나는 여성화자, 남성화자, 서술자를 구분해보면 다음과 같다.

구』에 수록된 9편, 『서사민요연구』에 수록된 6편, 『한국민요대전』에 수록된 3편, 『구비문학대계』에 수록된 48편을 대상으로 「적극적인 사랑의 요구와 실현」이라는 연구를 개진한 바 있다. 서영숙, 『한국서사민요의 날실과 씨실』, 역락, 2009.

15) 서영숙, 『한국 서사민요의 씨실과 날실』, 역락, 619-620면. 이 노래는 창자가 노래를 부르는 중간중간 말을 통해 노래에 대한 창자의 해석을 부연하고 있는 자료이다. 노래의 마지막 부분에 나오는 처녀의 대답을 창자는 호령이라고 하며 단호한 거절을 의미한다고 말하고 있다. 그러나 창자의 이러한 노래에 대한 해석은 이 유형 다른 각편과 비교하여 살펴볼 필요가 있다.

16) 천혜숙, 『한국민요사전』, 한국민속박물관, 2013, 170-171면.

(여성화자) 울아버지 서울가서 떠다준댕기/울어머니 접어준댕기
...중략...
담안에다 널을띠다/잊었고야 잊었고야/친구친구 내댕기
줏었그덩 나를 주소
(서술자) 아랫집총각이 주워가지
(여성화자) 총각총각 내딩기/줏었그덩 나를 주오
(남성화자) 네댕기를 찾을라거등/국솥밥솥 걸어놓고
치매자락 홀매자락/마주치면 너를주마
(여성화자) 에라욘놈 행실존놈/돈닷냥만 베렸으면
그보다도 더존댕기/훌율허이 드릴텐디
댕기땀에 치매자락/흘미자락 마주줄거나

　위 노래는 여성 화자의 극적 독백으로 시작한다. 댕기를 잃어버
려 찾고 있는 여성 화자의 말을 엿들은 남성 화자가 답하는 극적
대화 형식으로 전환되어 노래가 이어지고 있다. 두 사람의 극적 대
화와 중간에 잠시 등장하는 서술자를 통해 이러한 장면을 바라보는
객관적인 시각이 개입하고 있다. 댕기를 잃어버린 여성은 잃어버린
댕기를 찾아달라고 애타게 말한다. 이러한 상황에 유일하게 반응하
는 남성이 등장한다. 남성은 "치매자락 홀매자락/마주치면 너를주
마"라고 하면서 성적 욕망을 노골적으로 드러낸다. 이에 대해 여성
화자는 "에라욘놈 행실존놈/돈닷냥만 베렸으면/그보다도 더존댕기/
훌율허이 드릴텐디/댕기땀에 치매자락/흘미자락 마주줄거나"라며
거절한다. 이 장면은 남성의 노골적 요청에 대한 여성의 단호한 거
절로 끝이 나는 듯 보인다. 그러나 노래의 전반에서 중반까지 이어
지는 여성의 댕기에 대한 집착과 그것을 찾아달라는 요청의 내용을
염두에 두고 본다면 단순한 호령(거절)이라고 볼 수만은 없다.
　여성은 아버지, 어머니, 오빠 등 자신과 가장 친밀한 대상 즉 가
족과 댕기를 연결해가면서 댕기를 찾고 있다. 담 안에서 널을 뛰다

댕기를 잃어버렸다며 이를 찾아달라 말하고 있다. 그때 잠시 등장하는 "아랫집 총각이 주워가지"의 발화 주체는 분명 여성 화자는 아니다. 서술자 역할을 하는 발화의 주체는 곧바로 사라지고 다시 "총각"에게 댕기를 찾아달라는 여성 화자의 말이 이어진다. 이러한 일련의 상황을 볼 때 노래는 이들 간 관계가 어떻게 진행되는지에 대한 결과보다는 이들의 대화가 오가는 상황에 더 큰 관심을 두고 있다는 점을 알 수 있다. 또한 여기서 널을 뛰다가 잃어버린 댕기에 대한 은유적 해석도 필요하다. 잃어버린 댕기를 찾고 있는 여성과 여성에게 육체적 관계를 요구하는 남성의 요청은 각편에 따라 다양한 해석을 가능하게 만들기 때문이다. 잃어버린 댕기와 그 상징성, 처녀·총각의 만남과 육체적 사랑에 대한 기대감 같은 서사적 진행은 <이생규장전>, <춘향전>, <운영전> 등과 같은 고전소설에서도 유사하게 발견된다.

한편 <상추씻는 저큰아가>[17)]와 같은 노래는 냇가에서 상추를 씻는 여성에게 남성이 다가가 적극적인 구애를 하는 상황을 포착하고 있다.

> 나주명산 또내기시암에서/상추씻는 저큰아가
> 상출라끈 씻소마는/껄껄잎은 자쳐놓고
> 속속잎은 씻어서 나를다오/에라요놈 요망한놈아
> 속잎씻쳐서 너를주면/상추값은 언제낼래
> 엇다야야 그말마라/내신네신을 한테벗어그믄
> 그때그때는 갚아주리라[18)]

---

17) 서영숙은 이 노래를 일하는 처녀에게 구애하는 총각 유형으로 정리하여 총 24편을 소개하고 있다. 앞의 책, 344면.
18) 서영숙, 앞의 책 626면, 먹굴 12 <상추씻는 큰 애기 노래> 진사림 (72세) 1981년 7월 31일.

고정옥은 이 유형의 노래를 '동남동녀 문답체요'로 분류하고 있다. 이러한 유형의 노래는 '상추씻는 처녀', '연밥따는 처녀', '뽕따는 처녀', '빨래하는 처녀' 등으로 시작하는데 총각이 처녀에게 하던 일을 멈추고 사랑을 나누자는 구애하는 장면으로 시작한다. 남성은 먼 거리에서 점차 근거리로 여성에게 다가간다. 남성은 상추를 씻고 있는 여성에게 "꼍꼍잎은 자쳐놓고/속속잎은 씻어서 나를다오"라며 성적 결합을 요청한다. 여성의 첫 반응은 "에라요놈 요망한놈아/속잎씻쳐서 너를주면/상추값은 언제낼래"이다. 여성의 답은 거절처럼 보인다. 그러나 그 제안을 '속잎을 너에게 주면 상추값은 언제 낼래'라는 대답 즉, 상응하는 대가를 이유로 거절하고 있지만, 즉각적이고도 단호한 거절이 아니라는 점을 알 수 있다. 그 뜻을 알아들은 남성은 다시 "엇다야야 그말마라/내신네신을 한테 벗어그믄/그때그때는 갚아주리라"로 답하고 있기 때문이다.

노래를 통해 제시되고 있는 말하기 방식을 살펴보면 다음과 같다.

> (남성화자) 나주명산 또내기시암에서/상추씻는 저큰아가
> 상출라끈 씻소마는/꼍꼍잎은 자쳐놓고/속속잎은씻어서 나를다오
> (여성화자) 에라요놈 요망한놈아/속잎씻쳐서 너를주면
> 상추값은 언제 낼래
> (남성화자) 엇다야야 그말마라/내신네신을 한테벗어그믄
> 그때그때는 갚아주리라

노래는 남성 화자가 여성에게 말을 건네는 극적 대화로 시작하고 있다. 속잎을 달라는 남성의 노골적인 구애에 여성 화자는 "속을 씻어 너를주면/상추값은 언제 낼래"라며 응수한다. 이 응수를 암묵적 동의 내지는 보류 의사의 함축으로 보는 것도 가능해 보인다.

이에 남성은 "엇다야야 그말마라/내신네신을 한테벗그믄/그때그때 는 갚아주리라"라고 답한다. 노래는 여기서 끝나지만 이후 두 남녀 간의 밀고 당기는 상황 이후에 벌어질 사건을 상상하게 한다.

　남녀의 만남이 밀고 당기는 양상을 보이면서 이후 벌어질 상황을 상상하게 해준다는 점에서 두 노래 모두 유사한 정서를 환기한 다.[19] 노래에 등장하는 남성은 상대에 대한 호감을 보이며 즉각적 인 성적 결합을 제안한다. <상추씻는 저큰아가>는 상춧값을 이유로 그 제안에 대한 유보적 태도를 보이고 <댕기노래>는 표면상 단호 한 거절의 태도를 보인다. 이러한 남녀 간 대화를 통해 밀고 당기 는 신경전을 보이는 양상은 연애에 대한 향유층 의식을 유추할 수 있는 근거가 된다. 이들 간 밀고 당기기의 극적 대화를 통해 알 수 있는 것은 남녀 간 연애가 상대방의 의사를 타진하는 과정을 거쳐 육체적 사랑으로 연결된다는 의식이다. 두 노래 모두 여성의 의사 를 타진하는 남성의 태도와 여성의 대답 여부에 따라 육체적 사랑 이 이루어진다는 인식을 전제로 하고 있다. 거절 혹은 소극적 태도 를 보이는 여성의 대답은 이러한 전제를 함의하고 있다.

　다음 살펴볼 노래는 일명 나물 노래라고도 불리는 <남도령 서처 자>[20]이다.

　　서나물뜯으러 가잔다/서문밖에 서처자야
　　남문밖의 남도령아/나물뜯어러 가잔다

---

19) 각편에 따라 극적 대화의 양상은 달라질 수 있다. 논의에서 강조하고자 한 것은 전통사회 하층 여성이 공유한 연애에 대한 태도 가운데 가부장 이데올로기로부터 자유로운 양상을 보이는 사례들이라는 점을 밝히기로 한다.

20) 서영숙은 이 노래를 '나물 캐다 사랑을 나누는 총각과 처녀'라고 총 17편을 정리한 바 있다. 나물 캐러 가는 과정, 남녀가 점심을 나누는 과정, 함께 육체적 사랑을 나누는 과정이 순차적 으로 전개되는 노래다. 앞의 책, 345면.

어느곳을 들어가꼬/만첩산중 짚은곳에
지나진곳을 들어가자/올러가면 올고사리
너러가면 늦고사리/줌줌이 끊어놓고
…중략…
그래조타 야아거너리분재/줌줌이 뜯어놓고
야허리굽다 광대서리/줌줌이 뜯어놓고
십옥보에 귀로마차야/한바뿌제(보자기) 뜯었구나
뜯어놓고 남도령 하는말이/점섬참이 되었구나
점심이나 묵고보자/남도령밥은 허어서 처자묵고
서처자밥은 허어/남도령이 묵는다
서처자 반찬은/삼년묵은 더덕인데
남도령 반찬은/삼년묵은 된장꼬랑네나는
된장에다가 그럭그럭/점섬참을 묵고나니/사방을 살펴보니끼네
인적이도 적적하다/적적하니야 처마벗어 차알친다
저고리벗어 비개하고/헐대벗어 팽풍치고
우리꺼정 놀고나니끼네/서처자 하는말이/우리가 이카다가
애기나 동동서마 어찌하꼬/남도령 하는말이 걱정마라
내주머니에 회초생강 다들었다/그럭저럭 한달가고
두달가고 배가불러오니/서처자 하는말이
어더로가꼬 남도령아/만첩산중 깊은곳에
절간으로 들어가자 … 이하 생략[21]

　　노래는 서처자와 남도령을 부르며 나물을 뜯으러 가자는 서술자
제안으로 시작이 된다. 이윽고 나물을 뜯는 장면이 반복과 병렬을
이루며 확장된다. 그러다가 점심을 먹고 난 이후 서처자와 남도령
은 육체적 사랑을 나눈다. 앞서 살펴본 <댕기노래>와 <상추씻는
저큰아가>에서 보이던 밀고 당기는 남녀 간의 관계는 사라진다. 노
래를 통해서는 구체적이고 직접적인 연애 장면만이 재현되고 있다.
"인적이도 적적하다/적적하니야 처마벗어 차알친다/저고리 벗어 비
개하고/헐대벗어 팽풍치고/우리꺼정 놀고나니끼네" 이때 서처자는

21) 『한국민요대전』, 경북 편.

적극적이고 주체적인 행위자 즉 육체적 사랑의 주체가 된다.

> (서술자) 십옥보에 귀로마차야 한바뿌제(보자기) 뜯었구나
> 뜯어놓고 남도령 하는 말이
> (남성화자) 점섬참이 되었구나 점심이나 묵고보자
> (서술자) 남도령 밥은허어 서처자묵고 서처자밥은 허어 남도령이
> 묵는다 서처자 반찬은 삼년묵은 더덕인데 남도령 반찬은 삼년묵
> 은 된장꼬랑네나는 된장에다가
> 그럭그럭 점섬참을 묵고나니 사방을 살펴보니끼네
> 인적이도 적적하다 적적하니야 처마벗어 차알친다
> 저고리벗어 비개하고 혈대벗어 팽풍치고
> **a(시점의 착종) 우리꺼정 놀고나니끼네**
> (서술자) 서처자 하는 말이
> (여성화자) 우리가 이카다가 애기나동동서마 어찌하꼬
> (서술자) 남도령 하는말이
> (남성화자) 걱정마라 내주머니에 회초생강 다들었다

노래를 통해 전개되는 화자 말하기 방식을 살펴보자면 서술자→
남성화자(남도령)→서술자-여성화자(서처자)→서술자→남성화자(남
도령)로 진행되고 있다. 제시한 자료 가운데 a 부분을 주목할 필요
가 있다. '우리꺼정 놀고 나니끼네'는 3인칭 시점과 1인칭 시점을
모두 포괄하는 시점의 착종 현상이라고 보이기 때문이다. 이렇게
등장인물과 서술자를 포괄하는 듯 보이는 시점의 착종 현상은 청중
에게 극적 사실성과 현장성을 통해 상황을 전달하는 효과를 내고
있다.

한편 노랫말을 통해 재현되는 남녀의 말과 행동을 통해 이들의
관계가 대등하고 수평적이라는 점도 주목해야 한다. 밀고 당기는
대화가 전개되었던 <상추씻는 저큰아가>와 <댕기노래>보다는 진
전된 관계를 보인다는 점도 주목할 지점이다. 전통사회의 지배이데

올로기가 요청했던 여성의 성 역할과는 차이를 보이기 때문이다.

마지막으로 살펴볼 노래는 <이선달네 맏딸애기>[22]이다. 이 노래는 여성의 적극적 구애로 노래가 시작된다. 그러나 여성의 적극적 구애가 남성의 거절로 이어지면서 이후 여성에게 저주받은 남성이 죽음에 이른다는 서사적 전개가 이어진다. 적극적 구애와 저주라는 핵심 서사는 신부 한탄이나 사후결합 등과 같은 다양한 방식의 결말로 이어지기도 하며 주인공 목소리가 아닌 다른 목소리를 통해서 재현되기도 한다.[23]

한살먹어 엄마죽고/두살먹어 아바죽고
시살먹어 할매죽고/니살먹어 할배죽고
호부다섯 절에올라/열다섯에 글을배와
책을랑 옆에찌고/책댈랑 손에들고
붓을랑 입에물고/이선달네 맏딸애기
하잘났다 소문나/이선달네 집모랭이
이실비실 돌어가니/이선달네 맏딸애기
저기가는 저손님은/앞은보니 도령이요
뒤는보니 수촬레라/유해가소 유해가소
하릿밤만 유해가소/말씀은 좋건마는
질이바뻐 안되겠소/저게가는 저자석은
한모랭이 돌거들랑/을피돌피 때러주소
한모랭이 돌거들랑/급살총살 맞어죽소

---

22) 『한국구비문학대계』 8편과 조동일 『서사민요연구』 24편, 『한국민요대전』 3편 가운데 '처녀 저주형'에 속하는 14편(한국구비문학대계 3편, 조동일 자료 10편, 한국민요대전 1편)을 대상으로 한다. 서영숙, 「<이사원네 맏딸애기> 노래의 서사적 특징과 현실의식」, 『한국고전여성문학연구』 22, 한국고전여성문학회, 2010, 378-379면; 박상영, 「서사민요<맏딸애기> 노래>의 구조적 특징과 그 미학」, 『한국시가연구』 27집, 한국시가학회, 2009, 379-422면; 이정아, 「<이선달네 맏딸애기>를 바라보는 또 하나의 시각」, 『한국민요학』 38집, 한국민요학회, 2013.8, 147-170면.

23) 이정아는 이 노래가 단일한 목소리가 아닌 여럿의 목소리가 만들어내는 이야기 노래로 이 노래를 향유한 여성들의 의식과 감정은 상충하거나 균열을 보이지만 이는 인과적 원칙보다는 정서적 공감대 혹은 어떤 공식구를 조합하느냐에 따라 달라지는 현장문예물로서의 특징이며 이는 사랑에 대한 욕망을 전하지만 동시에 상충하는 감정을 노정하며 그 균열을 봉합하지 않은 채 전달하는 여성 서사민요의 고유한 미적 특질이라고 언급한 바 있다. 위의 논문, 이정아.

한모랭이 돌거들랑/베락이나 때려주소
장개라고 가거들랑/가매라꼬 타거들랑
가매채가 내라앉으소/말이라꼬 타거들랑
말잔딩이 뿌러지소/대문간에 들거들랑
대문채가 닐앉으소/행지청에 들거들랑
사모관대 닐앉으소/정심상을 들거들랑
은제놋제 뿌러지소/지녁상을 들거들랑
반다리나 뿌러지소/신부방에 들거들랑
숨이딸각 넘어가소/사랑방에 아부님요
어제왔는 새손님이/숨이딸각 넘어갔소
에구야야 그말말고/삼단겉은 너의머리
그끝으로 풀어자라 …이하 생략24)

<이선달네 맏딸애기>는 적극적 태도를 보이는 여성이 남성에게 호감을 전하고 연애를 제안하지만, 남성의 거절로 인해 호감의 감정은 저주로 돌변하게 되며 이로 인해 남성이 죽는다는 기본 서사구조를 갖는다. 각편에 따라 죽음 이후의 상황이 펼쳐지고 사후결합으로 이어지는 노래도 발견되는데 위에서 제시한 노래는 남성이 죽은 이후의 상황이 서술자나 주인공 화자 이외의 등장인물에 의해 전개되고 있는 각편이다.

이 노래는 앞서 살펴본 노래들과 달리 현재적 연애 상황을 다루지 않고 현실에서 이루지 못한 연애를 죽음 이후 시도하고 있다는 점에서 차별적이다. 노래 속 화자는 서술자 시점과 주인공 남녀 대화와 다른 등장인물의 시점을 빌어 그들의 상황을 제시해 나간다. 여성의 일방적 호감과 제안으로 시작하는 서두 부분, 거절 이후 반복 확대되는 저주, 저주 이후 남성의 죽음 등이 순차적으로 전개되고 있다.

24) 『한국민요대전』, 경북 편, 232-233면.

노래를 통해 전개되는 말하기 방식을 살펴보면 다음과 같다.

(서술자) 이선달네 맏딸애기 하잘났다 소문나 이선달네 집모랭이
이실비실 돌어가니 이선달네 맏딸애기
(여성화자) 저기가는 저손님은 앞은보니 도령이요 뒤는보니 수좔
레라 유해가소 유해가소 하릿밤만 유해가소
(남성화자) 말씀은 좋건마는 질이바뻐 안되겠소
(여성화자) 저계가는 저자석은 한모랭이 돌거들랑 을피돌피 때려
주소 한모랭이 돌거들랑 급살총살 맞어죽소 한모랭이 돌거들랑
베락이나 때려주소

서술자는 '이선달네 맏딸애기'가 잘났다고 소문이 나서 일부러
그 집으로 돌아가는 남성에 대해 말하고 있다. 이러한 배경 설명
이후 이선달네 맏딸애기의 "저기가는 저손님은~"으로 시작하는 제
안과 남성의 "말씀은 좋건마는~"이라는 거절이 곧바로 이어진다.
이후 어떤 부연 설명 없이 곧바로 이선달네 맏딸애기는 "저계가는
저자석은~" 하고 저주한다. '서술자 → 여성화자 → 남성화자 →
여성화자'로 전개되는 '말하기 방식'은 3인칭 서술자 시점에서 두
주인공 남녀의 극적 대화가 그대로 제시되는 양상으로 진행되다가
다시 여성 화자의 1인칭 시점으로 옮기게 된다. 이런 '말하기 방식'
은 시집살이 노래의 <중이 된 며느리>, <양동가매 깬 며느리>,
<진주낭군>, <서답노래> 등과 같은 유형에서 흔히 볼 수 있는 전
개 방식이기도 하다.
　이렇게 살펴본 네 유형의 노래 모두 남녀 간 구애의 장면이 현재
적 상황으로 재현되고 있다. 남녀 간의 호감이 직접 표현되거나 육
체적 결합이 재현되거나 요청된다는 점에서 유사하다.
　네 노래를 통해 살펴본 화자의 말하기 방식은 서사적 서술(시점

의 착종 현상을 포함), 극적 대화, 극적 독백 등 다양한 방식을 통해 이루어지고 있으며 등장인물 간의 쌍방적 소통이 직접 재현되는 방식을 취한다. <남도령 서처자> 속 서술자가 등장인물과 서술자 시점을 포괄하며 소통을 재현하고 있다면 <이선달네 맏딸애기>와 같은 노래는 극적 대화와 서사적 서술(주인공 처지를 대변한 말하기 포함) 등이 이러한 역할을 수행하고 있다. <댕기노래>와 <상추 씻는 저큰아가> 같은 자료 역시 주인공 화자의 발화와 상대 남성 간의 극적 대화를 통해 등장인물 간 소통이 재현되고 있다.

반면 이들 노래에 나타난 등장인물 간 직접적 소통 양상과는 달리 연애의 상황을 포착하여 제시하는 시점은 대체로 일정한 거리를 확보하고 있다. 서술자를 통해 두 남녀의 관계를 제시하기도 하고 두 남녀의 발화를 통해 상황을 재현하기도 한다. 연애 상황이나 감정 자체에 함몰되는 대중가요의 노랫말과는 차이가 있다.

네 노래 모두 관계에 대한 내적 갈등이나 심적 묘사보다는 직접적인 행동과 그로 인한 말과 행동을 중심으로 진행되고 있다. <댕기노래>, <상추씻는 저큰아가>, <이선달네 맏딸애기>가 육체적 사랑의 장면을 기대하게 만든다고 한다면 <남도령과 서처자>는 그들의 육체적 사랑이 직접 재현되고 있다. 연애 장면이 노골적일수록 객관적 거리를 유지하는 말하기 방식이 활용되고 있다는 점에 주목해야 한다.

노래는 모두 등장인물 간 쌍방 소통을 보여주지만, 연애 상황이나 전개에 있어서는 객관적 거리를 유지하는 태도를 보인다. 이러한 태도는 언제든지 노래 부르는 창자나 향유자 의도가 개입할 수 있는 구조로 열려 있기도 하다. 이는 서사민요 전반에 나타나는 특징이기도 하다. 따라서 창자와 이를 듣는 현장 향유층에 따라 노랫말은 얼마든지 유동적으로 변화될 수 있으며 연행 상황에 따라 또 다른 인물의 발화가 개입하여 특정 장면을 확장해나갈 수 있는 개연성을 지니게 된다.

이러한 말하기 방식을 통해 담긴 노래의 내용은 모두 남녀 간의 연애와 육체적 욕망을 긍정하는 주제를 함축한다. <남도령 서처자>는 남녀가 평등한 관계에서 서로의 욕망을 긍정하고 있으며 <댕기노래>와 <상추씻는 저큰아가>는 여성의 모호한 태도와 남성의 적극적 구애의 신경전을 통해 자유연애와 성적 결합에 대한 욕망을 간접적으로 짐작하게 만든다. 가장 다양한 말하기 방식을 보여주는 <이선달네 맏딸애기>는 여성의 제안을 거절한 남성에게 저주와 죽음이 이어지는 서사적 전개를 보임으로써 남녀 간 육체적 사랑을 긍정하는 향유층 의식을 보여주고 있다. 이 노래는 각편에 따라 사후결합으로 화해가 이루어지기도 하여 낭만적이고 초월적인 사랑에 대한 욕망을 포기하지 않은 의식을 반영하기도 한다.

이렇게 서사민요에 나타나는 말하기 방식은 창자와 수용자, 노래 공동체가 공감하는 연애와 육체적 욕망을 노래를 통해 재현해나가고 있으며 수평적이고도 평등한 대화를 통해 이러한 양상을 구체화시키고 있다. 대화를 통해 전개되고 서술자의 개입을 통해 또 다른 인물의 개입이 가능해지는 이러한 개방적 구조는 역설적이게도 노래를 향유하는 공동체의 폐쇄성과 깊은 관련이 있다. 비밀이 보장되는 공동체 안에서 이 같은 노래들이 향유되었기 때문이다.

3. 대중가요에 나타난 말하기 방식

대중가요[25]의 스펙트럼은 아주 광범위하기 때문에 비교 대상이 될 수 있는 적절한 자료를 선정하는 일이 쉽지 않다. 본고는 대중가요 가운데서도 농촌 중심의 경제가 산업화 도시 중심으로 이동해간 1960-70년대에 대중이 선호한 노래에 주목하기로 한다. 1960-70년대는 농촌문화가 급격하게 위축되고 도시 지향 의식으로 전환 및 확대되었던 시기였다. 동시에 이 시기를 기점으로 대중가요의 주된 테마가 사랑 혹은 연애로 전환되었다. 이 시기 전체 노래 가운데 60% 이상이 사랑 혹은 연애를 주제로 한 노래였다[26]는 점에 주목하였다.

1960-70년대 대중매체를 통해 인기 가요로 선정되어 대중이 선호한 가요로 검증된 노래 가운데 <갑돌이와 갑순이>, <섬마을 선생님>, <흑산도 아가씨>, <물레방아 도는데> 등을 선택하였다. 이들 노래는 1960-70년대를 대표하는 대중가요로 대중에게 널리 불리며 공감을 끌어낸 노래로서 대표성을 지닌다. 무엇보다도 인물 간 갈등과 사건을 전제로 하고 있거나 그 갈등 상황을 전달해나가고 있는 노래로서 연애에 대한 화자 태도와 의식을 살펴볼 수 있는 자료로서 적합하다고 판단되어 선택하였다. 물론 이들 노래는 개인 작곡 작사가에 의해 만들어졌으며 텔레비전이나 라디오로 유통된 노래라는 점에서 앞서 살펴본 서사민요와는 전혀 이질적인 문화적 공간을 통해 수용되고 향유된 대중문화이다. 그러함에도 대중이 즐

---

25) 박애경은 가요를 단순 소박한 비전문가의 노래에서부터 비교적 복잡한 구성을 지닌 전문가의 노래까지 다양한 층위가 포함되어 있다는 점에 주목하고 있다. 본고에서는 자본에 의해 기획 생산 유통된 노래를 대중가요라고 부르기로 한다. 박애경, 『가요 어떻게 읽을 것인가』, 책세상, 26면.

26) 이지연은 1960년대 이후 남녀 간 사랑을 주제로 한 노래가 60% 이상이 되었으며 1970년대와 1980년대는 낭만적 사랑이 정착되는 시대라고 언급하고 있다. 이지연, 「한국대중가요에 나타난 낭만적 사랑」, 이화여자대학교 석사학위 논문, 2002.

겨 듣고 널리 부른 노래로서 수용자들의 공감대를 형성해나간 노래
라는 점에서 대비 가능하다고 생각한다.

연애의 상황을 잘 포착한 노래로는 <갑돌이와 갑순이>27)를 들
수 있다. 이 노래는 서술자의 시점에서 진행되고 있다.

> 갑돌이와 갑순이는 한마을에 살았더래요
> 둘이는 서로서로 사랑을 했더래요
> 그러나 둘이는 마음뿐이래요
> 겉으로는 음~~~~~
> 모르는 척했더래요
>
> 그러다가 갑순이는 시집을 갔더래요
> 시집간 날 첫날밤에 한없이 울었더래요
> 갑순이 마음은 갑돌이뿐이래요
> 겉으로는 음~~~~~~
> 안 그런 척했더래요
>
> 갑돌이도 화가 나서 장가를 갔더래요
> 장가간 날 첫날밤에 달 보고 울었더래요
> 갑돌이 마음은 갑순이뿐이래요
> 겉으로는 음~~~~~~
> 고까짓 것 했더래요

노래는 갑돌이와 갑순이의 어긋난 사랑이 전하고 있다. 한마을에
살았던 두 사람은 서로 사랑을 했지만, 겉으로는 표현하지 못했다.
이 정황은 서술자 전지적 시점을 통해 전달되고 있다. 갑돌이, 갑순
이 두 사람의 마음을 잘 아는 서술자는 어긋난 두 사람의 마음에 대
한 안타까움을 "~했더래요"라는 말로 전하고 있다. 노래의 리듬과

---

27) <갑돌이와 갑순이>는 <온돌야화(溫突夜話)>를 개사한 노래로 이병한(李秉漢)・함석초(咸石草)
가 39년 7월에 리갈레코드에서 발표한 노래다.

선율 역시 좌절된 사랑에 관한 안타까움이나 애절함보다는 밝고 경쾌한 분위기를 환기하고 있어 감정적 이입을 차단하고 있다. 두 사람의 속마음은 서로에게 말하지 못한 채 '겉으로는 안 그런 척', '겉으로는 고까짓 것'이라는 서술자를 통해 전달되고 있다.[28]

앞서 살펴본 서사민요 <이선달네 맏딸애기>나 <댕기노래>의 남녀와 같이 노래에 등장하는 남성과 여성은 직접 말하지 않는다. 대신 이들의 속마음을 잘 알고 있는 전지적인 서술자는 '둘이는 마음뿐이었다. 갑순이는 다른 곳에 시집을 갔고 시집간 날 첫날밤에 울었다. 갑순이가 시집을 가니 갑돌이도 화가 나서 장가를 갔다. 장가 간 날 달 보고 울었다'라며 두 사람의 어긋난 사랑과 그 속마음을 전하고 있다. 그들의 진짜 속마음은 '시집간 날 첫날밤에 한없이 울었다, 장가 간 날 첫날밤에 달 보고 울었다'라는 말로 대신하고 있다. 그들은 끝까지 겉으로는 '안 그런 척했다'라는 것이다. 두 사람은 끝까지 일정한 거리를 유지하며 서술자의 말을 빌려서 그들의 안타까운 사랑을 전하고 있다. 이러한 사랑은 슬픔과 애절함을 환기하지만, 서술자 시점의 일정한 거리를 형성하며 풋풋했던 누군가의 이야기, 누구나 한 번쯤 경험했을 법한 사랑 이야기라는 낭만적 정서를 환기한다.

그런데 <갑돌이와 갑순이>에서 연애에 대한 상황을 전달하는 서술자의 심리적 거리는 등장인물인 갑돌이나 갑순이와 가깝다. 한없이 울고 안 그런 척했다는 서술자의 발화를 통해 갑순이, 갑돌이의 마음을 대변하고 있기 때문이다. 노랫말에는 당사자인 갑순이와 갑

---

28) 이때 서술자의 발화는 3인칭 시점이지만 발화의 대상이 전제되고 있으며 친근한 구어체를 통해 노래를 듣는 수용자들에게 직접 말을 건네고 있는 화법을 사용하고 있다는 점에서 서술자 독백 혹은 서술자의 극적 독백이라고 볼 수 있다.

돌이의 직접적인 목소리는 없다. '말 한마디 건네지도 못한 채 그 냥 마음뿐이었다'로 그들의 사랑은 전해진다. 이러한 말하기 방식을 통해 서사민요에서 나타났던 육체적 사랑에 대한 욕망도 거세되었음을 알 수 있다.

다음 살펴볼 노래에서는 이와는 조금 다른 양상의 서술자가 등장한다.

해당화 피고 지는 섬마을에/철새 따라 찾아온 총각 선생님
열아홉 살 섬 색시가 순정을 바쳐/사랑한 그 이름은 총각 선생님
서울에는 가지를 마오, 가지를 마오[29]

남 몰래 서러운 세월은 가고/물결은 천 번 만 번 밀려오는데
못 견디게 그리운 아득한 저 육지를/바라보다 검게 타 버린
검게 타 버린 흑산도 아가씨

한없이 외로운 달빛을 안고/흘러온 나그넨가 귀양살인가
애타도록 보고픈 머나먼 그 서울을/그리다가 검게 타 버린
검게 타 버린 흑산도 아가씨[30]

두 노래 모두 섬마을에 찾아온 총각 선생님과 섬마을 처녀, 서울에서 온 임과 흑산도 아가씨의 이루어지지 못한 사랑을 전하고 있다. <섬마을 선생님>은 섬에 온 총각 선생님과 열아홉 살 색시의 사랑이 총각 선생님이 서울로 돌아가면서 단절된 상황을 담고 있다. <흑산도 아가씨>도 서술자 시점을 통해 이루어지지 못한 사랑에 대한 슬픔을 전하고 있다. 두 노래는 앞서 살펴본 <갑돌이와 갑순이>와는 달리 섬 색시와 흑산도 아가씨 관점에서 서술자가 그

---

29) 이미자, <섬마을 선생님>, 이경재 작사, 박춘석 작곡, 1967.
30) 이미자, <흑산도 아가씨>, 정두수 작사, 박춘석 작곡, 1967.

마음을 대신 전하고 있다. 여성 처지를 대변하면서 그들이 애타도록 그리워하는 남성에 대한 애정을 전하고 있다는 점에서 두 노래는 유사하다. 말하기 방식은 서술자 시점을 통해서 전해지고 있지만, 서술자는 철저하게 정서적으로 여성과 밀착된 처지를 대변하여 말하고 있다. 그러나 여성과 남성의 육체적 관계에 대해 서술자는 침묵하거나 간접적으로 전할 뿐이다(<섬마을 선생님>의 '순정을 바쳐'). 관계의 결과로서 심적 상태만을 전할 뿐이다.

한편 노랫말 속 여성은 일방적으로 떠나간 남성에 대한 그리움을 전하고 있는데 이들 관계는 도시/시골, 도시/섬이라는 우열관계를 형성하면서 수직적 관계로 설정되고 있다. 서사민요에 나타나고 있는 수평적 대화는 사라진다. 단지 철저하게 남성적 위계질서에 순응한 수동적인 여성의 모습이 제시되어 그 여성 입장의 애절함이 전해지고 있을 뿐이다.

이러한 양상이 더욱 강화되면서 연애에 대한 노랫말은 수직적 관계에서 일방적으로 이별을 당한 입장의 서럽고 아픈 감정이 토로되는 일인칭 화자의 독백으로 전개되기도 한다.

돌담길 돌아서며 또 한 번 보고/징검다리 건너갈 때 뒤돌아보며
서울로 떠나간 사람/천리타향 멀리 가더니
새봄이 오기 전에 잊어버렸나
고향의 물레방아 오늘도 돌아가는데

두 손을 마주 잡고 아쉬워하며/골목길을 돌아설 때 손을 흔들며
서울로 떠나간 사람/천리타향 멀리 가더니
가을이 다 가도록 소식도 없네
고향의 물레방아 오늘도 돌아가는데[31]

---

31) 나훈아, <물레방아 도는데>, 정두수 작사, 박춘석 작곡, 1969.

노래하는 화자는 서울로 떠나가는 임과 두 손을 마주 잡고 아쉬워하며 헤어지던 순간의 안타까움을 전하고 있다. 고향의 물레방아는 오늘도 돌아가지만 떠난 임 소식이 없다는 화자의 독백 속에는 상실, 기다림, 그리움, 외로움, 상실의 감정이 함축되어 있다. 고향과 서울(도시)로 대립을 이루는 사랑하는 사람과의 단절이 상실을 극대화하며 헤어짐의 슬픔을 강화하고 있다. 떠나가며 자꾸 되돌아보던 그 사람은 새봄이 지나 가을이 다 가도록 소식도 없다. 그리움과 기다림은 물레방아처럼 계속되고 있으며 앞으로도 계속될 것이라는 화자의 독백은 서러움을 지속 확산시킨다. 이렇게 일인칭 화자 시점에서 사랑하는 사람과의 이별과 슬픔, 상실의 감정과 기다림, 그리움과 외로움을 말하는 노래가 대중가요에서 흔히 기대하게 되는 남녀 간 사랑에 대한 태도이기도 하다.[32]

앞서 살펴본 이 시기 대중가요는 서사적 서술 혹은 독백, 주인공 화자 독백의 말하기로 재현되며 이들 노래가 환기하는 정서는 대체로 애절함과 그리움을 기반으로 하고 있다. 물론 예외적으로 밝고 경쾌한 정서를 전하는 노래도 있다.[33] 그러나 대부분 안타까움이나 슬픔, 상실의 정서가 주조를 이룬다. <갑돌이와 갑순이> 같은 경우는 서사적 상황의 재현으로 두 남녀의 안타까운 사랑에 대한 감정

---

32) 다음 노래가 그러한 대표적인 경우이다. "사랑이 무어냐고 물으신다면/눈물의 씨앗이라고 말하겠어요/먼 훗날 당신이 나를 버리지 않겠지요/서로가 헤어지면 모두가 괴로워서 울 테니까요//이별이 무어냐고 물으신다면/눈물의 씨앗이라고 대답할 테요/먼 훗날 당신이 나를 버리지 않겠지요/서로가 헤어지면 모두가 괴로워서 울 테니까요" 노래 속 화자는 '사랑이 무엇이냐고 묻는다면'이라는 가정으로 노래를 시작한다. 그렇게 만일 나에게 묻는다면 눈물의 씨앗이라고 답하겠다는 것이다. '먼 훗날 나를 버리지 않겠지요'라는 기대와 '헤어지면 괴로워서 울 테니까'라는 바람을 전하고 있다. 이 노래 속 화자는 구체적인 배경이나 맥락이 없는 상황에서 사랑의 괴로움을 전하고 있다. 구체적인 시간과 공간이 배제된 추상적인 당신과 나의 시공간에서 나의 일방적인 독백으로 그 심정이 표현되고 있다.

33) 남진이 부른 <임과 함께> 등.

을 환기하되 일정한 거리를 형성함으로써 비극미에 함몰되는 것을 차단한다. 반면 <섬마을 선생님> <흑산도 아가씨>와 같은 경우는 떠나간 남성을 기다리는 여성의 처지를 대변하는 서술자의 시각을 통해 애조를 전하고 있다는 점에서 차이를 보인다.

한편 서사민요의 경우 남녀의 만남과 구애의 장면을 중심으로 말하기가 전개되는 반면 대중가요 노랫말에 나타난 연애는 남녀가 분리된 이후의 상태로부터 출발하는 경우가 많으며 노랫말이 환기하는 분위기 역시 애조를 띠는 경우가 많다.[34)]

이 시기 대중가요에 나타난 연애에 대한 말하기 방식을 통해 알 수 있는 것은 쌍방 관계가 단절 상황에 이르는 경우, 사랑하는 사람과 원치 않은 헤어짐 이후에 찾아온 내적 갈등과 상처를 중심으로 이루어지고 있다는 점이다. 서사민요에서 공유된 육체적 사랑에 대한 긍정적 태도는 이 시기 대중가요에서 보이지 않는다. 다만 남녀의 연애 상황은 과거적 사건이고 이것을 환기하는 서술자 혹은 화자는 기억 속의 연애를 현재화하며 그리움, 아쉬움, 안타까움, 서러움을 표현하고 있다.

대중가요는 서사민요와 같이 노래하는 창자와 노래 현장에 의해 유동적으로 변화되고 확장될 수 있는 개방적 구조를 갖지 않는다. 가수에 의해 불리는 노래를 듣는 청자가 그 노랫말과 선율에 이입되는 방식으로 노래를 향유하기 때문이다. 그러나 노랫말을 통해 환기되는 순간이나 상황을 떠올림으로써 공감을 촉발하게 된다는 점에서는 서사민요가 갖는 미적 체험과 유사한 일면을 지니기도 한다. 노래를 듣는 수용자의 기억이나 심리 속에서 다양한 의미로 치

---

34) 이영미는 이러한 정서를 체념적인 패배주의적 태도라고 설명한다.

환되거나 변주될 가능성을 지니고 있기 때문이다.

대중가요는 전문가에 의해 기획 생산 유통되는 단계를 거쳐 수용자에게 전달되는 일방적인 소통의 구조를 지니는데 노랫말을 통해 이러한 소통의 구조가 그대로 유지된다는 점을 알 수 있다. 서사민요에서 보이는 두 남녀의 직접적인 대화는 사라지고 공간적으로 위계화되며 사랑하는 관계도 떠난 자와 남은 자로 위계화되는 양상을 보인다. 예외적인 노래도 있지만 대체로 이 시기 연애를 주제로 한 노래는 남은 자의 입장에서 과거의 기억을 현재화하는 양상으로 연애를 말하고 있다. 이들은 모두 육체적 사랑에 대해서는 침묵하고 있다. 이는 노래를 향유하는 공동체의 폭이 넓고 이를 유통하는 구조 역시 개방적이기 때문에 나타나는 현상이라고 볼 수 있다. 폐쇄적 집단에서 특정 계급이 향유할 때 생기발랄할 수 있던 성적 욕망은 다중의 계층이 공유하는 개방성을 갖게 되었을 때 오히려 억압되거나 은폐되는 양상으로 변화되었을 가능성이 크다.

물론 이러한 양상을 단지 향유의 개방성과 폐쇄성만으로 설명할 수는 없다. 그러나 서사민요가 산업근대화 시기를 거치며 급속히 위축되어 사라졌고 그 자리에 대중가요를 받아들였다는 점을 기억할 필요가 있다. 서사민요에서 대중가요로 전환되면서 발생한 향유층 인식의 변화는 심층적으로 접근하여 살펴보아야 할 것이다.35)

---

35) 이러한 접근을 위한 선행 작업으로 본 논의가 이루어졌다. 보다 심층적 논의는 다른 논의의 장을 통해서 시도하기로 한다.

4. 말하기 방식의 차이와 그 의미

서사민요에 나타난 말하기 방식은 서사적 서술 및 독백(혹은 방백), 등장인물의 극적 대화, 주인공의 극적 독백 등 다양하며 등장인물 간 쌍방 소통을 직간접적으로 드러내고 있다. 그러나 연애 상황에 대한 태도는 대체로 일정한 거리를 두고 있는 경향성을 지닌다. 서술자를 통해 두 남녀의 관계를 제시하기도 하고 남녀의 발화를 통해 상황을 객관적으로 제시하며 육체적 사랑과 욕망에 대해서 긍정적인 태도를 보인다.

대중가요에 나타난 말하기 방식은 서술자 서술 및 독백, 주인공 독백 등으로 쌍방 소통을 허용하지 않고 있다. 이때 서술자 시점이 관찰자인가 혹은 전지적 시점인가 아니면 주인공과 일치하느냐에 따라 연애에 대한 말하기 태도에 차이를 보인다. 이들이 환기하는 정서적 분위기는 대체로 이별과 분리 상태인 현재의 안타까움이나 슬픔, 상실의 정서를 환기하고 있으며 대부분 과거의 사랑했던 기억을 현재적으로 재현하고 있다.

이러한 차이를 표로 정리하면 아래와 같다.

차이	대중가요	서사민요
발화 방식	1인칭 독백, 3인칭 서사적 독백	3인칭 서술(시점 착종 현상 포함), 등장인물 간 극적 대화, 1인칭 주인공 화자 극적 독백 등
등장인물 간 소통	단절	소통
다른 발화의 개입 가능성	개입 불가(폐쇄적)	개입 가능(개방적)
시점(거리)	일치(정서적 이입)	불일치(객관적 거리, 정서적 개입 등 공존)
분위기	슬픔, 그리움, 서글픔, 아쉬움, 간절함	욕망의 긍정과 즐거움, 집착, 화합과 화해, 한스러움 등 다양

서사민요는 다양한 방식의 말하기가 전개되고 있다. 그러나 연애 상황은 객관적으로 제시되는 양상을 보인다. 내용상으로 전개되는 연애에 대한 태도는 적극적이며 즉각적인 결연-육체적 관계-을 촉구 혹은 허용하고 있다. 탐색을 통해 결합을 모색하는 남녀 간의 모습에서 어둡거나 무겁지 않은 경쾌함이 느껴지며 비극미보다는 골계미가 우세하다고 할 수 있다.

반면 대중가요는 말하기 방식이 다양하지 못하며 폐쇄적이다. 극적 독백이나 서술자 독백을 통해 연애 상황에 몰입해 있다. 따라서 내용상으로 전개되는 것은 내적 결핍과 그로 인한 감정이 주를 이룬다. 이를 통해 알 수 있는 것은 과거 결합 상태가 현재 분리되어 있다는 점이고 과거 상태를 회복하기 위한 욕망과 그렇지 못한 현실 간의 간극을 안타까워하는 내적 표현이 주를 이루어 비극미가 우세하다.

서사민요의 노랫말에서 나타나는 연애에 대한 태도가 욕망을 긍정하는 등장인물 간 대화 혹은 서술자의 서술을 통해 객관적이면서 다소 골계적으로 다뤄지고 있다면 대중가요에 나타나는 연애에 대한 태도에서는 돌아갈 수 없는 시간을 그리워하거나 과거의 상태를 회복할 수 없다는 패배주의적 태도를 발견하게 된다. 그리움, 슬픔, 안타까움과 같은 분리의 감정의 한 가운데서 빠져나오지 못하는 소극적인 모습 역시 발견된다.

이러한 태도의 차이를 통해 창자 혹은 수용자의 의식을 유추할 수 있다. 서사민요가 연애의 욕망을 긍정하고 낙관하고 있는 반면 대체로 이 시기 대중가요를 통해 발견되는 연애에 대한 태도는 떠나간 임을 그리워하는 화자의 소극적인 태도를 중심으로 진행되고 있다. 말하기의 방식 역시 한 사람의 시점에서 환기된 감정에 몰입 되거나 일치된 어조로 전달되고 있으며 이러한 상황에 동조하고 이 입될 수 있는 수용자만이 공감할 수 있는 폐쇄성을 지닌다.

노랫말 구성의 개방성을 지닌 서사민요와 달리 대중가요는 주로 신파적 토로에 함몰되는 경향성을 보이는데 낭만적 사랑에 대한 수 요가 높아진 1960-70년대 인기 대중가요에 나타나는 사랑에 대한 말하기 방식은 대체로 앞서 살펴본 노래와 같이 비극적이고 신파적 인 토로가 대부분이다. 예외적으로 희화화하거나 희망을 전망하는 양상을 보이지만 전체적인 경향성은 그러하다. 그러나 민요에서 보 이던 육체적 욕망의 긍정이나 즉각적 사랑에 대한 욕망보다는 정서 적 한스러움, 이루어질 수 없는 안타까움을 중심으로 전개된다.

민요의 말하기 방식에서 보이는 하나의 노래 안에 다양한 감정과 목소리를 끌어안을 수 있는 개방성은 대중가요의 폐쇄적 완결성과는 큰 차이를 보이는 지점이라고 할 수 있다. 서사민요와 대중가요에 나 타난 말하기 방식을 통해 양자가 수용자에 의해 향유되는 방식의 차 이와 이들 노랫말의 구성이 어떻게 차이를 보이는지 알 수 있다. 연 애에 대해 가지고 있는 현재적 육체적 욕망을 중심으로 제시되는 서 사민요와 달리 대중가요의 노랫말은 현재 나와 함께 할 수 없는 연 인에 대한 그리움과 슬픔 혹은 안타까움의 감정을 중심으로 노랫말 이 진행된다는 사실을 통해 전통사회의 연애에 대한 수용자의 반응 이 산업화 이후 도시를 중심으로 새로이 유통된 대중가요를 통해서 는 오히려 위축되거나 욕망을 은폐하는 양상으로 나타난다.

이러한 특징은 서사민요가 역설적으로 전통사회를 기반으로 노 래 향유자 집단의 폐쇄성이 보장된 노래였던 반면 대중가요는 누구에게나 소통과 공감을 불러일으켜야 했던 다층적 수용자들을 전제로 만들어 불린 노래라는 특징에 기인한 것으로 생각된다. 노래 향유자 간 소통과 공감의 통로가 폐쇄성을 보장받았던 민요와 달리 대중가요는 계층 및 성별 간 차별을 전제로 한 개방적인 도시 문화적 성격을 지니고 있기 때문이다. 연애에 대한 수용자 의식이 산업화, 도시화와 함께 오히려 위축되거나 억압되는 양상으로 전환되고 있는 이유에 대한 보다 다각적인 접근이 필요하다.

5. 노랫말로 대신한 말의 욕망

전통사회와 산업사회에서 불린 노랫말을 통해 민중 혹은 대중이 각각 연애에 대한 욕망을 어떻게 공감하고 향유하고 있는가를 설명하기 위해 서사민요와 1960-70년 대중가요 가운데 대중의 사랑을 받았던 최소한의 이야기성을 가지고 있는 노래를 중심으로 각 노랫말에 나타나는 말하기 방식을 살펴보았다. 이를 위해 서사민요로 <이선달네 맏딸애기>, <댕기노래>, <상추씻는 저큰아가>, <남도령 서처자>를 대상 자료로 선정하였고 1960-70년대 대중가요로는 <갑돌이와 갑순이>, <섬마을 선생님>, <흑산도 아가씨>, <물레방아 도는데>를 선정하였다.

서사민요 노랫말에 나타난 말하기 방식은 서사적 서술, 극적 독백, 극적 대화 등 다양한 방식으로 이루어지고 있었다. 서술자와 남녀 주인공 화자가 모두 등장하는 극적 방식을 통해 재현되고 있었으며 이 과정에서 다른 인물의 발화 역시 개입할 수 있는 개방성도 보였다. 이와 대조적으로 대중가요 노랫말에 나타나는 말하기 방식은 일정한 시각과 정서를 일관성 있게 유지하는 완결성을 지니고 있었다. 서사민요의 말하기 방식이 개방적이되 연애에 대해 정서적으로 일정한 거리를 유지하는 반면 대중가요는 연애 상황에 대해 정서적으로 밀착된 양상을 보인다는 점 역시 중요한 차이이기도 했다.

현재적 육체적 욕망을 중심으로 제시되는 서사민요와 달리 대중가요의 노랫말은 현재 나와 함께할 수 없는 연인에 대한 그리움과 슬픔 혹은 안타까움의 감정을 중심으로 노랫말이 진행되고 있었는데 이를 통해 전통사회의 연애에 대한 주체적이고 적극적인 의식과 태도가 산업화 이후 도시를 중심으로 새로이 유통된 대중가요를 통해서는 오히려 위축되거나 억압하는 양상으로 변화되었다는 점도 알 수 있었다.

이러한 특징은 서사민요가 역설적으로 전통사회를 기반으로 노래의 향유자 집단의 폐쇄성이 보장되었던 노래였던 반면 대중가요는 누구에게나 소통과 공감을 불러일으켜야 했던 다층적 수용자들을 전제로 만들어 불린 노래라는 특징에 기인한 것으로 생각된다. 노래 향유자 간 소통과 공감의 통로가 폐쇄성을 보장받았던 민요와 달리 대중가요는 계층 및 성별 간 차별의식과 한 도시 지향적 경향을 지니고 있기 때문에 발생한 것이라고 볼 수 있다.

연애에 대한 수용자 의식은 도시화, 산업화와 함께 위축되거나 억압되는 양상을 보인다. 민중이 향유했던 연애에 대한 건강한 의식이 도시 산업화를 기반으로 한 대중문화 확산으로 인해 오히려 차별되고 위축되는 현상에 관한 심층적 연구가 필요하다. 물론 본 연구를 통해 한정적 선택적으로 살펴본 사례보다 더 폭넓은 자료군을 비교, 대조하여 연구가 확대되어 나가야 할 필요 역시 절실하다.

제2장

전통민요와 대중가요 노랫말에 나타난 말하기 방식 비교

- 논매는 소리와 어사용, 도시형 트로트 노랫말에 나타난
말하기 방식을 중심으로 -

1. '남성적 말하기'에 주목하는 이유

남성의 말이 여성의 말에 비해 정보 중심적이고 논쟁적일 것이라는 통념은 노래에서는 적용되지 않는다. 노래는 정서를 표현하는 매개로 인식되고 전승되기 때문이다. 노랫말에는 노래하는 자의 시각과 태도가 자연스럽게 나타나게 된다. 노랫말 속 화자의 시점과 표현 방식 등은 창자가 전하고자 하는 주제를 중심으로 취사 선택되기 마련이다.

노랫말 속 화자의 목소리 즉 누구의 목소리인가? 남성인가 혹은 여성인가? 언제 어디에서 말하고 있는가? 누구의 시점에서 말하고 있는가? 혼자 말하는가? 혹은 여럿이 있는 곳에서 말하는가? 직설적으로 말하는가? 아니면 다른 방식을 통하여 말하는가? 등에 주목

하기로 한다. 노래로 불리는 연행 상황에서 재현되는 노랫말 속 말하기 방식을 통해 전통사회 평민 남성들이 공유했던 세계인식과 정서가 근대화 산업화 시대 이후 도시형 트로트를 통해 어떻게 변화하고 지속하였는가를 살펴보고자 한다.

이를 위해 경북지역을 중심으로 불린 논매는 소리와 어사용[1]에 주목하였고 그 비교 대상으로 도시형 트로트를 선택했다. 1960년대 후반 산업화를 통해 근대화라는 개발 이념이 미화되던 시절 배호와 같은 남성 가수의 노래가 인기를 얻었다. 이영미는 이러한 일련의 노래를 도시형 트로트라고 칭했고 이 노래는 근대화된 도시의 주변부에 자리하는 남성 화자의 탄식을 담고 있다고 보았다.[2] 남성이 즐겨 부른 노래로서 탄식을 공통분모로 하고 있다는 점에 착안하여 이들을 비교 대상 자료로 삼는다.

그동안 노랫말에 나타난 말하기 방식에 주목한 연구는 여성이 부른 노래를 중심으로 진행되었다. 강진옥은 여성적 말하기라는 관점에서 여성적 태도와 인식을 기반으로 부당한 시집살이에 대해, 남편의 외도에 대해 침묵하거나 저항하면서 그 갈등을 고조시키거나 해결해나간 점을 제시한 바 있다.[3] 이정아는 시집살이 노래를 대상으로 억압되고 통제된 사회에서 여성이 약자로서 원망, 하소연, 침묵, 비난, 분노, 비아냥 등의 다양한 말하기 방식을 통해 전달하고

---

1) 권오경의 어사용과 논매는 소리에 대한 친연성에 주목한 바 있다. 권오경, 「영남권 논매는 소리의 전승 양상과 사설 구성의 특징」, 『한국민요학』 12, 한국민요학회, 2003, 7-8면.

2) 이영미, 『한국대중가요사』, 민속원, 2006, 217-218면.

3) 강진옥, 「서사민요에 나타나는 여성 인물의 현실 대응양상과 그 의미 : 시집살이 애정 갈등 노래류의 '여성적 말하기' 방식을 중심으로」, 『구비문학연구』 9, 한국구비문학회, 1999, 97-130면; 강진옥, 「여성민요 화자의 존재 양상과 창자 집단의 향유의식」, 『한국고전여성문학연구』 4, 한국고전여성문학회, 2002, 5-32면; 강진옥, 「여성민요와 여성 생활 현실의 관련 양상」, 『한국고전여성작가연구』, 태학사, 1999, 437-451면.

자 했던 심층적 의미와 그것이 지니는 사회적 의미에 주목한 연구를 진행하기도 했다. 여성의 말하기 방식은 남성 중심적 사회의 이념을 내면화하는 동시에 이에 저항하는 역동적인 태도와 다양한 감정을 담고 있다는 논의였다.[4]

길태숙은 대표적인 서사민요 몇 유형을 중심으로 여성적 말하기로서의 죽음에 관한 연구를 통해 여성민요에 나타나는 여성의식의 일면을 깊이 있게 다뤘다.[5] 이옥희는 일상생활에서 말하기를 수행하기 어려웠던 여성들이 민요를 통해 전하고자 했던 말하기의 내용과 의미를 구명하고자 민요가 가진 의미적 진실성에 주목하여 여성들이 '무엇을 말하는가', '어떻게 말하는가', '말하기의 의미는 무엇인가'를 설명하고 노래를 통해 나타난 말하기의 기능을 설명하였다.[6]

이들 논의는 여성민요를 대상으로 하여 노래에 등장하는 여성 화자의 목소리 혹은 말하기 방식에 주목하여 각각 논의를 진행했으며 여성 화자의 말하기가 지니는 특징을 지배이념에서 통용되던 남성 중심적 말하기와의 대비를 통해 그 차이를 드러내고자 하였다. 그러다 보니 남성 화자 말하기 방식에 대한 논의는 상대적으로 소홀했다.

여성민요가 주로 여성들의 공동체를 통해 향유되고 그들만의 은밀한 공간을 통해 연행되었던 것과는 달리 주로 남성들은 공개되고 개방된 공간에서 노래를 향유하고 소비했다. 물론 어사용과 같이

---

4) 이정아, 『시집살이 노래와 말하기의 욕망』, 도서출판 혜안, 2011; 이정아, 「<이선달네 맏딸애기>를 바라보는 또 하나의 시각 -균열을 봉합하지 않아야 살아나는 노래의 의미-」, 『한국민요학』 38, 한국민요학회, 2013, 147-170면; 이정아, 「서사민요와 대중가요에 나타난 말하기 방식」, 『한국민요학』 42, 한국민요학회, 2014, 173-204면.

5) 길태숙, 「민요에 나타난 "여성적 말하기"로써의 죽음 - <쌍금 쌍금 쌍가락지>, <누명 쓰고 자살한 며느리>, <진주 낭군>, <큰어머니 노래>를 중심으로」, 『여성문학연구』 9, 한국여성문학학회, 2003, 188-212면.

6) 이옥희, 「말하기 방식으로서의 여성민요」, 『비교민속학』 45, 비교민속학회, 2011, 291-320면.

특정 계층만이 향유하고 부른 예외적이고 특수한 노래도 있다. 이러한 점에 주목하여 어사용을 홍글소리와 대비하여 남성 화자의 말하기와 여성 화자의 말하기를 대비한 시도도 있었다. 그 결과 어사용은 여성민요에서 발견되는 정서적 반응과 유사한 면이 있다는 점을 알 수 있었다.[7]

  본 연구는 이 같은 선행 연구의 성과와 문제의식을 기반으로 현재까지 주목받지 못한 남성 노래에 나타난 말하기 방식을 살펴보기로 한다. 전통사회와 산업화사회를 통해 향유되고 애창된 노래 속에 나타나는 화자의 말하기 방식을 통해 그들이 공유한 세계인식과 정서적 반응과 태도를 설명하고자 한다.[8] 이를 통해 단편적이지만 전통적인 농경사회에서 불린 노래와 산업화 이후 도시 중심으로 소비된 대중가요를 통해 나타나는 세계인식과 정서적 반응을 통시적으로 설명할 수 있을 것이라 기대한다.

2. 논매는 소리와 어사용 노랫말에 나타난 말하기 방식

  논매는 소리는 지역성을 반영하는 오래된 들노래로 길고 지루한 작업현장에서 노래를 이끌어가는 선창자의 노랫말과 이를 이어 다수가 후렴구를 붙이는 방식으로 향유된 노래이다. 따라서 소리꾼의

---

7) 이정아, 「남녀 노동요에 나타난 의식과 그 차이」, 『한국고전연구』 20, 한국고전연구학회, 2009, 225-248면; 이정아, 「어사용에 나타난 탄식의 양상과 의미」, 『한국고전연구』 18, 한국고전연구학회, 2008, 321-350면.

8) 대중가요는 민요와 달리 창작자와 작품의 오리지널리티가 분명하지만 대중의 경험과 관심사, 인식과 욕망 등에 부응하면서 공감대를 촉발하여 그들의 처지를 대변한다는 점에서 전통민요와 비교할 수 있다. 이 부분에 대한 논의는 이영미와 이정아의 논의 참고. 이영미(2006), 앞의 책, 이정아(2014), 앞의 논문.

의도에 따라서 노동 상황을 반영하거나 작업 진행 상황을 고려하여 유동적으로 노랫말이 붙여진다. 논매는 소리는 일정한 주제가 없이 부르는 것처럼 보이지만 노동 현장에서 공동체의 일원으로서 농부가 느끼는 정서를 진솔하게 반영하고 있다. 반면 어사용은 들노래인 논매는 소리와는 달리 혼자 나무를 하러 산으로 갈 때 불렀던 폐쇄적인 노래로 개방된 공간의 노래와는 다른 차이를 보인다. 그러나 노래하는 자의 정서적 반응과 그 토로가 직설적이고 진솔하다는 점에서 양자는 유사하다. 대상 자료로 선정한 논매는 소리, 어사용은 모두 경북지역에서 채록된 것으로 한정하기로 한다.

1) 노동 현장과 공동체 의식을 반영한 말 건네기

경북지역 논매는 소리9)가 담고 있는 노랫말의 내용은 농부로서의 고단함을 탄식하거나 임과의 이별을 슬퍼하며 세월이 지나감을 아쉬워하고 탄식하는 것이 주를 이룬다.10) 그 대표적인 노랫말을 살펴보면 다음과 같다.

> 에이요오야 오이사아 에이요후요
> 에이 <u>유월농부야 칠월신선 우리농부가 너무디데이</u>
> 에이 에이요오야 오이사아 에이요후요 이후후
> 에이 <u>칠팔월을 들어가며는 금년가을 추수하시에</u>

---

9) 논의를 위해 대상으로 삼은 자료는 『한국민요대전』 경상북도해설집, 한국문화방송, 1995에 수록된 49편의 논매는 소리이다. 앞으로는 '『한국민요대전』, 경북'이라고 칭하기로 한다.

10) 권오경은 청춘, 탄로, 인생무상과 같은 사설이 가장 우위를 차지하며 신세 한탄, 임의 부재, 노동의 고됨 등이 논매기소리가 담고 있는 주된 사설의 내용이라고 정리하고 있다. 권오경, 「영남권 논매는 소리의 전승 양상과 사설 구성의 특징」, 『한국민요학』 12, 한국민요학회, 2003, 21-22면.

에이 에이요오야 오이사아 에이요후요
에이 <u>바늘겉은 가는몸에 태산같은 짐을지고</u>
에이 에이요오야 오이사아 에이요후요 이후후
<u>구슬겉은 두땀이 팥죽거치도 쏟아지네</u>
에이 에이요오야 오이사아 에이요후요 이후후[11]

"에이요오야 오이사아 에이요후요"로 시작하는 이 노래는 논매는 소리 가운데 긴소리에 해당한다. 노랫말에서 반복되는 후렴구를 제하고 주목해서 보아야 할 부분은 "유월농부야 칠월신선/우리농부가 너무디데이/칠팔월을 들어가며는/금년가을 추수하시에/바늘겉은 가는몸에/태산같은 짐을지고/구슬겉은 두땀이/팥죽거치도 쏟아지네"이다.

"유월농부야"라는 말 건네기로 시작되는 이 노랫말은 "우리농부가 너무디데이"라는 말을 통해 노래가 불리는 현장을 짐작하게 한다. '우리'라는 공동체, 농사일을 하는 '우리'로서의 '나'가 공동체 일원인 다른 동료와 소통을 전제로 노래는 진행된다.

노랫말의 전개는 시간적 진행을 따라 유월 농부에서 출발하여 칠월 신선, 칠팔월을 지나 금년 가을 추수로 순차적으로 이어진다. 농부로서의 고된 노동을 "바늘겉은 가는몸에/태산같은 짐을지고", "구슬겉은 두땀이/팥죽거치도 쏟아지네"라는 직유적 표현으로 병렬 배치하면서 일의 고됨과 힘듦의 감정을 확장해나가고 있다. 힘듦의 구체적 상황과 상태를 묘사하거나 설명함으로써 고됨과 힘듦을 전달해 나가고 있다. 노랫말의 종결형 어미 시제는 현재형이다. 이는 노래 구연의 현장성을 반영하는 동시에 정서적 동일화를 지향한다.

말 건넴으로 시작하여 고된 노동에 대한 공감을 지속해서 형성해

---

11) 『한국민요대전』, 경북, 64-65면.

나가고 있는 노랫말은 일인칭 화자 말하기를 통해 '유월 농부, 칠월 신선, 우리 농부, 바늘 같은 가는 몸' 등 공동체의 일원으로서의 정체성을 드러낸다. '지금 현재 농사를 짓고 있는 우리는 고되고 힘들지만 가을 추수를 기대할 수밖에 없다, 수확과 결실을 위해 지금의 고통을 감내해야 한다'라는 메시지를 환기한다. 이 과정에서 추수를 통해 보상받게 될 노동의 대가와 지금 현재 여기에서 진행되는 노동의 고통이 대비되면서 갈등이 표면화된다. 그러나 이러한 갈등은 결코 낙관적 기대로 수렴되지 않는다. "너무디데이", "바늘 같은 가는몸이/태산같은 짐을지고", "구슬같은 두땀이/팥죽거치도 쏟아지네"와 같이 육체적 고통을 강조하면서 오히려 갈등은 증폭된다. 여기서 주목해야 할 점은 화자의 정서적 반응이고 말하고 싶은 바를 표현해내는 방식이다.

일인칭 화자 시점에서 노동 현장의 농부들에게 말 건네기로 시작하는 노랫말은 농부로서의 자의식과 노동 현장의 고통을 노출하지만 이러한 정서적 표출은 후렴구 '에이요오야 오이사아 이에요후요'를 통해 풀어지고 완화된다. 후렴구는 풀고 완화해나가는 기능을 할 뿐만 아니라 율동감을 형성하면서 노래를 부르고 듣는 자들과 정서적 일체감을 형성해나간다. 반복되는 율동적 병렬 구조가 의미상 병렬 구조를 형성하면서 내적 갈등을 완화하고 모인 자들의 정서적 일체감을 극대화해 나간다. 노래를 듣고 부르면서 함께 여기서 우리가 고생하고 있다는 공감대를 만들어가고 있다. 공유 가능한 정서적 메시지를 반복적으로 지속해나가면서 동료의식을 강화해나간다. 이것이 논매는 소리 노랫말이 담고 있는 고유의 정서적 반응이라고 할 수 있다.

한편 논매는 소리를 통해 나타나는 말하기 방식 가운데는 공동체 일원으로서의 '나'가 아니라 개체로서의 일인칭 화자 '나' 시점에서 인류 보편의 정서인 그리움과 외로움을 전하기도 한다.

에이요 오호헤이요/에이요 오호헤이요
가련하다 임이별/에이요 오호헤이요
끈적끈적 돈절하다/에이요 오호헤이요
고운님 그리두고/에이요 오호헤이요
구정을 잊을쏘냐/에이요 오호헤이요
그말이 왠말이냐/에이요 오호헤이요
그말같이 나도갈래/에이요 오호헤이요
날잡아도 내못살고/에이요 오호헤이요
너죽겄고 나몬산다/에이요 오호헤이요
노루장화 꺾어들고/에이요 오호헤이요
늘어졌던 버들가지/에이요 오호헤이요
내목을 짜르같다/에이요 오호헤이요
다정하던 임이별은/에이요 오호헤이요
두분다시 알수있나/에이요 오호헤이요
도화원은 적막하네/에이요 오호헤이요
두견새만 슬패운다/에이요 오호헤이요
들라했던 임으방에/에이요 오호헤이요
다시한번 들고싶다/에이요 오호헤이요
날러가는 기러기야/에이요 오호헤이요
너를따라 나도갈애/에이요 오호헤이요[12]

"에이요 오호헤이요/에이요 오호헤이요"로 시작하는 긴소리 가운데 후렴구를 제외한 노랫말에 주목하기로 한다. 일인칭 화자 시점으로 진행하고 있는 이 노래는 이별한 임을 그리워하는 화자의 심정이 반복과 병렬을 이루면서 외로움과 그리움의 정서적 메시지를

---

12) 『한국민요대전』, 경북, 60-61면.

전달하고 있다. 서두는 "가련하다 임이별"이라는 일인칭 화자의 독백으로 시작된다. "고운님 그리두고/구정을 잊을쏘냐", "날잡아도 내못살고/너죽겄고 나몬산다" 등 이별의 상황을 현재화하며 헤어질 수 없노라는 화자 심정을 말하고 있다. 이러한 표현은 "들라했던 임으방에/다시한번 들고싶다"와 같은 소망으로 자연스럽게 옮겨 간다. 사랑하는 사람과의 이별을 아쉬워하는 화자 태도는 개인적이고 사적이다.

앞서 살펴본 노동 현장의 고단함을 드러낸 노래와는 다른 정서적 반응이다. 노동이 힘들어서 고통스러운 것이 아니라 사랑하는 임과 함께 있을 수 없어서 힘들고 고통스럽다는 탄식이 이어지고 있다. 임과의 이별로 인해 찾아온 견딜 수 없는 외로움과 그리움은 앞서 살펴본 노동 현장의 고통과 힘듦을 표출하던 목소리와는 이질적인 정서를 환기한다. 그러나 이러한 이질적인 정서 역시 노동의 현장에서 공동체와 함께 부르면서 희석되고 완화되는 방향으로 진행하게 된다. 양립 불가능해 보이는 이질적인 정서적 반응과 태도의 결합은 논매기라는 노동 현장에서만 가능하다. 모여서 일하고 노래 부르는 현장성과 공동체 일원으로서의 연대의식이 결합하면서 논매는 소리만의 고유한 역동적 정서가 형성되고 있다.

에이여 우 상사디여/에이여 우 상사디여
어떤사람은 팔자좋아/에이여 우 상사디여
고대광실 높은집에/에이여 우 상사디여
사모에다 핑경달고/에이여 우 상사디여
들민한들 날민흰들/에이여 우 상사디여
이내팔자 잘못타서/에이여 우 상사디여
먹거나면 땅만파고/에이여 우 상사디여

자고나도 땅만파고/에이여 우 상사디여[13]

한편 위 노래는 논매는 소리이지만 어사용의 대표적인 노랫말을 빌려온 경우이다. 경북지역의 논매는 소리 가운데는 어사용의 노랫말과 유사한 자료가 많다.[14] 노랫말 역시 노동 현장의 고통, 인생의 무상함, 임과의 이별 등을 다룬다. 일인칭 화자의 독백으로 진행되는 위 노래는 어떤 사람은 팔자가 좋아서 고대광실 높은 집에서 지내지만, 팔자를 잘못 타고 난 화자는 오로지 땅만 판다는 신세 한탄이 이어진다. 앞서 살펴본 자료에서 보이는 말 건네기와 농부로서의 정체성 및 공동체 의식은 드러나지 않는다. 오직 신세 한탄과 탄식으로만 진행되는 사설과 '에이여 우 상사디여'라는 후렴구가 반복, 병렬되고 있다.

경북지역에는 이같이 어사용으로 불리는 노랫말과 논매는 소리의 노랫말이 유사한 경우가 많다. 같은 정서적 태도와 반응을 담고 있는 노랫말이라고 하더라도 논매기와 같이 개방된 현장, 노동의 현장에서 다수가 공유하는 노래로 불릴 경우, 노랫말은 현장성을 반영하거나 노래가 불리는 현장이 요청하는 기능을 반영하는 방향으로 전환되고 있다는 점을 예측할 수 있다. 그러나 노랫말이 환기하는 일차적 의미는 탄식이자 원망이며 헤어날 수 없는 삶의 고통에 대한 정서적 반응이다. 그 탄식과 원망은 공동체의 일원이 아닌 개인 혹은 개체로서 표현될 때 갈등이 증폭되는 방향으로 진행하게 된다.

---

13) 『한국민요대전』 경북, 158면.
14) 권오경, 「영남권 논매는 소리의 전승 양상과 사설 구성의 특징」, 『한국민요학』 12, 한국민요학회, 2003, 5-39면.

2) 나 혹은 누군가의 목소리로 전하는 탄식

어사용은 산에 나무하러 갈 때나 풀을 뜯으러 가면서 부르는 노래로 나무꾼들이 혼자 부른 노래라고 알려져 있다. 노랫말에 탄식과 체념의 내용이 많아 <신세한탄>노래라고 한다.[15] 어사용에 처음 주목한 연구자는 조동일이다.[16] 이후 김헌선은 어사용의 분포와 사설 유형, 시사적 의의 등을 연구하였고[17] 권오경은 사설 구조에 대한 논의를 보다 심화해서 다룬 바 있다.[18] 그는 어사용을 갈까마귀 소리, 봉덕이 노래, 과부 노래, 나물 노래 형으로 구분하였고 서사 - 본사 - 결사로 이루어진 제의적 노래가 점차 개인의 탄식을 담은 노래로 변화되었다는 점을 입증하고 이 과정에서 본사 부분에 자탄적 노랫말이 담기는 현상이 생겨났다는 점을 설명했다. 한편 이정아는 『한국민요대전』 경상북도해설집과 경상남도해설집에 수록된 자료를 중심으로 어사용 노랫말에 나타난 탄식의 양상을 흥글소리와 비교하여 살펴보았다. 대표적인 어사용 유형은 갈까마귀 소리와 이후 소리, 노동 현장에서의 노동 상황과 고통을 호소하는 유형이라고 보았으며 다양한 사설군의 조합을 통해 형성되는 어사용의 장르적 특징을 설명하기도 했다.[19]

---

15) 김영운, 「영남 민요 어사용의 음 조직 연구」, 『한국민요학』 6, 한국민요학회, 1998, 45-131면.

16) 조동일, 『경북민요연구』, 형설출판사, 1977; 조동일, 『한국민요의 전통과 시가 율격』, 지식산업사, 1996.

17) 김헌선, 『한국구전민요의 세계』, 집문당, 1996.

18) 권오경, 「어사용의 유형과 사설 구조 연구」, 경북대학교 박사학위 논문, 1997.

19) 이정아는 어사용을 다음과 같은 모티프 사설군이 결합하여 개별 유형이 만들어진다고 설명한 바 있다. A. 갈까귀 부르는 소리, B. 이후 소리, C. 고대광실에서 태어나지 못한 신세 한탄, D. 육체적 고통과 배고픔 호소, E. 세월이 무상함 탄식하거나 청춘이 지나감을 탄식, F. 외로움을 호소, G. 봉덕이를 부르며 탄식, H. 죽은 영감을 부르며 탄식, I. 어머니를 부르며 탄식, 이정아, 「어사용에 나타난 탄식의 양상과 의미」, 『한국고전연구』 18, 한국고전연구학회, 2008, 321-350면.

아래 자료는 이러한 특징을 보여주는 어사용이다.

> 산아산아 높은산아/니아무리 높다해도
> 날낳아주신 우리부모/그은덕만 못하더라
> 아이고답답 서러워라/내팔자가 왜이런고
> 어떤사람 팔자좋아/고대광실 높은집에
> 부귀영화 하건마는/내팔자는 왜이런고
> 동산에 돋은해는/서산낙일 다되간데
> 나의할일 태산같다/어이하꼬 내팔자야
> 죽자사자 하던친구/유수같이 흘러지고
> 이내신세 가없도다/에이고 답답 서러워라
> 늙기서러 어이할꼬/내팔자가 한심하다
> 후유탄식 하지마라/내팔자는 왜이런고
> 남날적에 남도나고/내날적에 남도낳건마는
> 내신세는 왜이런고
> 못하겠다 못하겠다/아무래도 못하겠다
> 어이할꼬 어이할꼬/내할길을 생각하니
> 가슴답답 못사겠네[20]

노래는 일인칭 화자 시점으로 "아이고답답 서러워라/내팔자가 왜
이런고"라는 탄식으로 진행된다. 일인칭 화자의 독백으로 전하는
내용은 높고 험산 산을 바라보며 부모의 은덕을 비교하고 있지만
곧이어 불평등한 신분으로 태어난 자신의 신세를 탄식한다. 해는
저무는데 해야 할 일이 많이 남아 있다고 탄식하는 화자는 먼저 떠
나간 절친한 친구에 대한 그리움을 토로하면서 또다시 자기 신세를
한탄한다. 모든 것이 한스러운 탄식으로 귀결되는 화자의 말하기는
자조적이다. 노동 현장에서 느끼는 육체적 고단함, 신분적 한계를
안고 태어난 불만, 친구에 대한 그리움 등은 '내 신세는 왜 이런

---

20) 『한국민요대전』, 경북, 221면.

고', '못 하겠다 아무래도 못 하겠다', '가슴 답답 못 사겠네'라는 자탄의 말로 귀결된다. 화자의 절망적인 세계인식은 자탄적인 탄식으로 귀결되면서 더욱 비극적이게 된다.

논매는 소리를 통해 나타나는 화자의 말하기가 현장에서 함께 노동을 하는 공동체와 함께 공유되는 탄식이자 한탄이라고 한다면 어사용을 통해 나타나는 말하기는 사적인 양상을 보이면서 스스로에 대한 원망과 탄식으로 귀결된다. 태어남부터 운명적 한계에 직면한 불행한 자아의 탄식과 원망만이 있을 뿐이다.

> 에헤 찔가산이 들어간다
> 어떤사람 팔자좋아/고대광실 높은집에
> 부귀영화 하건마는
> 우리머슴놈들 팔자어찌하여
> 삼십이 넘또록/장가한번 못가보고
> 지물에살것 넘길란가
> 아이고 내신세여[21)

위 노랫말의 화자 역시 자신의 신분이 머슴이고, 삼십 넘도록 결혼하지 못했다는 개인적인 탄식이 이어진다. "아이고 내신세여"라는 한탄을 통해 받아들일 수밖에 없는 비극적 전망을 환기한다. 화자는 어떤 놈은 팔자가 좋아 고대광실 높은 집에서 부귀영화를 누린다며 부당한 신분적 한계와 상대적 박탈감에 저항하기도 한다. 미천한 신분으로 태어나 삼십이 넘도록 결혼도 못 하고 지물(영화)도 없이 세월을 넘기고 있다는 탄식을 통해 해결하지 못한 갈등과 대사회적인 비판 의식을 드러내고 있다. 벗어날 수 없는 운명적 질

---

21) 『한국민요대전』 경북, 170면.

곡에서 신세 한탄하는 것 외에는 다른 방법이 없다는 자조적인 탄식이다. '어떤 사람'과 '우리 머슴'으로 대비되는 신분적 차이에 대한 인식이 그러한 일면을 잘 보여준다. 대립과 갈등이 해결되기 어려울수록 화자가 전하는 탄식과 체념은 더욱 절망적이다. 이러한 정서는 논매기소리가 환기하는 노동 현장의 정서와는 차이를 지닌다.

한편 아래 자료는 여성의 목소리로 탄식하고 있는 자료이다.

> 에헤
> 어화세상 사람들아/이내또한말 들어보게
> 이세상에 나올적에/나날적에 남도나고/남날적에 나났건만
> 이놈팔자 무삼죄로/노동일을 못면하노
> 어화세상 사람들아/또한말쌈 들어보소
> 다같이 태어나서/나는어예 여자몸이 태어나서
> 일부종사 다버리고/주사청노에 몸이됐노
> 어화세상 사람들아/한심하고 가련하에
> 이후후22)

다른 어사용의 노랫말처럼 출생에 대한 탄식으로 시작하지만, 여성 목소리로 말한다. 여자 몸으로 태어나 일부종사 못 하고 주사청루23)에 거하는 몸이 되었다는 탄식이 이어진다. 남성보다 더 기구하고 억울한 처지에 직면한 여성 처지에서 말하고 있다. 그런데 마지막 부분의 '어화세상 사람들아'라는 공식구는 여성 화자의 목소리와 창자의 목소리가 공존하면서 노래 속 자아와 노래 밖 자아가 불분명하게 겹치는 지점이라고 보인다. 이 불분명하게 공존하는 화자와 창자의 목소리에서 여성의 목소리로 대신 전할 수밖에 없는

---

22) 『한국민요대전』, 경북, 194면. 이 노래는 김귀동(1923, 남성)이 불렀고 이 노래를 고향인 선산에서 배웠으며 '신세타령'이라 했다.

23) 술집, 기생, 매음 등을 하는 공간을 칭한다.

절박함과 만나게 된다.

> 에이
> 강원도 금강산/일만이천봉 팔만구
> 암자로 곳곳이 다니면서
> 내딸봉덕이 찾을라꼬/몇달며칠을 다녀가면
> 딸아딸아 내딸아/이내딸 봉덕아
> 화초밭에 잠을자나/이내딸 봉덕아
> 딸아딸아 내딸아/어드러가꼬 내딸아
> 금강산 곳곳마다/다니다가 길을잃고 히매도다
> 딸아딸아 내딸아/어드로가꼬 내딸아
> 원수로다 원수로다/이종사촌 원수로다
> 이종사촌 꾀임수에/몇달몇일 찾았건만
> 오늘까지 몬찾인딸
> 딸아딸아 내딸아/어드로가꼬 내딸아
> 딸아딸아 내딸아/어드로가꼬 내딸아
> 요내딸 봉덕이
> 화초밭에 잠을자나/이내딸 봉덕이 에이
> 딸아딸아 내딸아/이내딸아[24]

　　노래는 잃어버린 딸 봉덕이를 찾아 나선 여성의 목소리로 전개된다. 노래를 수록한 해설서에는 이 노래가 후처로 시집을 간 여성이 의붓딸을 잃고 그 딸을 찾아 나서는 내용으로 되어 있다고 한다. 노래는 봉덕이를 찾아 헤매는 절박한 어머니의 일인칭 독백을 통해 애타는 그리움과 탄식을 전하고 있다. 딸을 찾아 나선 어머니의 절박함을 통해 고통과 탄식을 호소하고 있다.

　　이렇게 어사용 가운데는 허구적 자아의 목소리 즉 여성 화자의

---

24) 『한국민요대전』, 경북, 222면. 이 노래 해설에는 이 노래가 어사용의 전형적 곡조라고 서술하고 있다. 노래를 부른 가창자는 황보우출(1913, 남성)로 군위 고로면 장곡리에서 태어나 20살에 마을을 떠나 도시에 살다 다시 귀향했다고 한다.

목소리를 통해 정서적 안타까움을 전하고 있는 노래군이 존재한다. 미천한 신분으로 태어나 힘겨운 노동에서 벗어나지 못하는 남성 화자의 목소리를 통해 탄식하는 노래와 미천하고 절박한 처지의 여성 화자를 통해서 전하는 노래가 공존하고 있다. 양자 모두 화자가 처한 고달프고 비참한 현실에 대한 울분과 원망을 토로한다. 화자가 거하는 공간, 화자의 시점은 노동의 현장(산속), 주사청루, 딸을 찾아 나선 공간 등 다양하다. 다양한 상황 혹은 공간을 통해 표현하는 화자 탄식의 방향은 언제나 자신을 향한다. 이러한 말하기 방식은 유사한 처지의 누군가와 공감의 지점이 확보될 때 개방성을 형성하기도 한다. 폐쇄성이 보장되는 집단 안에서만 공유가 가능한 정서가 형성된다. 이러한 특성을 '폐쇄적 개방성'[25]이라 할 수 있는데 폐쇄적인 집단에서 공감될 수 있는 정서는 시집살이 노래와 같은 여성민요에서 발견된다.

어사용이 전달하는 감정은 사적이다. 다만 이와 유사한 상황에 직면한 이들에게 공감대를 형성할 수 있는 조건적 개방성을 지닌다. 반면 논매는 소리는 노동 현장에서 함께 있는 우리라는 공동체 속에서 반복되는 후렴구를 통해 고통이나 탄식이 희석되거나 전환되는 양상을 보인다. 그러함에도 논매는 소리와 어사용을 통해 나타나고 있는 화자의 세계인식과 태도는 유사하다. 그들은 체제 안에 순응하며 삶을 이어가고 있다. 그 안에 머물면서 느끼는 결핍의 요인에 대해 불만을 표하고 원망을 토로하지만 결국 탄식하는 것으로 마무리를 한다. 탈출을 꿈꾸는 것도, 극복을 꾀하는 것도 아닌

---

25) 동질적 집단 내에서만 통용되는 개방성을 서사민요 노랫말에서 찾아볼 수 있다고 하였다. 이정아, 「서사민요와 대중가요에 나타난 말하기 방식」, 『한국민요학』 42, 한국민요학회, 2014, 197-199면.

탄식 그 자체로 귀결한다. 돌이킬 수 없는 운명, 실현 불가능한 욕
망, 출구 없는 현실에 대한 탄식과 원망의 말로 노래를 채워나갈
뿐이다. 논매는 소리의 말하기가 '지금 여기에서 함께 일하고 있는
우리'라는 공동체 의식을 기반으로 그러하다면 어사용은 개체가 되
어 말하되 때로는 허구적 인물이나 상황에 빗대어 토로한다. 시집
살이 노래의 향유방식과 유사한 양상의 폐쇄적 공감대가 형성된다.
특히 어사용에서 발견되는 비극적 전망은 부조리한 세계로부터 탈
출하지 못하는 자아의 갈등과 체념, 절망, 자조와 같은 감정이 극대
화되고 있는데 이는 다른 남성 노래에서는 쉽게 찾아볼 수 없는 양
상이다.

3. 도시형 트로트 노랫말에 나타난 말하기 방식

대중가요는 철저한 자본의 기획으로 유통되고 소비되는 노래이
다. 생산과 유통 과정이 작위적이고 전략적이지만 소비자 의식과
그 노래를 수용 혹은 소비하는 층의 욕망을 예민하게 수용하고 반
영하고 있다는 점에서 자발적 전승과 향유로 유통된 전통민요와 비
교할 수 있다. 그 가운데 필자가 주목하는 도시형 트로트가 등장한
시기는 1960년대 후반 산업화가 본격화되고 도시 중심의 근대화가
급격하게 이루어지던 시기이다.

이 시기 대중가요계는 한일회담을 배경으로 한 왜색가요 시비가
일기도 했고, 월병 파병의 상황을 반영하는 대중가요가 나오는 등
다양한 양상이 전개되면서 남성 가수 노래가 주목을 받기 시작했
다. 산업화를 통해 근대화라는 개발지향의 이념이 산업역군 혹은

파병이나 파견 근무를 통해 국가 이미지를 대신하는 것이 보편적인 시대였다. 바로 이러한 시기에 배호, 남진과 같은 남성 가수가 대중적 인기를 끌었던 것은 주목할 만한 현상이다. 이들이 부른 노래의 다수가 사랑하는 사람과의 이별을 주제로 한 노래였고 그 노랫말에는 떠나간 상대를 향한 그리움과 쓸쓸함의 정서를 주로 담고 있기 때문이다. 남성 가수가 부르는 사랑과 이별의 노래가 대중적 인기를 모았다는 것은 이전 시대와 구분되는 대중문화사적 전환을 의미한다고 생각한다. 배호는 그가 타계한 10년 후 한국인이 가장 사랑하는 남자가수로 선정되기도 했다.[26]

한편 남진은 1965년 <울려고 내가 왔나>를 취입하여 인기가수가 되었으나 왜색가요로 판정되는 수난을 겪기도 했다. 이후 1967년 <가슴 아프게>를 통해 다시 두각을 나타내기 시작했다. 배호와 남진 이 두 가수의 노래를 주목하는 것은 그들이 인기가수로 활동한 시기가 대중매체가 확산하면서 낭만적인 사랑을 주제로 한 노래, 드라마, 영화 등이 확산하는 시기이기 때문이다. 전통사회가 대중매체의 보급과 확산으로 인해 지역성을 탈피한 도시 중심 대중문화를 수용하기 시작했고 이러한 변화는 1960년대 후반과 1970년대 초를 기점으로 가속화되었다.[27]

---

26) 박찬호, 「1960년대 후반 두각을 나타낸 가수들」, 『한국가요사 2』, 미지북, 2009, 474-502면.
27) 이정아, 「서사민요와 대중가요에 나타난 말하기 방식」, 『한국민요학』 42, 한국민요학회, 2014, 173-204면.

1) 서술자의 목소리로 전하는 도시의 쓸쓸함

도시형 트로트의 대표적인 노래라고 할 수 있는 배호의 <돌아가는 삼각지> 노랫말을 살펴보기로 하겠다.

> 삼각지 로터리에 굵은비는 오는데
> 잃어버린 그 사랑을 아쉬워하며
> 비에 젖어 한숨짓는 외로운 사나이가
> 서글피 찾아왔다 울고 가는 삼각지
>
> 삼각지 로타리를 헤매 도는 이 발길
> 떠나버린 그 사랑을 그리워하며
> 눈물 젖어 불러보는 외로운 사나이가
> 남몰래 찾아왔다 돌아가는 삼각지[28]

비가 내리는 삼각지 로터리에 한 남자가 서성인다. 이 모습을 서술자 전지적 작가 시점에서 말하고 있다. 외로운 남자는 헤어진 연인을 그리워하며 이 공간을 찾았지만 잃어버린 사랑은 다시 찾을 길 없다. 결국 기억 속의 공간 행복했던 순간을 회상하기 위해 찾아간 삼각지 로터리는 비가 내리고 있을 뿐이고 외로운 남자의 고독은 오히려 더욱 커지고 있다. 노랫말을 통해 표현되고 있는 정서는 '한숨짓다, 아쉬워하며, 서글피 찾아왔다, 잃어버린, 그리워하며, 눈물 젖어' 등의 결핍과 부정의 서술어(형용사)다. 화자의 시점은 전지적인 삼인칭 화자 시점이지만 그 시점을 통해 표현되는 노랫말은 일인칭 화자의 직설적 토로보다 훨씬 더 사연의 주인공과 감정적으로 밀착되어 있다. 외로운 사나이의 남몰래 찾아왔다 돌아가는

---

28) <돌아가는 삼각지>, 배호 노래, 이인선 작사, 배상태 작곡.

심정에 밀착한 전지적 시점의 서술은 노래의 비극적 전망을 극대화하고 있다.

대중가요의 가사분석을 통해 한국인의 정서를 탐색하고자 한 최상진은 이 무렵 한국 대중가요 가운데 사랑과 이별을 주제로 한 노래가 다수를 차지하고 있다는 사실을 설명하고 있다.[29] 배호가 부른 노래 가운데 다수가 사랑과 이별을 주제로 한 노래이고 사랑과 이별의 정서를 담고 있다는 점에서 앞서 살펴본 논매는 소리나 어사용의 일부 노랫말과 유사한 화자의 정서적 반응을 찾아볼 수 있다.[30] 배호의 노래가 도시 공간에서 서술자가 전지적 시점에서 그림 그리듯 묘사하여 보여주는 방식을 취하면서 말하고 있다면 어사용이나 논매는 소리의 화자는 농사의 현장 혹은 일의 현장에서 주로 일인칭 화자의 목소리를 통하여 이러한 정서를 직접 전달하고 있다.

> 안개 낀 장충단 공원 누구를 찾아왔나
> 낙엽송 고목을 말없이 쓸어안고 울고만 있을까
> 지난날 이 자리에 새긴 그 이름 뚜렷이 남은 이 글씨
> 다시 한번 어루만지며 떠나가는 장충단 공원
>
> 비탈진 산길을 따라 거닐던 산기슭에
> 수많은 사연에 가슴을 움켜쥐고 울고만 있을까
> 가 버린 그 사람의 남긴 발자취 낙엽만 쌓여있는데
> 외로움을 달래면서 떠나가는 장충단 공원[31]

---

29) 최상진, 조윤동, 박정열, 「대중가요 가사분석을 통한 한국인의 정서 탐색 : 해방 이후부터 1996년까지의 가요를 대상으로」, 『한국심리학회지』 20, 한국심리학회, 2001, 41-66면.

30) 사랑하는 임과의 이별이 가져오는 아쉬움, 쓸쓸함, 그리움의 정서는 논매는 소리와 어사용의 일부 자료를 통해 확인한 바 있다.

31) <안개 낀 장충단 공원>, 배호 노래, 최치수 작사, 배상태 작곡.

배호가 부른 <안개 낀 장충단 공원>은 가 버린 사람을 그리워하며 다시 찾는 추억의 공간이다. 따라서 '안개가 낀 장충단 공원'은 앞서 살펴본 '비 내리는 삼각지'와 크게 다르지 않은 공간이다. 수많은 추억과 사연이 깃든 그 공간을 헤매다 돌아서는 외로운 남자의 모습을 전지적 시점에서 말하고 있다. 낙엽송 고목을 말없이 쓸어안고 울고 있는, 수많은 사연에 가슴을 움켜쥐고 울고 있는, 지난날 추억 속 그 사람을 기억하며 떠나가는 장충단 공원의 정서를 영화의 한 장면처럼 시각적으로 묘사하고 있다. 그런데 '뚜렷이 남은 이 글씨', '다시 한번 어루만지며 떠나가는' 등의 표현은 그 시점이 모호하다. '외로움을 달래면서 떠나가는'이라는 시점 역시 그러하다. 이러한 시점의 모호함이 정서적인 밀착을 부추긴다.

제시한 배호의 두 노래 모두 시점은 서술자 전지적 작가 시점이다. 서술자에 의해 원근법적인 시점에서 한 남자의 움직임을 포착하고 있다. 서술자 시점에서 배경과 장면은 포착되고 묘사되며 동시에 대상화된 남성의 심정을 대변하기도 한다. 외롭고 쓸쓸한 남성을 대상화하고 있지만, 대상화된 남성의 정서는 서술자의 전지적 시점과 밀착되어 제시된다. 때에 따라서는 시점이 모호해지면서 주인공의 시각을 대신하기도 한다.

이영미는 배호의 노래는 서울의 뒷골목과 밤거리를 통해 남성의 비극을 형상화하고 있다는 점에서 남인수나 현인 노래의 정서와는 단절되며, 이지리스닝과 재즈 블루스 영향 속에 형성된 노래라고 하였다. 선율은 트로트로 노랫말 역시 근대화된 도시의 주변부에 자리하는 남성 화자의 탄식과 눈물을 노래하고 있다고 보았다.[32]

---

32) 이영미, 『한국대중가요사』, 민속원, 2006, 217-218면.

노래를 통해 나타나는 상실감과 좌절은 남자다움이라는 자의식에
의해 억제되고 통제되며 이러한 양상은 1960년대 도시 남성형 트
로트의 한 전형으로 자리하게 된다는 것이다. 바로 이 도시형 트로
트라고 칭할 수 있는 다수의 노래에는 받아들일 수 없는 현실에 대
한 저항과 그러함에도 받아들일 수밖에 없는 현실 인식이 공존하고
있다. 이러한 태도는 논매는 소리나 어사용을 통해서도 발견되고
있다.

2) 일인칭 화자의 목소리로 전하는 후회와 아쉬움

배호와 함께 도시형 트로트의 대표적인 가수라고 할 수 있는 남
진 노래의 노랫말에 나타난 말하기 방식과 정서적 반응을 살펴보기
로 한다.

> 당신과 나 사이에 저 바다가 없었다면
> 쓰라린 이별만은 없었을 것을
> 해 저문 부두에서 떠나가는 연락선을
> 가슴 아프게 가슴 아프게 바라보지 않았으리
> 갈매기도 내 마음같이 목메어 운다
>
> 당신과 나 사이에 연락선이 없었다면
> 날 두고 떠나지는 않았을 것을
> 아득히 바라 멀리 떠나가는 연락선을
> 가슴 아프게 가슴 아프게 바라보지 않았으리
> 갈매기도 내 마음같이 목메어 운다[33]

---

33) <가슴 아프게>, 정두수 작사, 박춘석 작곡.

위 노래는 헤어진 당신과 나라는 상황을 설정함으로써 시작한다. 이별한 당신과 나 사이에 바다만 없었다면 헤어지지 않았을 것이라는 화자의 독백으로 말하고 있다. 앞서 살펴본 배호의 노랫말과는 달리 헤어진 당신을 그리워하는 일인칭 화자 '나'의 입장에서 노래하고 있다. 같은 이별의 상황이더라도 객관화되고 배경화된 시공간에서 일정한 거리를 두고 펼쳐지는 배호 노래의 서술자와는 달리 남진 노래에 등장하는 화자는 이별한 당신이 듣게 될 것이라는 가정하에 말하고 있다. 이 노래를 듣게 될 대상은 화자만의 당신은 아니다. 노래 속 화자와 같은 심정을 공유하는 불특정 다수일 것이다. 당신과 나라는 관계와 그 설정 하에 펼쳐지는 이별의 상황에 공감하는 대중을 향한 말하기가 진행되고 있지만, 역설적이게도 그 느낌은 아주 사적이고 은밀하다. 얼굴을 마주하고 전하듯 혹은 마치 상대가 지금 여기 존재하고 있는 듯 전하는 말하기 방식은 남진이 부른 다른 노랫말에서도 발견할 수 있다.

> 울려고 내가 왔나 누굴 찾아 여기 왔나
> 낯설은 타향 땅에 내가 왜 왔나
> 하늘마저 날 울려 궂은비는 내리고
> 무정할사 옛사람아
> 그대 찾아 천 리 길을 울려고 내가 왔나
>
> 그 누구 찾아왔나 영산강아 말해다오
> 반겨줄 그 사람은 마음이 변해
> 아쉬웠던 내 사랑 찬 서리에 시드나
> 그렇지만 믿고 싶어
> 보고프면 또 오리라 울면서 찾아오리[34]

---

34) <울려고 내가 왔나>, 김중순 작사, 김영광 작곡.

낯선 타향에 온 나는 현재의 시점에서 지나간 사랑 과거의 사람을 그리워하고 있다. 낯선 땅을 찾은 이유는 오직 그대를 찾기 위함이다. 그대를 찾아 천 리 길을 온 나의 시점에서 말하고 있는 노래는 마음이 변한 옛사람을 원망하지 않는다. 다만 무정하고 이제는 돌이킬 수 없다고 인식한다. 화자가 느끼는 감정은 과거 절실함에서 벗어나지 못하고 있는 듯 보이지만, 돌이킬 수 없다는 명확한 인식으로 말한다. 고통과 슬픔의 원인은 회복할 수 없다는 인식이 자리하고 있다.

노래는 일인칭 화자의 독백으로 진행된다. 화자는 상실한 사랑, 깨진 관계에 대한 상처와 아쉬움, 그리움을 말하고 있다. 헤어진 상대와 나라는 사적인 관계를 기반으로 말하고 있다. 동시에 화자의 말은 연애를 경험한 사람이라면 누구라도 공감할 수 있는 정서적 보편성을 담보하고 있다. 개별적이지만 일반적이고 보편적이다. 화자가 자신의 심정을 전달하고자 하는 대상은 구체적인 누군가일 수 있지만 동시에 이러한 상황을 경험한 누군가일 수도 있다. 회복 불가능한 사랑의 비극적 결말에 공감하는 불특정 다수, 대중에게 열려 있다.[35)]

돌아갈 수 없는 시공간, 돌이킬 수 없는 관계에 대한 비극적 전망을 아쉬워하고 그리워하는 화자의 말하기는 논매는 소리와 어사용에서 살펴보았던 자탄적 탄식과도 닮아있다. 이영미는 현실에 순응하나 결코 현실을 받아들일 수 없는 화자의 정서가 그대로 노출되고 투영되는 양상을 '트로트의 미학'이라고 설명한다. 도시형 트로트가 보이는 이러한 비극적인 미학은 논매는 소리의 일부 자료와

---

35) 이와 관련해서는 김수경 논의 참고. 김수경, 『노랫말의 힘 추억과 상투성의 변주』, 책세상, 2000.

어사용의 일부 자료에서도 찾아볼 수 있다.

다만 논매는 소리의 경우 말 건네기로 시작하는 공동체 의식과 현장성을 기반으로 하지만, 대중가요의 말하기는 개인적이나 보편성을 지향한다. 논매는 소리의 비극적 전망이 노동 현장의 작업과 반복구 리듬이 만나면서 완화되거나 전환되는 양상을 보인다면, 어사용과 대중가요는 개인적이고 사적인 정서적 반응을 일관성 있게 지속하거나 확장해나간다. 어사용이 비슷한 처지의 누군가와 공감할 수 있는 감정적 리얼리즘36)을 형성한다면 도시형 트로트는 누구나 공감 가능한 보편적 정서를 지향하고 있다.37)

정리하자면 전통민요 노랫말을 통해 나타나는 남성적 말하기가 보이는 탄식의 말하기 기저에는 받아들일 수밖에 없는 현실에 대한 순응과 이를 거부하고 싶은 저항이 동전의 양면처럼 자리하고 있다. 도시형 트로트 역시 이러한 양가적 감정과 갈등이 노래를 통해 비극적인 정서를 형성해나가고 있다.

4. 민요와 대중가요 노랫말에 나타난 말하기 방식과 그 의미

논매는 소리, 어사용, 도시형 트로트를 통해 나타나는 화자의 성별, 노랫말 구성의 개방성 여부, 화자 발화 방식, 감정 표출 방식,

---

36) 감정적인 리얼리즘(Emotional realism)이란 용어를 사용한 연구자는 Ang(1982)이다. 박명진은 Ang이 사용한 감정적 리얼리즘을 여성 수용자들이 실생활에서 경험하는 정서 구조를 드라마를 통해 확인하면서 경험하게 된다고 설명하고 있다. 그러나 본고에서는 '강력한 몰입과 동일시'라는 정서적 상태를 지칭하는 말로 사용하였다. 박명진, 「대중문화적 여성체험기술의 대한 재평가, 여성 장르에 대한 새로운 시각」, 『한국여성학』 7집, 한국여성학회, 1991, 137~161면; 이정아, 『시집살이 노래와 말하기의 욕망』, 도서출판 혜안, 2010, 257면.

37) 도시형 트로트는 대중매체를 통해 유통, 소비되며 항상 균일하고 표준화된 형태로 재현된다는 점에서 전통민요와 차이를 지닌다.

향유 방식, 노래의 시공간적 배경 등을 세분화하여 정리하면 아래
와 같다.38)

	논매는 소리	어사용	도시형 트로트
화자의 성별	남성 혹은 성별을 알 수 없는 화자	남성화자 여성화자	남성화자라고 추정 가능
노랫말 구성의 개방성 여부	개방적 유동적 후렴구 수반	개방적 유동적 여음 포함	폐쇄적, 고정적 완결성, 항상성
발화 방식	일인칭 화자의 독백 말 건네기 (청유)	일인칭 화자의 독백 혹은 등장인물의 극적 독백	전지적 화자 시점 서술 일인칭 화자의 독백 혹은 방백
감정 표출의 방식	집단의식을 기반으로 한 탄식, 원망, 외로움, 그리움 등을 구체적 상황이나 행동을 통해 묘사, 설명하는 방식	탄식, 원망, 자탄 등을 직접 표출하는 방식	외로움, 쓸쓸함, 아쉬움을 직접 표현하는 방식
향유 방식	일의 현장	일의 현장 혹은 혼자 있을 때	라디오 혹은 텔레비전 매체가 있는 곳이라면 언제 어디든 가능
시공간적 배경	노동 현장 혹은 시공간 불특정	산속, 나무하러 간 공간 혹은 허구적 공간	도시 혹은 도시 주변부 진공화된 시공간

　　논매는 소리의 화자는 남성(젊거나 혹은 나이가 든)이거나 성별
을 알 수 없는 경우로 나뉜다. 반면 어사용은 젊은 남성의 목소리,
나이 든 남성의 목소리, 젊은 여성의 목소리, 나이든 여성의 목소리
등 다양한 목소리가 나타나고 있다. 대상으로 삼은 도시형 트로트
의 경우 대부분 남성의 목소리를 통해 말하고 있다.

　　농사의 현장을 중심으로 불리고 전승된 논매는 소리와 홀로 산속
에 들어가 나무를 하며 주로 불렀던 어사용은 기능, 환경, 창자에

---

38) 본 논의가 대상 자료로 삼은 노래를 기준으로 제시하는 것임을 전제로 한다.

의해 노랫말이 유동적으로 변화되는 개방성을 지니지만 도시형 트로트는 미디어 매체를 통해 전달되는 항상성을 지니기 때문에 고정적이다. 누구나 언제 어디서나 듣고 부를 수 있다는 점에서 노래로서의 특징을 공유하지만 부를 때마다 달라질 수 있다는 점에서 논매는 소리와 어사용은 도시형 트로트와는 다른 방식의 정서를 형성해나간다. 부를 때마다 조금씩 달라질 수 있는 전통민요의 노랫말은 현장이나 노래 부를 때의 상황, 창자의 역량에 의해 표현과 말하기 방식이 유동적으로 변화할 수 있다. 반면 도시형 트로트는 언제나 고정적이고 항상성을 지닌다.

말 건네기 화법을 적절히 활용하고 있는 논매는 소리와 달리 어사용은 독특한 여음구를 전후에 부름으로써 어사용이라는 노래의 고유성을 확보한다. 거기 담긴 화법은 일인칭 화자의 독백일 수도 있고, 일인칭 주인공 시점의 독백일 수도 있고, 삼인칭 서술자 시점의 서술일 수도 있다. 반면 도시형 트로트는 군더더기 없는 완결된 형식의 화법을 통해 통일된 말하기를 지향하며 서술하고 있다.

논매는 소리는 탄식과 원망, 외로움과 그리움을 전달하되 반복되는 후렴구의 율동성과 리듬감과 함께 어우러지면서 서럽고 고단하지만 그러함에도 율동적 즐거움이 뒤섞이는 양상을 보인다. 반면 어사용은 탄식과 체념, 원망과 자탄이 혼재되면서 비극적 정서가 주조를 이룬다. 원망의 대상은 화자 자신에게 있다기보다는 언제나 운명 혹은 신분적 한계에 있다. 도시형 트로트의 경우는 돌이킬 수 없는 시간과 사랑했던 사람의 마음 혹은 헤어질 수밖에 없었던 상황이라는 개별적이고도 구체적 정황을 배경으로 한 외로움과 쓸쓸함, 그리움의 정서가 주조를 이룬다. 어사용에서 표출되는 감정이 절박하다고 한다면 도시형 트로트를 통해 형성되는 정서적 태도는 슬프지만 받아들일 수밖에 없다는 거리가 유지된다. 돌이킬 수 없는 불가역적 상황은 대상 혹은 상황과 어느 정도 거리를 유지하고 있으며 그러한 거리를 통해 수용 가능한 감정이 된다.

노랫말 속 화자가 거하는 공간 역시 차이를 보이는데 논매는 소리의 경우 논매기의 현장이거나 혹은 시공간을 판별하기 어려운 상황으로 나뉜다. 어사용 역시 산속 혹은 허구적 인물이 처한 상황 등으로 다양성을 지닌다. 도시형 트로트는 도시적 공간이되 번화하지 않은 도시 주변부에 거하는 화자의 모습을 읽어낼 수 있다.

표현 양상 역시 논매는 소리가 구체적 정황이나 행동을 상세하게 묘사하거나 설명하는 방식으로 고통이나 괴로움을 전달한다. 어사용은 구체적 정황이나 허구적 상황을 설정하여 탄식하거나 원망하는 등 직설적인 표현 방식을 꾀하고 있다. 도시형 트로트의 경우는 구체적이고 개별적인 것처럼 보이지만 사실은 무시간성의 공간 혹은 구체성이 탈색된 공간에서 외로움과 쓸쓸함을 표현한다.

이러한 차이는 다음과 같은 데 원인이 있다고 생각한다.

첫째, 자발적으로 만들어져서 전승된 노래와 기획에 의해 만들어진 노래가 지니는 차이
둘째, 노동 등의 일정한 기능을 수행하는 노래와 유희적 기능에 한정된 노래가 지니는 차이
셋째, 부르는 자와 듣는 자가 구분이 없는 노래와 부르는 자와 듣는 자의 구분이 분명한 노래가 보이는 차이

넷째, 공동체 혹은 특정 집단을 기반으로 부르는 노래와 불특정 다수를 대상으로 한 보편성을 지향하는 노래가 보이는 차이

모두 제각기 차이를 내보이지만, 논매는 소리, 어사용, 도시형 트로트가 공유하는 정서적 태도는 유사한 맥락에 있다. 그것은 받아들이지 않을 수 없는 세계적 질서 혹은 상황을 대하는 화자의 정서적 태도이다. 수용할 수밖에 없지만, 그것에 함몰되지 않겠노라는 화자의 내적 저항과 갈등을 읽어낼 수 있다. 그것이 촉발하는 환경이나 원인은 다를 수 있지만, 노랫말 속 화자가 말하고 있는 바는 그것을 내면화할 수 없다는 자의식이다. 그 자의식은 고통의 토로나 원망, 신세 한탄이나 탄식 혹은 아쉬움과 쓸쓸함이란 감정을 통해 대신 말해진다.

도시형 트로트를 통해 발견되는 이룰 수 없는 사랑에 대한 미련과 상처, 그리움은 규원시[39]를 통해 발견되는 말하기와 유사한 일면이 있다. 한국 시가를 관통하는 그리움과 한스러움의 정서는 대중가요를 통해서도 발견된다. 다만 그것을 소비하고 향유하는 계층이 달라졌거나, 유통되는 매체의 특성을 반영하여 변형되거나 변주되기도 했다. 이러한 지속과 변화의 변주는 이후 다양화되고 있는 대중가요의 노랫말을 통해서 비교 연구될 필요가 있다.

---

39) 김진희, 「17세기 여성 화자 시조의 문학적 특성 연구 규원시와의 비교」, 『한국시가연구』 26, 한국시가학회, 2009, 279-306면.

5. 마무리하며

논매는 소리와 어사용 노랫말에 나타난 화자 말하기 방식과 도시형 트로트 노랫말에 나타난 화자 말하기 방식의 비교를 통해 단편적이지만 그 차이와 유사성을 살펴보았다. 그동안 노랫말에 나타난 말하기 방식에 관한 연구는 주로 여성민요를 중심으로 진행되었다. 상대적으로 남성화자 말하기 방식에 주목한 논의는 극히 적었다. 이에 선행 연구 성과와 문제의식을 기반으로 남성들이 즐겨 부른 노래 속에 나타난 화자의 말하기 방식에 주목하였다.

말하기 방식을 대비하기 위해 노랫말에 나타나는 화자의 시점과 발화 방식 및 표현 방법, 노랫말의 개방성 여부 등을 중심으로 논매는 소리, 어사용, 도시형 트로트를 살펴보았다. 논매는 소리가 공동체를 대표하는 남성화자가 현장성을 바탕으로 구체적인 행위나 상황을 묘사하거나 설명하는 방식으로 말하지만, 어사용의 화자는 남성뿐 아니라 여성화자 목소리를 통해 말하되 직설적인 화법 외에도 허구적 상황을 통해 고통과 한스러움을 탄식하고 있었다. 도시형 트로트의 경우는 남성 화자의 목소리로 말하되 개인적이고 관념화된 그리움과 외로움을 도시적 공간 주변부에서 서술자의 시각으로 혹은 주인 화자가 독백하는 방식으로 재현하고 있다는 사실을 알 수 있었다. 이들은 매우 다른 방식으로 발생하여 향유 혹은 전파, 소비되면서 공감되었지만 유사한 정서적 태도와 불가역적 상황에 대한 비극적 인식을 공유한다는 점에서 문학사적인 맥락을 같이하고 있다는 사실을 확인할 수 있었다.

필자가 주목한 말하기 방식은 노래와 같은 서정적인 장르에서도 중요한 기준이 된다. 말하기의 방식을 통해 노래 부르는 자의 심정을 대변하고 화자의 결핍된 감정, 갈등 상황을 어떤 방식으로 풀어 나가는지 읽어나갈 수 있기 때문이다. 노래에 담긴 목소리가 하나의 목소리인가 혹은 둘 이상의 목소리인가, 누구의 목소리인가, 누구의 시점으로 말하는가, 남성인가 여성인가, 자탄과 탄식, 그리움과 한스러움의 토로는 여성 화자의 전유물인가 그렇지 아니한가? 누군가의 목소리를 통해 말해온 문학적 관습과 어떻게 다른가, 어떻게 말하는가, 직접 말하는가 아니면 우회적으로 말하는가 등의 문제를 미시적으로 살펴보는 작업은 필요하다.

노랫말에 나타나는 말하기 방식을 통해 살펴본 남성화자의 목소리와 여성화자 목소리는 유형화되거나 패턴화될 수 없다. 전형성에 대한 고정관념은 배제해야 한다. 그래야만 대상에 대한 왜곡 없는 이해가 가능하다. 앞으로 광범위한 대상 자료를 통해 폭넓게 전통 민요와 대중가요 간의 정서 표출 방식에 대한 논의가 이루어져야 할 것이다.

〈출전〉

「첩 소재 노래에 나타난 여성의식 -<큰어머니>노래를 중심으로-」, 『한국고전
　　연구』 23집, 한국고전연구학회, 2011, 195-229면.

「<흥글소리>에 대한 一考 -<흥글소리>에 나타난 탄식을 통해 본 여성의 자기탐
　　색적 태도」, 『한국고전연구』 25집, 한국고전연구학회, 2012, 65-94면.

「<이선달네 맏딸애기>를 바라보는 또 하나의 시각 -균열을 봉합하지 않아야 살아
　　나는 노래의 의미-」, 『한국민요학』 38, 한국민요학회, 2013, 147-170면.

「서사민요와 대중가요에 나타난 말하기 방식 -남녀 간 연애를 주제로 한 노
　　래를 중심으로-」, 『한국민요학』 43, 한국민요학회, 2014, 173-204면.

「전통민요와 대중가요 노랫말 비교연구 -논매는 소리와 어사용, 도시형 트로
　　트 노랫말에 나타난 말하기 방식을 중심으로」, 『한국시가연구』 제39
　　집, 한국시가학회, 2015, 201-232면.

「시집살이 노래의 노랫말에 나타나는 정서적 동요와 변화」, 『국제어문』 제73
　　집, 국제어문학회, 2017, 389-414면.

「시집살이 노래의 노랫말에 나타난 여성혐오와 그 의미」, 『우리문학연구』 제
　　60집, 우리문학회, 2018, 99-127면.

이정아

이화여자대학교 국어국문학과에서 공부하고 석사학위, 박사학위를 받았다. 학부를 졸업한 후 편집과 기획, 미디어 관련 일을 했고, 2006년 박사학위를 받은 후 이화여자대학교와 한경대학교에서 강의했다. 2009년 세종대학교 초빙교수로 지내다가 2011년 가천대학교로 일터를 옮겼다. 현재는 가천리버릴아츠칼리지 조교수이다.

여성민요의 틈과 경계

초판인쇄 2021년 8월 27일
초판발행 2021년 8월 27일

지은이 이정아
펴낸이 채종준
펴낸곳 한국학술정보㈜
주소 경기도 파주시 회동길 230(문발동)
전화 031) 908-3181(대표)
팩스 031) 908-3189
홈페이지 http://ebook.kstudy.com
전자우편 출판사업부 publish@kstudy.com
등록 제일산-115호(2000. 6. 19)

ISBN 979-11-6603-500-5 93380